日本のこころ

●天の巻

「私の好きな人」

講談社

日本のこころ　天の巻・目次

日本のこころ　地の巻・目次

日本のこころ

私の好きな人

天の巻

装・挿画　蓬田やすひろ
装幀　三村　淳

聖徳太子

永遠を見通す知性

中西 進

なかにし・すすむ　1929年、東京に生まれる。東京大学文学部卒業。筑波大学教授、国際日本文化研究センター教授、帝塚山学院大学教授を経て、現在、大阪女子大学学長。専攻は比較文学。64年『万葉集の比較文学的研究』で読売文学賞受賞、70年同書および『万葉史の研究』で学士院賞受賞。

聖徳太子

しょうとくたいし（574―622）

用明天皇の皇子。推古天皇の摂政。名は厩戸皇子。冠位十二階の制、十七条憲法の制定、遣隋使の派遣などの治績をあげる。仏教の興隆につとめ、法隆寺などを建立。著書『三経義疏』。上宮太子。

古代的普遍性

「日本のこころ」が語れる人物として聖徳太子をとり上げるためには、多少、説明がいるかもしれない。

なにしろこの人物は、きわだって国際的である。たとえば太子は馬小屋で生まれた。そういえばすべての人が、まちがいなくキリストを思いうかべるだろう。

また、この時太子は、生まれながらにしてすぐ物を言ったという。同じ話は中国にもあって、中国の神話的な皇帝、黄帝《こうてい》もそうだし、古代中国の大思想家、老子《ろうし》も同じだったという。

お釈迦《しゃか》さまだって生まれるとすぐ七歩あるいて、両手で天と地を指さし「天上天下、唯我《ゆいが》独尊《どくそん》(この世で自分がいちばん尊い)」と言ったという。今でも四月八日のお釈迦さまの誕生日には、そんな格好をした赤ちゃんのお釈迦さまに、甘茶をかけるではないか。

こうなると聖徳太子は世界の偉人を総なめしてわが身に集めていて、国籍すらわからない。

それでは、なぜいま、私は聖徳太子を書こうとしているのか。現代人の生活感覚から考えられる「日本人らしさ」を、少しかえてほしいからである。

今日いうところの「日本人らしさ」や「アメリカ人らしさ」は、それぞれが別の地域と歴史をもったことから起こった。

しかし、古代の人間には、まず別々の歴史というものがない。つまりそこから生じる相違は少い。

大昔はみんな、人間という基盤で生きていた。私はこれを「古代的普遍性」とよんできた。古代人はすばらしい共有財産をもっていたのである。これが徹底していれば国家エゴの戦争なんかしなくてすむ。

人類の歴史全体からいえば七世紀はそれほど大昔ではないが、この日本という極東の列島にとっては、七世紀はまだまだ古代であった。ひとり中国が巨大な大国を誇っていたが、朝鮮半島も北方アジアも、それほど成熟した国家ではなかった。

だから先にふれたキリスト、老子、釈迦といった人たちの思想にしても、渡来文明にしても、日本は、それぞれイスラエルや中国、インドといった土地の思想や文明というより、人間の思想や文明として受容したといってよい。

聖徳太子にしても、まず基本のスタンスは古代的普遍性の中にあって、人間の文明としてアジア大陸の文明に接していたのだということに、まず留意してほしい。むしろ太子は普遍性にもとづきながら、「日本らしさ」を作り上げた最初の偉人だったと言った方がよい。もちろん、より古代の日本を生かしながら、普遍的に、である。

五つの太子像

さて聖徳太子とはいかなる人物だったか。異説はあるが、敏達《びだつ》三（五七四）年に生まれ、推古《すいこ》三十（六二二）年に四十九歳で没した。推古元（五九三）年、二十歳で皇太子となり、推古女帝の政治を生涯支えつづけた。

したがって政治家としての活動が主だが、一方に思想家のおもかげをもち、ともどもに注目される面がある。

その特徴的な点を五つあげよう。まず推古八（六〇〇）年、太子が使者を中国の隋の国に派遣したことが『隋書《ずいしょ》』（唐の魏徴《ぎちょう》らが六三六年に作った）の「倭国伝」に見える。それによると、使者は、

倭（日本のこと）の王さまは天をもって兄とし、太陽をもって弟とします。天がまだ明けない前に政庁に出て政務を執り、あぐらに座り、太陽がのぼると政務をやめて言いま

す。「さあ、弟よ、わが任務を委《ゆだ》ねよう」と。

と言ったという。

時の隋の天子は高祖《こうそ》といったが、これを聞くと彼は「これはまったく理屈に合わない」と言って改めさせた、とある。

さてこの記事、すでに高祖が理解できなくなっていたほどの古代を背負っていたのが当時の日本の天子だったことを示している。天子は夜の帷《とば》りの中でしか執務しない。ところが昼姿を見せないのが神である。つまり太陽の力が及ばない夜、太陽の代りに天の意を体して政治を行うのが、神である王であった。彼は秩序の代行者だから、太陽が出ると太陽という秩序の執行者に立場を譲るのである。

この高い精神性は、すでに中世といっていい時代を迎えていた中国の王に、理解しがたいものであったが、太子が摂政しようとする天子のあり方が、ほとんど神話的であったことは、興味深い。こうした文化の中で、天皇家の始祖が太陽神だということも、よくわかるではないか。

太子はこの精神性を崩そうとはしなかったと思う。現代の日本人は神社の祭りが昼行われても、だれ一人ふしぎがらないが、本来神は夜にしか現われない。高祖もその点からいえば現代人と同じだが、一方聖徳太子はこの度の使者からもたらされた高祖の「此れ大いに義理なし」という返事を聞きながらも、あわてて改めることはなかったにちがいない。

　世に有名な太子の中国への手紙がある。このことは『隋書』では隋の大業三（六〇七）年（推古十五年）のこととして見えるが、この年日本の使者が国書を持参し、その中で、

　日出づる処の天子、書を日没する処の天子に致《いた》す。恙《つつが》なきや、云々《うんぬん》

と言ったという。この度の帝王は煬帝《ようだい》だが、帝は悦《よろこ》ばず、「野蛮な国の書状は無礼だから以後はとりつぐな」と担当官にいった。

　この無礼さは太子が自らを「天子」といった点にあるという説がある。地上に天子は一人だと思っている煬帝が不満だったことになる。

　しかしまた日本を日の出の国、中国を日没の国といったことを煬帝が不快に思ったとする説もある。

　おそらく両方とも不快だったであろう。しかし太子の態度はいかにも自然である。天を兄とする立場を中国ふうに翻訳すれば「天子」であろう。それが「天に二日なく土に二王なし」（『礼記《らいき》』曽子問《そうしもん》）という中国の規格に合わなかっただけの話である。直訳が誤訳になる

例は多い。八年前の「義理なし」を改めていないところを見ると、太子の自然さがたのもしい。

しかしだからといって「対等外交をしたのだ」と騒ぎ立てる人はうっとうしい。太子の態度にそぐわないだろう。

もう一つ、中国を日没の国といったのが煬帝を不快にさせたのも、煬帝が太子の意図を理解していなかったからである。

私はかねて日の出の方つまり東方に顔を向けるのは、体にとってごく自然なことで、東方を「身体方位」とよんで来た（拙著『古代日本人の宇宙観』）。人間東に向くと北が左、南が右になるが、日本語でヒダリとキタ、ミギとミナミは同じことばである。それほどに体は東を向くのである。

太陽が出て万物が潤い、豊かな自然に恵まれるのは、人間の本能的、身体的要求である。ところが反対に日没の壮厳さは心を打つ。それを拝んで祈りをささげ、冥想《めいそう》にふけることもよくわかる。仏教ではこれを日想観《にっそうかん》という。したがって西方を私は「精神方位」とよぶ。

そしてまた、支配者は太陽が好きである。太陽王と称する王も多い。輝きつつ昇る太陽は力の象徴であろう。

反対に、落日を尊ぶ者は宗教者である。西方に聖地を想定する場合も、阿弥陀浄土、ケル

ト の常若《チルナノグ》の国などに見られる。

そこで聖徳太子にもどると、太子が煬帝の国を「日没する処」といったのは、十分に敬意を払った、宗教的な尊重をもった表現であった。

その証拠に、この国書を携えてきた日本の使者は「聞く、海西の菩薩天子、重ねて仏法を興すと。故に遣はして朝拝せしめ、兼ねて沙門数十人、来つて仏法を学ぶ」という。「日没する処の天子」は「海西の菩薩天子」と同じであり、仏法興隆につとめると聞いて朝拝した時の国書が、例のものだったのである。

したがって煬帝を怒らせる意図などまったくないばかりか、十分に敬意を払って日没の聖土の天子といったものだった。

この精神性は「義理なし」といって神を斥《しりぞ》けようとした中国の天子には通じなかったかもしれないが、太子としては「天を兄とし日を弟と」する精神性を、むしろ高らかな響きとして今回も国書を送ったことであった。

おそらく煬帝の不快など、太子は意に解さなかったであろう。

そこでおもしろいことがある。雑談めくが、ある時、中国の学者と話をしていて、話がたまたまこの国書に及んだ。その時彼は「太子の国書に煬帝が怒って、日本が謝ったという話がありますね」といった。

これは象徴的な話である。「謝った」などどこにも書いてないのに、うろ覚えでいうと「謝った」になってしまうのは、当今の日本の外交が無意識に反映した結果である。日中外交は、今やこのように情ないものになってしまったが、太子のころはそうではなかったのである。きわめて示唆的な話ではないか。

二番目に太子について思うことは、その国家意識である。当時、東アジアの政治情勢はけっして安定していなかった。隋は長きにわたって南北に分裂してきた中国をやっと統一した国家であり、煬帝が開鑿《かいさく》した中国大陸を南北につらぬく大運河は南北をつなぐことで今までの中国を一変させた。

朝鮮半島でも小国の分立がつづいており、新羅《しらぎ》の半島統一まではまだまだ数十年がかかる時期であった。

日本も同じで、やっと大和王権による統一が出来つつある時だった。それでも九州、中国には旧豪族がいるし、東国は手つかずだった。その中で蘇我《そが》氏の力をかりて天皇家が大和により強力な王権を立てようとしており、まさにこの国家建設の夢を担って太子は舞台に上ってきた。

そこで太子の重視したのが難波《なんば》の港だった。大和は山国である。山国は守りに適しているが攻めの地ではない。太子にとっては、海浜に出て海外と交渉し、文物を吸収することが急務であった。

そこで太子は右に述べたように推古八年に第一回、推古十五年に第二回の遣隋使を送るが、さて、この第一回遣隋使の翌年、推古九（六〇一）年に斑鳩《いかるが》宮を造営した。

斑鳩の地は大和と難波を結ぶ交通上の要衝である。その地に宮を造ることは海外を見据えた行政上の必要からであった。

斑鳩宮はいま夢殿《ゆめどの》を中心とするあたりで、法隆寺東院とよばれる。つまり斑鳩宮が法隆寺と一体をなすものであってみれば、この宮殿は単純に離宮ではない。

寺は砦《とりで》と化する。後に蘇我倉山田石川麻呂《そがのくらやまだのいしかわまろ》が謀反《むほん》の疑をかけられた時、石川麻呂の子、興志《おこし》は山田寺にこもって官兵に対抗しようとした。斑鳩の寺もその役目を十分担わされていたはずである。早い話、太子薨去《こうきょ》後、上宮家の一統はここで攻め殺された。

太子は飛鳥《あすか》と斑鳩と難波との三点を結ぶラインによって新興国家を支えようとしたと思われる。

しからば、もう一つ直接に飛鳥と難波を結ぶ線が必要であろう。二上山の南を抜ける竹内街道も太子が開いたといわれる。これによってでき上がるトライアングルが太子の国家の基本形であった。

たしかに道こそが国家に最重要なものである。私はこれをよく国家という身体に対する経《けい》絡《らく》と称する。血脈といってもよいだろう。

斑鳩と飛鳥は太子道とよばれる直道によって結ばれたらしい。そもそも道とは自然の地形に沿って曲りくねっているはずのものだ。ところが直線であるとは、明らかに行政上の目的によって作られた人工道路である。情報がもたらされ、物資が運ばれ、また時として軍馬がかけ抜ける道を、太子は作った。

寺はこのトライアングルを結ぶ三点をなす。飛鳥の法興寺(飛鳥寺)、斑鳩の法隆寺、そして難波の四天王寺(荒陵寺)。四天王寺の造営は早ばやと推古元(五九三)年に始められた。

太子はこの原型を拡大して、海外に国家としての倭の認知を求めた。先にあげた遣外使の派遣はそれを示すが、情報も怠りなく伝えたらしい。推古十一(六〇三)年に定めた冠位十二階も『隋書』(倭国伝)に記載されるところとなった(順序が多少異る)。

太子が定めた冠位の飾りについても『隋書』に記載されており、「隋に至り、その王始めて冠を制す(中国でいうと隋の時代になって、日本の王は始めて冠位の制度を設けた)」とあるから、かなり正確に伝わっている面もある。

また「新羅、百済《くだら》、みな倭を以《も》って大国にして珍物多しと為し、並びに之を敬仰し、恒《つね》に通使往来す」とあるから、太子の国威宣揚《せんよう》は十分達せられていたというべきである。

こうして太子は、いまふうのことばでいえば「この国のかたち」を考え、黎明《れいめい》期日本を巧みに作り上げていった人物といえる。

三番目にあげるべきは、太子の思想であろう。太子は推古十二（六〇四）年、いわゆる十七条の憲法を制定したという。ただこれは古来問題が多く、ほとんどが中国の文献からの借り物だとか、「国司」ということばが入っているが、それは大化改新（六四五年）以降の用語だから太子の作ではないとかと批判されている。全体としても雑然とした印象を拭《ぬぐ》いがたい。

私はこの全体が一時にできたのではあるまいと考える。たしかに太子時代に一部存在したが、『日本書紀』ができる七二〇年までの間に少しずつ追加があったのではないかと思われるのである。

したがって全体を太子の思想とすることはできないのだが、一、二の点は太子に即して考えることができる。

その第一は、有名な第一条「和を以て貴《たふと》しと為《な》す」である。

これが第一条におかれた理由を、私は次のように考えてきた。じつは、推古八年このかた、同十一年まで、日本は新羅を討ちあぐねてきた。当時新羅との国交は険悪で、十一年四月にも征討将軍が決定、七月には難波から軍団が出発した。ところが将軍の妻が途中で死亡、将軍も帰京してしまい、征討できなくなった。

憲法はこの半年後「和を以て貴しと為す」を第一条として発表される。そうなればこの「和」とは戦争をやめることに他ならない。新羅征討は、じつは新羅が任那《みまな》を攻撃し、日本が任那を救おうとすることに端を発した。任那は日本のルーツとさえいわれるところなので重大事ではあったが、つまりはアメリカの湾岸戦争、ベトナム戦争のようなもので、おそらく反戦派も多かったであろう。のちの白村江《はくすきのえ》の戦にいたる日本の百済救援戦争の時でも、斉明天皇が厭戦派によって暗殺されたという意見さえある。

さっきいった征討将軍までもさっさと帰京してしまうのだから、この戦争は挙国一致のものとはいいがたい。

停戦はこの泥沼戦争停止の、太子の英断だったにちがいない。その翌年四月に和を貴しとする第一条をかかげて憲法が作られたのだから、この憲法は要するに平和憲法、戦争放棄の宣言だったと思われる。

「和を以て貴しと為す」につづく文章は、つとめて忤《さか》らわないようにせよといい、人はみな派閥があって悟る人間は少い、という。戦争放棄に賛成せよといわぬばかりである。

和戦両論はいつの時代にもある。そして今は和を選べば任那を放棄することになる。任那は古く大伴金村《おおとものかなむら》の失策によって放棄を余儀なくされた経験があって、曰《いわ》くつきなのだが、太子は前例にもかかわらず、あえて任那を放棄しても平和を選んだのである。

彼にとっては、内政をととのえる方が急務だったのだろう。ちょうど明治初年の西郷隆盛《さいごうたかもり》の征韓論に似ている。この時、西郷はひとり明治の元勲の誰彼とは別に、海外の新知識を吸収することに、やや開きがあった。その図式をいま借りることができるなら、やはり太子は開明派であり、百済、新羅また任那よりも本質的な中国に目を向けるスケールをもった人物だったと思われる。

十七条の憲法は以下十六条を並べるが、すでにふれたように中国の書物から引用したことばに溢れていて、太子自身のことばを探す方がかえってむずかしい。

しかしその中でも比較的漢籍の影がうすいのは七条、十条、十四条だろうか。七条は人それぞれの役割をみするとふしぎなことに、これら三条は共通した姿を見せる。十条は人それぞれの役割をみだすな、という。十条はさまざまな怒りを捨てよ、という。そして十四条は嫉妬するな、という。つまり人間の感情に関する条々で、他の条の服務規定や人倫などと異質である。

しかも第七条には「世に生まれながら知る人少し」とあり、第十条には「共にこれ凡夫のみ」という句が見える。第十四条にも自分が他人を嫉《ねた》むと他人も自分を嫉み際限がないといい、智が自分よりすぐれているといっては嫉み、才が自分以上だといって嫉むと、ぎょっとするようなことが掲げられている。

どうやら太子は徹底的な人間主義にいるらしい。人間はいかに愚かしいかという原点にさし戻されると、それまでの傲慢《ごうまん》さもなくなり、むしろささやかな努力をしようと思うようになる。

私はこの原点主義を仏教の本質だと考えてきた。人間は有限の生にあり、あらゆる煩悩にさいなまれ、生老病死の苦しみの中に人生を歩む。それが現実だと悟ると、いかにささやかでも、苦しみを免れられれば、それは大きな喜びとなる。仏教はそういって人間を勇気づける。

おそらく右にあげた諸条がもつ思想は、仏教によって教えられた人間の原点の認識だといってよいだろう。

それは第一条の和ともよくかなう。原点をもち寄ることによって暖く交わしあえる眼差から和が生まれる。平和宣言の和も、人倫における和に局面をかえてみると、そうした思想の連関が認められるだろう。

そう考えてくると、太子のこの和は、大陸思想の直輸入ではなくなる。すでに言われているように、中国の『礼記』(儒行《じゅこう》)は「礼はこれ和を以て貴しと為す」、『論語』(学而《がくじ》)は「礼の用たるや和を貴しと為す」と言うから、和の尊重は礼においてであった。その点でも太子の和は平和の和であり、人間集団の和であった。

実際の周囲の情況から和を判断し、凡俗の人間社会の集団性に、和をキーコンセプトとしたのが太子である。体系化された思想の中から礼や和をとり出したのではなかった点に、太子の和の独自性があった。古代日本のリーダーとしての判断を見ることができるであろう。


第四に、太子は何よりも知者であった。

そもそもなぜ彼を「聖徳」の太子（皇太子のこと）とよぶのか（本名ははっきりしない。厩戸《うまやど》皇子というのも敬称らしい）。『日本書紀』によると、太子の先生であった高麗《こま》の僧、慧《え》慈《じ》が、太子の死にあたって、「（太子は）玄聖の徳をもって日本に生まれた」といって嘆いたとある。

この「玄聖」とは中国の『荘子《そうじ》』（天道）に出てくることばで、無為の徳をもった聖人のことである。これも、太子のすばらしさにくっついた尾鰭かもしれないが、太子を少し見ていると、実際をいい当てている面がある。

無為は無為自然という熟語にもなって、老荘思想においてもっとも尊重される、最高の情態である。老荘では、わざとらしくあれこれと努力したり動き廻ることはむしろ悪徳である。たしかに力を加えてそのものの姿をかえるのだから自然ではない。勤勉は善徳のように信じられているが、たとえば雪かき一つにしたって、降ったままの雪の姿をかえて、もっぱら人間さまに都合よくしているだけのことだから、雪にとっては迷惑な話だ。ヘルシー野菜などといって人間さまにばりばり食べられるたびに、野菜は殺されている。

不自然なことはしない。そういう聖人だったという判断を先生は太子に下したのである。これは、先にあげた外交姿勢、和の尊重などと、大いに通い合うではないか。国家を考えた政治家だった点は積極的で行動的な人物のようにも思えるが、やはり猪突猛進して国家を建設しようとしたのではない。

そもそも聖徳太子は別に「豊聡耳《とよとみみ》」の皇子という尊称をもらっている。逸話として「十人(本によっては八人)の訴えを一時に聞き分けた」という話がある。だから耳が豊かな皇子だったということになる。

要するによく人の話を聞いた人物だというのだが、耳がいいことを「聡」という。「聡明」の「明」は目がよく見えること、耳と目のいい人が聡明な人になる。

人間、顔の中にいろいろ器官をそなえているが、耳は受容器官、目は認識器官である。耳のいい人は人の話をよく聞き、たくさん情報をもってよく考え、賢く自分を育てることができる。反対に耳も目も持たず、むやみやたらに動き廻る人は、とかく失敗する。

こうした人間のパターンを考えると、やはり太子は自然を重んじる「玄聖」の徳をもっていた人だということに同意できるだろう。

そもそも今やオリンピックというものがあって、一秒の何分の一までも速さをきそって走り、世界中の英雄になるが、日本では久しく走るという行為は狂人のすることだった。私どもが子どものころだって、家の中で走ると母親からひどく叱られた。電車の車内を走る子がいると、今でも親のしつけが悪いと、母親の顔を想像したくなる。そんなところに狂人ぶりが残っているのだろう。

太子はその反対である。聡明な態度をもって、人の意見につねに耳を傾けた。したがって口数少く、歩くより、より多く座した。

先に老荘思想にふれたが、この考えの中では最高の人格者を真人《しんじん》といった。だから聖徳太子より半世紀ほどのちの天武天皇も、死後徳をたたえられて真人の称号を贈られた。今だに人名に真人《まひと》くんがいるではないか。この名は二千年の歴史をもつのである。

その真人とはどんな人か。真の字は俗字で、正しくは「眞」と書く。「匕」は「化」を示し、「目」は人間の目、「乚」は隠れる意味で「ハ」は乗物のことだ。要するに「眞」とは乗物に乗って人の目には見えないように姿をかえるもののことである。そのような形をとる道理が真理、そうなった人が真人である。真理も真実も真人も、簡単に姿を見せてしまうような代物ではないというわけだ。

そうすると、聖徳太子も無為の徳をもった真人のはずで、げんに太子は真人だったという伝説が『日本書紀』などに書いてある。太子はますます世俗の姿を希薄にしていくようである。

私の好きなことばでいえば、太子は「座せる知者」であった。そして「座せる知者」を評価する価値観は、以後の日本の歴史の中に強く継承されていったのではないか。やたらな行動者を、逞《たくま》しく力あふれた勇者を、たたえる美学よりも、たとえば閑寂に身をおくような聖者を尊重するという美学が、日本の伝説を作っているといえるだろう。

その原型が聖徳太子である。

最後にもう一つをあげると、右の「座せる知者」がいかに内面を充実させているかがわかる。太子の仏教に対する態度である。

仏教は『日本書紀』によると欽明十三（五五二）年に百済から伝来したという。聖徳太子に関する伝記の一つである『上宮聖徳法王帝説《じょうぐうしょうとくほうおうていせつ》』では五三八年とあってはっきりしないが、それぞれ、太子が生まれる二十二年前、三十六年前となる。

仏教の受容をめぐって蘇我・物部の争いがおきたのは用明二（五八七）年だから、太子はまさに新宗教をめぐる宗教戦争がおこるただ中に誕生したことになる。

この新宗教の受容と拒否は、のちのキリスト教のばあいとまったくひとしい。ただちに加担するものと否定するものと、得をする者と困る者と、さまざまな利権や欲得がからんだ争いでほんとうの宗教心は二の次だった面もあろうが、その中で太子はただちに新宗教に帰依した。三宝（仏・法・僧）の興隆が推古天皇によって宣言されたのは推古二年、伝来後四十二年（五十六年）、太子が慧慈に師事したのはその翌年である。

なにしろ推古八年にでかけた遣隋使が「天を兄とし日を弟とする」と報告するような情況の中である。その中でキリスト教を弾圧した後の家康たちとは逆に、国教の基にすえるという英断は、みごとな国際感覚だった。

そもそも「ほとけ」ということばは「ほと」と「け」からできているが、「ほと」（Fotö）は、梵語のBuddhaを中国語訳した仏《ぶつ》からできた日本語である。だから仏《ほとけ》さまは仏《ほと》さまでよかったものを、当時の日本人には、それに「け」をつけた方が自然だった。「ほとけ」という日本語は当時すぐ出来たのではないだろうか（最古の証拠は奈良時代の仏足石歌《ぶっそくせきか》）。

この「け」は気《け》である。当時仏教は仏像とともに伝来したにもかかわらず、仏《ぶつ》はついに目に見えない、漂うような気配として存在するものとして、日本人はこれをとらえたのである。たしかに仏は不可視の絶対者である。だからこそ、幽明を越えて人々を見つめ、死後を救済してくれる。

この、あえて偶像を排除した仏教受容は、さて、根底に古来の「かみ」を潜ませていないだろうか。『梁塵秘抄《りょうじんひしょう》』というと平安末期の歌謡集だからずいぶん時代がさがるが、その中にも、「仏はつねにいませどもうつつならずぞあはれなる」と歌われている。仏はつねに現実には見えない。その本質を見抜いた日本語が「ほとけ」だった。

この理解によって仏教の三宝は、キリスト教のトリニティ（三位一体《さんみいったい》）より、より容易に受容できた面もあるだろう。キリスト教では、神はロゴスですらあるのだから。

そして、不可視の仏は冥想の中でしか見えない。座せる知者であった太子の体中に充足していたものは、この不可視の仏との対面だったであろう。

太子は十五歳の若き日に物部戦争に加わり、四天王に祈って戦を勝利にみちびいたという武勇伝がある（崇峻《すしゅん》即位前紀）。こうした青年太子の仏法守護は心熱を示す逸話として聞くべきであろう。長ずるに及んでの太子の仏教への態度は、この「け」の中にあった。それこそが従来の信仰になじむものとして仏を位置づけたものだったと思われる。

知を原点とする

以上五つの点にしかふれられなかったが、これらを通しても聖徳太子がいかに聡明に黎明期の日本に国家を樹立しようとしていたかが知られるであろう。むしろその末にこそ新しい日本が誕生していったと考えることができる。

その態度の中心は、やはり知にあった。太子は『三経義疏《さんぎょうぎしょ》』という三つの仏典の解釈書を残したとされる。これまた内容がいま煌敦に残る義疏と共通するとして疑問がもたれているが、その一つに維摩経《ゆいまきょう》の義疏があり、太子が維摩に心を寄せていたことがわかる。

維摩は知者である。病気になった時釈迦が、これまた知恵の菩薩とされる文殊菩薩をさし向け、両者の間でさまざまな問答のあったことが今日に語られている。われわれもその様子を、法隆寺五重塔の初層の塑像に見ることができる。太子が維摩に心寄せたのは、その知への憧れだったにちがいない。

太子は摂政として国家の行先へ舵《かじ》を操《と》った。その兆しはすでに物部戦争の中にも見えていて、戦勝を祈った四天王とは護国の四天王である。後のち朝廷で尊重され、国分寺などにもおかれる金光明経《こんこうみょうきょう》（四天王護国品）によると四天王とは持国天、広目天、多聞天、増長天である。

太子は戦勝の結果、約束どおりに難波に四天王寺を建立した。すでに述べたとおりだが、それほどに四天王寺は護国の寺として、太子の護国の念願を体するものであった。

太子は、この護国あるいは救世を知性にかけたのではなかったろうか。それが維摩経への信仰となり、国書の精神性となり、平和憲法に結集し、玄聖を称されることに現われるのではないか。

この証明は、太子死後の扱いがしてくれている。薨去後百十七年、天平十一（七三九）年に僧行信が当時の皇太子阿倍内親王（のちの孝謙女帝）に奏聞《そうもん》して上宮王院を再建した。かつて太子が住んだ斑鳩宮の荒廃を嘆いて、そのあとに再建したのである。

いわゆる夢殿が建立され、太子等身の像である本尊が安置された。長く秘仏とされた本尊は、救世《くぜ》観音であった。八角形の夢殿は太子の廟堂であり、太子は救世観音として、後のちの世に永生することとなった。

この後の姿こそ、護国・救世を念じた太子の、知を救世に求めた姿の顕現であったと思われる。

われわれはここに、日本の精神の原点を見ることができるではないか。内実に、充足した知への心熱を秘めて、永遠を見通すような微笑を湛《たた》えたこの知性の強さこそ、太子を原型とする「日本」の姿だと、私は思う。

親鸞

還相廻向《げんそうえこう》の人、利他の人

梅原 猛

うめはら・たけし　1925年宮城県に生まれる。京都大学卒業。専攻は哲学。京都市立芸術大学教授、同大学長、国際日本文化研究センター所長を歴任。『美と倫理の矛盾』『地獄の思想』『美と宗教の発見』『隠された十字架—法隆寺論』『日本人の「あの世」観』など常にエネルギッシュな論を展開している。

親鸞

しんらん（1173—1262）

鎌倉初期の僧。浄土真宗の開祖。日野有範の子といわれる。比叡山で堂僧をつとめ、29歳のとき法然の門に入る。専修念仏停止に連座して越後に流罪。以後、常陸など関東各地で教化に努めた。在家生活を肯定し、自らも恵信尼と結婚。往生の正因としての信心、報恩行としての称名念仏をといた。著書『教行信証』『愚禿鈔』など。見真大師。

聖徳太子の堂にこもる

親鸞は私にとって今でも謎の思想家である。私は大学時代、いささか懺悔《ざんげ》しなければならないことがあり、親鸞の著作を読み耽った。それから何度、私は親鸞の著作『教行信証《きょうぎょうしんしょう》』や唯円《ゆいえん》の著作『歎異抄《たんにしょう》』を読んだことであろう。しかし不思議なことには、それらの著作を読み返すごとに親鸞は新しい面を見せ、私にとってますます巨大な謎をもつ人間に見えてくるのである。私がそのような経験をもったのは親鸞以外にはない。

親鸞は承安《じょうあん》三（一一七三）年、中流貴族、日野《ひの》有範《ありのり》の子として京都に生まれた。後に親鸞の師となる法然《ほうねん》が叡山《えいざん》を下りて浄土宗を開いたのは親鸞三歳のときであり、源頼朝《みなもとのよりとも》が伊豆に挙兵したのは親鸞八歳のときであり、平家が滅んだのは親鸞十三歳のときである。親鸞は自らの幼少時代のことはまったく語らないが、彼の父、有範は以仁王《もちひとおう》の反乱に連座し、廃せられたという。おそらくそれが原因であろう。親鸞は九歳のときに出家をした。戒師は、後に四度も天台座主《ざす》を務めた慈円《じえん》であった。慈円は摂関家の藤原忠通《ふじわらのただみち》の子であり、九条兼実《くじょうかねざね》の同母弟である。おそらく日野家の主家にあたる摂関家の関係で、親鸞は範宴という慈円の弟子となったのであろう。

親鸞が僧になった少年時代は、鴨長明《かものちょうめい》の『方丈記』に描かれる引き続く天災地変、飢饉の時代であり、また『平家物語』に描かれる源平の戦乱の時代であった。少年の日に親鸞が見たものは、無数の人たちが天災地変や飢饉で死に、また人間が人間を無法に殺す風景であったことは、親鸞の精神の形成を考えるうえにあたって無視することができないであろう。

源平の戦いが終り、鎌倉幕府の支配体制が確立されたとき、朝廷をわが心のままに支配しようとした頼朝は、忠通の三男である九条兼実に注目し、兼実を摂政とした。それに応じて慈円も天台座主になった。それゆえ天台座主を師匠にもち、同じように貴族の子である親鸞は当然、叡山での出世が約束されたはずである。しかるに親鸞はその師のもとを去って、建《けん》仁《にん》元（一二〇一）年、法然の門に入り、その名を綽空《しゃくくう》と改めた。法然の門に入るときに、彼は六角堂にこもって、行くべき道を思い巡らした。六角堂は聖徳太子の建造になり、その本尊の救世《くぜ》観音《かんのん》は聖徳太子化身の像といわれる。六角堂にこもった親鸞は、六角堂の本尊、救世観音のお告げによって法然の弟子になったという。この救世観音が聖徳太子であるとすれば、親鸞は聖徳太子のお告げで法然の弟子となったことになる。それゆえ、聖徳太子崇拝は彼の一生の信仰であり、その点、師の法然と異なる。

時はちょうど法然の専修《せんじゅ》念仏の全盛時代であった。法然の主著『選択《せんちゃく》本願念仏集』ができたのは親鸞入門の三年前の建久九（一一九八）年であった。しかし専修念仏が広がるにつれ、旧仏教側の専修念仏に対する風当たりも強くなった。この時期にあえて法然の弟子となるにはよほどの覚悟が必要であろうが、親鸞はいったん法然の弟子になったものの、六角堂に閉じこもって、いろいろ思い悩んだ。それは、法然によって専修念仏の正しい教えを受けたが、愛欲の煩悩《ぼんのう》が旺盛で、心を念仏に集中することができなかったからである。

このような悩みを抱いて六角堂にこもった親鸞に、ある日、救世観音は「もしおまえが前世からの報いによってどうしても女性の体がほしいというならば、私が女体となっておまえの人生を荘厳にしてやろう」という偈《げ》、すなわち仏教の詩を与えたという。まことに不思議なことを救世観音はおっしゃったと思われるが、もしも救世観音が聖徳太子であるとすれば、あるいは太子はそういうことをおっしゃったかもしれない。なぜなら太子自ら妻や子をもつ仏教者であったからである。太子の如く妻をもち子をもち、仏教者の道を今あえて親鸞は進もうとしている。これは親鸞の公然たる妻帯の宣言であるとみなければならない。

親鸞の師、法然は、今の岡山県の一部である美作《みまさか》国の押領使《おうりようし》を務める漆間《うるま》時国《ときくに》の子である。日野家と比べれば取るに足りぬ家柄、法然自ら言うような辺境の土民の出身といってよいであろう。法然は、『往生要集』を書いた源信の孫弟子にあたる叡空の弟子であり、その学問の出発点は明らかに源信の浄土念仏の教えにあった。源信も末代凡夫の往生の方法として念仏を勧めるが、その念仏は主として極楽浄土とその主である阿弥陀仏《あみだぶつ》を思い浮かべること、すなわち観想の念仏であった。この極楽浄土及び阿弥陀仏を観想する方法を説くのは『観無量寿経《かんむりようじゆきよう》』であるが、このような『観無量寿経』中心の浄土教が平安時代の浄土教であったといってよい。

しかし法然は、そのような観想の行はとても凡夫にはできないと思っていたが、ある日、善導《ぜんどう》の『観経疏《かんぎようしよ》』を読み、善導は観想の念仏ではなく口称の念仏を往生の行としていることを発見し、これなら凡夫でも往生できると確信したという。それで法然は、もっぱら善導によるという偏依善導《へんいぜんどう》の立場をとった。念仏を観想の念仏と考えるか、口称の念仏と考えるかの違いが彼の師叡空と法然の思想の違いであり、それがまた法然が叡山を去り、新しく浄土宗という仏教の宗派を立てる原因になったのである。

親鸞が慈円のもとを去って、法然のもとに帰したのは叡山の仏教に対する強い批判ゆえであった。彼には叡山仏教はしょせん立身出世の仏教であり、偽善の仏教であり、真の悟りを求めない仏教であるように思われた。親鸞は、叡山仏教から厳しく批判されている法然に純粋に悟りを求める聖《ひじり》を見たのであろう。

法然は、口称念仏をすればいかなる凡夫、いかなる悪人、いかなる女人でも阿弥陀の力によって極楽往生が可能であるとした。法然においてもこの悪人の往生ということが中心の思想であるが、法然自身は固く戒を守る聖僧であった。法然を尊崇した後白河法皇《ごしらかわほうおう》は、「セヌハホトケ、隠スハ聖」と言ったという。それは当時、聖といわれる高僧も妻を隠しもっていたことをいうのであろうが、法然はこの「セヌハホトケ」の仲間に入るべき聖であったらしい。

法然門下には、法然のように固く戒を守ろうとする信空《しんくう》や証空《しょうくう》の如き弟子もいたが、また聖覚《しょうかく》や隆寛《りゅうかん》の如く天台僧でありながら法然の弟子となり、妻子をもつ僧もいた。親鸞は、法然の弟子のなかでもとりわけ聖覚と隆寛を尊敬する。彼らにならったわけでもなかろうが、親鸞は堂々と妻帯を宣言するのである。

流罪事件

承元《じょうげん》元（一二〇七）年親鸞三十五歳のとき、法然の弟子、安楽《あんらく》、住蓮《じゅうれん》が京都の鹿ケ谷で「六時礼讃《ろくじらいさん》」という善導の詩に節をつけて合唱するという仏事を行ったときに、後鳥羽上皇の女官がその儀式に参加して、上皇の激怒を買い、安楽、住蓮は死罪、法然は流罪になるという事件が起こった。このとき、親鸞も越後に流罪になる。この事件で死罪になったのは四人、流罪になったのは七人であるが、流罪者のうち、証空と幸西は慈円の口利きで流罪を許されたと親鸞は語る。親鸞自らは語らないが、実はこのとき親鸞も死罪になったのに、やはり慈円の口利きで罪一等を減じられ、流罪にとどめられたという。

法然の弟子のなかでも親鸞は決して主だった弟子とはいえない。専修念仏弾圧の動きのなかで、法然が弟子たちに真言、天台などの既成仏教の悪口を言わないことなどを約束させた「七箇条起請文《ななかじようのきしようもん》」には、親鸞は八十七番目に署名している。このような親鸞がどうして法然の土佐《とさ》流罪に次いで重いと思われる越後流罪の刑に処せられたのか。公然と肉食《にくじき》妻帯を公言する親鸞の行動が旧仏教の人たちの目に余ったからであろうか。

私はこの流罪には、仏教界の大御所で、後鳥羽上皇の寵僧《ちようそう》でもあった慈円が深く関与していると思うが、慈円は天台座主である自分を捨てて、無位無官の聖にすぎない法然のもとに走った親鸞を許すことができなかったのであろうか。親鸞の最初の妻は九条兼実の娘、玉日と伝えられるが、もしそうとすれば、僧の身で、慈円の姪にあたる九条兼実公の娘を誘惑するとは何ごとだと慈円はこの裏切りの弟子を責めたかもしれない。

この流罪事件に対する態度は師と弟子とではかなり違っている。法然は、流罪の刑が定められたとき、高弟、信空が、形だけでも専修念仏をおやめになってはいかがかと勧めたのに対して、専修念仏をやめるくらいなら死んだほうがましだと答えた。そして別れを惜しむ弟子たちに、もう自分は歳をとり、そうでなくても死別のときは近い、それに自分は前から田舎の田夫野人に専修念仏の教えを布教したいという希望をもっていたが、今までそれを果たせないでいた、この機会にそういう日頃の希望を果たすことができると言ったという。

法然は、この老齢の身に突如押し寄せた流罪の運命をこの世はどうせこんなものと受け入れたようである。顧みれば、少年時代に父、時国が暗殺されたとき、母もおそらくそのときに死んだであろうが、以来、法然の心にはこの世に対する深いあきらめがあったように思われる。流罪地において法然が弟子にあてた手紙が残っているが、それには、どうせこの世は悪いもの、汚いもの、今度の事件においてこの世の悪さ汚さが明らかになるにつれ、いっそう心をやがて行くべき極楽浄土にかけるのですという旨の手紙がある。少年時代から深い隠者の相貌をもっていた七十五歳の法然には、この流罪という過酷な運命もどうせこの世のこととあきらめることができたかもしれないが、三十五歳の親鸞にはなかなかあきらめきれるものではなかった。ここで親鸞は藤井善信という名が与えられたが、このとき、自ら愚禿《ぐとく》親鸞と名乗った。愚禿というのは、僧でもない俗でもない、愚かなヤクザ坊主という意味である。

親鸞は、『教行信証』の「化身土」の巻と『歎異抄』の付録で、この事件について感想を書き記しているが、親鸞はそこではっきり主上及び臣下が法に背き、義に違い、怒をなし、恨を結んでこの事件を起こしたものであるといって激しく主上及び臣下を非難している。

主上というのは明らかに後鳥羽上皇を指すが、日本人として天皇や上皇を名指しで批判するようなことはまことに珍しい。よほどこの事件に親鸞は腹を立てたのであろう。臣下というのは、ここでは詳しく論じることはできないが、私はそれは親鸞の師であり、後鳥羽上皇の寵僧であった慈円ではないかと思う。宗教界の大御所、慈円ならば、人を死罪にしたり、またそれを勝手に許すこともできるからである。親鸞は和讃《わさん》で、当時の僧を「奸詐《かんさ》もゝはし身にみてり」とか、「悪性さらにやめがたし」とか、「こころは蛇蝎《だかつ》のごとくなり」とか批判するが、それは何よりも彼の師の慈円に対する批判ではなかろうか。

こうして親鸞は越後に流罪になるが、六年後、建暦《けんりゃく》元（一二一一）年、流罪を許される。法然は土佐に流罪のはずであるが、九条兼実の口利きで流罪地を讃岐《さぬき》に変更された。そしてまもなく都近くの摂津の勝尾寺に移され、建暦元年の暮れに京都に帰るが、翌年の一月二十五日に死ぬ。しかし親鸞は流罪を許されても京都に帰らなかった。彼はしばらく流罪地にとどまり、やがて常陸《ひたち》に行き、常陸の土民に専修念仏の教えを布教するのである。

常陸は都人からみれば文化果つるところである。どうしてそこに布教をしたのか。その理由はよく分からないが、法然はもともと関東での布教の志をもち、無学でしかも粗暴さを隠しきれぬ関東武士出身の弟子、熊谷蓮生房や津戸三郎為守などを深く愛した。この法然の意思を継いで、親鸞は常陸という辺境の地の土民に布教したのであろう。常陸の人たちに流罪帰りの親鸞がどのような印象を与えたかは分からないが、やがて親鸞の布教の熱意は伝わり、親鸞は常陸で多くの信者すなわち門徒をもった。今、三重県の一身田《いっしんでん》にある真宗高田派本山専修寺は、親鸞が常陸で布教した門徒の伝統を伝えるものである。

このように常陸での布教は成功し、そこに一つの専修念仏の拠点ができたが、どういうわけか、親鸞は六十歳をすぎて常陸を捨て、故郷の京都に帰ってくる。親鸞より二十四歳若い道元も、都を離れて越前《えちぜん》に永平寺という彼の曹洞宗《そうとうしゅう》の本山を建てるが、やはり晩年都に帰り、まもなく死んだ。あるいは親鸞も道元の如く故郷に帰って死にたいと思ったのであろうか。しかし親鸞は道元よりはるかに強い生命力をもっていて、都へ帰って後も弟や娘の家などに居候になりながら二十数年の命を生き永らえ、弘長《こうちょう》二（一二六二）年、九十歳の天寿を全うして死んだ。

法然の死後も法然教団に対する弾圧はやまず、法然死後十五年目、嘉禄《かろく》三（一二二七）年、嘉禄の法難が起こり、隆寛、幸西、空阿弥陀仏など、過激な法然の弟子は流罪になり、後には天台仏教と妥協した弟子のみが残された。親鸞が京都に帰ったのはこの嘉禄の法難の約十年後であるが、彼は京都においては東国のように布教をしなかった。

それは、おそらく弾圧を恐れて都での布教をあきらめたためであろう。彼は法然の教えの種をしっかりと常陸にまき、その教えが育つ日をじっくり待つという心境であったのであろう。親鸞のおびただしい著書は、すでに常陸時代に書き始められたといわれる。『教行信証』

を除いてはほとんどすべて最晩年に、常陸の門人に念仏の教えを分かりやすく和文で説いたものである。このような常陸の門人への手紙のなかにも、いろいろ物を送ってくれてありがとうとか、親鸞の縁者らしい人々をよろしく頼むなどというような言葉があり、晩年の親鸞の侘しい暮らしが偲《しの》ばれる。

日本のヘーゲル

これが親鸞の一生であるが、親鸞は師の法然のように生前決して有名ではなかった。師法然には、後白河法皇、上西門院《じょうさいもんいん》、九条兼実、北条政子などの貴顕《きけん》の崇拝者が多く、弟子も信空、真観《しんかん》、証空、聖光、聖覚、隆寛、親鸞など、主に天台の学問を十分学んだ弟子が多かったのに対し、親鸞はほとんど貴族などの崇拝者はなく、また弟子にも姻戚関係にある唯円を除いて学問ある弟子はなかった。「親鸞は弟子ひとつもたず候」というのは、念仏の徒はすべて阿弥陀如来の弟子なので、わが弟子とか彼の弟子とかいうべきではないという意味ではあるが、法然ならばとてもこのような言葉は語れなかったであろう。法然にはそのような貴顕の崇拝者や弟子も多かったが、法敵も多く、笠置の貞慶、栂尾の明恵、及び日蓮などは彼を不倶戴天《ふぐたいてん》の敵としている。

親鸞はこのように貴顕の崇拝者も学問ある弟子も、また名だたる反対者もなく、当時の人にはまったく無名であった。また親鸞は、法然に教えられたことを自らの体験で嚙みしめ、その法然の教えを民衆に布教するにすぎないと終生自覚していた。彼は浄土真宗という言葉を使うが、それは浄土の真実の教えを伝える教団という意味で、法然を宗祖とする浄土宗という宗派に対して、親鸞を宗祖とする浄土真宗という宗派を立てる気は親鸞にはまったくなかったといってよい。それゆえに彼の教団は浄土宗鎮西派や浄土宗西山派と並んで、浄土宗常陸派とか浄土宗本願寺派といってもよいのであり、そのほうが親鸞の意思に忠実であろう。

法然も浄土宗という宗派を立てたものの、一つの本寺を作り、そこに末寺を糾合してピラミッド型の宗派組織を作ろうとはしなかった。晩年、高弟の信空が、そのような本寺を建てたらどうかと法然に勧めたところ、法然は、専修念仏の行われるところ、そこが専修念仏の寺であり、別に本山など必要としないと答えたという。それゆえ法然の弟子たちは、あるいは法然の最初住んだ賀茂《かも》の河原屋に、あるいは叡山の黒谷の宿坊のあった白川の坊に、あるいは嵯峨や西山にいて、それぞれ法然に教えられた専修念仏を行った。親鸞もやはりそのような本山を作らず、念仏の行われるところをすべて道場と言い、寺とは言わなかった。

このように親鸞は一生専修念仏の種まく人に徹したわけであるが、親鸞の女系の曾孫、覚《かく》如《によ》は親鸞の大谷の墓地を本願寺として、その本願寺を本寺として門徒たちを糾合しようとした。こうして覚如によって本願寺教団の組織の基礎ができたわけであるが、覚如の六世の孫、蓮如によって本願寺教団は飛躍的に発展し、ついに今日の如き大教団に発展したのである。

たしかに教団が飛躍的に発展したのは蓮如の力であるが、蓮如の行動力は、若き蓮如が部屋住の身分で不遇をかこっていたときに、親鸞の著書に読み耽って、親鸞の教義をこの乱世に苦しむ民衆に分かりやすく説いて民衆を救おうとする意思から生まれたものである。蓮如は「聖教は読み破れ、名号はかけ破れ」と言うが、彼は親鸞の著書を読み破るほど読んで、その信仰を固めたのである。『教行信証』をはじめとする親鸞の著書がなかったら、蓮如のあの驚くべき行動力は生まれなかったであろう。

このように蓮如が読み破って、彼の行動力の基礎になった親鸞の著書とは何であろうか。親鸞には『教行信証』という立派な著書がある。この著書はすでに親鸞が常陸にいたときから書き始め、京都に帰ってからも書き続け、晩年に書き上げたものである。親鸞の人生のすべてがこの著書に込められているといってよい。この本は現在、浄土真宗高田派の本山、専修寺に現存しているが、親鸞が紙を貼って何度も手を入れた推敲の跡が生々しく残る。

この親鸞の主著『教行信証』を法然の主著『選択集』と比べれば、その著書を書く態度が明らかに異なることが分かる。『選択集』は正確には『選択本願念仏集』という題名で、法然のパトロン、九条兼実の要請によって作られたものである。九条兼実は摂政であったが、後鳥羽上皇によって罷免され、望みを現世に失い、法然の教えに従って専修念仏の徒となった。兼実はしきりに法然に来訪を求め、念仏の教えを聞くことを願ったが、ときに法然は病気がちであり、弟子の証空をして代講させた。しかし兼実は法然が来られなければ、彼の教えを一巻の本にして提出してほしいと求めた。それで書かれたのが『選択集』であるが、法然はこの書物を弟子に手伝わせて作った。どのような内容にするか、あるいはどのような経典を引用するかということばかりか、執筆そのものも弟子にさせた。

『選択集』は「浄土三部経」をはじめとして経典の引用が多いが、法然自身の文章も「私に云《いわ》く」という形で述べられている。この「私に云く」という文章も、大部分は法然が前に東大寺でなした『浄土三部経釈』からの引用が多い。もちろん新たに法然がつけ加えた文もあるが、それは法然が語った日本語を、弟子が漢文として筆記したものであろう。

このように考えると、法然は自らの主著を書くことに対してあまり熱心ではなかったように思われる。だいたい宗教者には二つのタイプがあり、一つは積極的に著書を残す人である。しかしもう一つは、著書を書くということにあまり関心がなく、宗教を主として行の実践であると考える人である。聖徳太子や空海などは前者に属するが、行基《ぎょうき》や空也《くうや》は後者に属するであろう。宗教の本質を考えれば、前者よりむしろ後者が宗教の本道を歩んでいるといえるかもしれない。そのころ、法然は浄土教などの経典を読むことをやめて、もっぱら念仏の行に励んでいた。彼は一日三万遍の念仏をしたという善導を上回って一日六万遍の念仏をし、その回数をさらに一万遍増やそうとしていた。

このような法然が自己の主著を弟子たちに手伝わさせて作ったことは怪しむべきことではないが、しかしそうしてでき上がった『選択集』はやはり名著である。法然は「偏依善導」といって、自分の説はもっぱら善導に依ると言っているが、善導という人間と法然という人間はまったく正反対であり、しかもその思想も必ずしも同一とはいえない。善導は何よりも詩人であり、中国の仏教界では、彼は仏教の儀式で歌われる詩を作った詩人としてのみ知られているのである。しかし法然は詩人ではない。彼は大変鋭利な頭脳をもった哲学者である。その点、放浪する詩人善導と、定住して深く思索する哲学者法然とはその性格において正反対であるといえる。

善導のただ一つの仏教理論書が『観無量寿経疏』いわゆる『観経疏』であるが、その本で善導が、それまで、釈迦《しゃか》は観想の行である定善や世俗的道徳である散善を説いたが、口称念仏のみを釈迦が阿難に附属したことを重視しているのを読み、善導は念仏を口称念仏と解釈し、もっぱら口称念仏を勧めたと法然は考えた。しかし、それはいささか無理な解釈で、善導は観仏、すなわち極楽浄土と阿弥陀仏を想像力において思い浮かべること、及び念仏、すなわち阿弥陀仏のことを恋人のように思い慕うことをむしろ称仏、口で阿弥陀仏の名を称えることより重視し、この観仏、念仏のできない悪人に称仏を勧めた。善導は、観仏、念仏、称仏をともに認める立場であるが、法然は観仏、念仏の門を閉じ、称仏を念仏と称して、それのみを極楽往生の門としたのである。

その理由は、観仏や念仏の行は布施や精進の行などと同じく、それができる人は少なく、多くの人にはできないことにある。とすれば極楽浄土に往生できる人は少なく、大多数の人間は極楽往生できないことになる。平等の慈悲をもつ阿弥陀仏はそのような少数の人のみを極楽浄土に往生させるようなことをすまい。このような論理にもとづいて、法然は「浄土三部経」から口称念仏の功徳を述べている経文を抜き出し、それに注釈を加えて、「浄土三部経」をもっぱら口称念仏によって凡夫、悪人、女人をも極楽浄土に往生させることを説いた経典であると解釈した。

この法然の解釈はいささか強引であるが、彼は阿弥陀の平等の慈悲を信じて、このような説が釈迦、阿弥陀ばかりか、龍樹《りゅうじゅ》、天親《てんしん》、曇鸞《どんらん》、善導、道綽《どうしゃく》などの説であると主張した。この論証はまことにみごとであると思う。『選択集』という題名の如く、法然はAかBかと問い、Aをとり Bを捨てる。そういう分析論理を重ねて、彼はみごとに阿弥陀も釈迦も口称念仏のみを往生の行として選んだと論証する。私はそれを読んで、法然をデカルトに比したい気がした。仏教の根本思想である平等の慈悲が、デカルト的論理と結びついたといえようか。

法然の『選択集』と違って親鸞は『教行信証』を一人で書いた。『教行信証』は正式の題名は『顕浄土真実教行証文類』であるが、この題名のように、浄土教の真実の教えや行を表す証拠の経文などを集めたものである。しかしただ漫然と集めたものではなく、そこに引用された経文と自らの感想を記した文のなかに彼の一生の思索と体験が込められているのである。

この書は、親鸞が師、法然から学んだ浄土の教えをいかに深く自己の心の中で咀嚼《そしやく》し、それをまた彼なりの一つの思想体系に形成したかという熱い宗教的感激と粘り強い思弁が総合されたまことに稀有な本といわねばならない。私は、法然の『選択集』にデカルトを感じたように、親鸞の『教行信証』にヘーゲルを感じた。しかしこの日本のヘーゲルは、ドイツのヘーゲルのように単なる強靭な思弁をもった哲学者ではなく、同時に深い闇の心と闇を光に変える熱い信仰の不思議を歌う詩人でもあった。

往きの廻向《えこう》、帰りの廻向

『教行信証』は六巻からなる。「教」の巻一巻、「行」の巻一巻、「信」の巻一巻、「証」の巻一巻、「真仏土」の巻一巻、「化身土」の巻一巻である。このうち「教」の巻と「行」の巻は甚だ簡単である。「教」の巻は、教は『大無量寿経』とあり、「行」の巻は、行は念仏の行であるとのみ。この「行」の巻の終わりに有名な「正信偈」があるが、ここからいよいよ本論に入るのであろう。「信」の巻以下が、法然の『選択集』といささか違った説を語る親鸞の思想の真骨頂の表われといえようか。この『教行信証』の説についてここで詳しく述べることはできないが、簡単に言えば、「信」の巻では五逆を犯した悪人であるアジャセの成仏が語られ、「証」の巻では二種廻向の説が語られ、「化身土」の巻で三願転入の説が語られる。

『観無量寿経』には、王舎城の悲劇が語られている。ちょうど釈迦と同時代、王舎城という都市にアジャセという王子がいた。彼は父に代わらんとして、父のビンビシャラ王を幽閉する。そのビンビシャラ王に母のイダイケ夫人が会いに行き、食料を与えることが分かり、アジャセは怒って、イダイケをも幽閉してしまう。イダイケは釈迦の来訪を望み、その望みに応じて釈迦が現れ、イダイケに阿弥陀浄土を示し、そこに往生する方法を教える。

ここで説かれるのが定散二善の行であり、それによって被害者のイダイケの往生が約束される。しかし親鸞はイダイケの往生に満足しない。彼は父を殺し、母を幽閉し、五逆の罪を犯した加害者のアジャセが往生できるかと問うのである。そして彼は『涅槃経』に他ならぬアジャセの救済が記されていることを語り、そのほとんど全文を引用する。不思議なのは、そこで親鸞は自分自身をあたかもアジャセと同一化していることである。悪人往生の思想は法然においても重要な思想であるが、さらにその思想は親鸞において比類ないほど深められているのである。

「証」の巻で語られているのは二種廻向の説である。廻向というのは、普通はこの世で人間が行った善行を、あの世の衆生、あるいはこの世の衆生の救済に振り向けることをいうのであるが、親鸞はそのような人間の廻向はたかが知れているという。そして阿弥陀仏はかつて法蔵菩薩といわれ、難行苦行して多くの功徳を積んだ。この広大な功徳を回して、衆生を阿弥陀浄土に往生せしめるのが真の廻向であるという。

その阿弥陀の廻向は二種であるという。一種は、念仏を称えれば必ず阿弥陀浄土へ往生させるという往相廻向、いわば行きの廻向である。しかし廻向はそれにとどまらず、還相《げんそう》廻向、すなわち還りの廻向があるのである。仏教は自利利他の教えであるので、極楽浄土に往生した人間は永遠にそこにとどまっていることができず、また苦しんでいる衆生を助けるためにこの世に帰ってこなければならない。この二種廻向の説は法然にもあるが、『選択集』にははっきり語られていない。

「化身土」の巻では三願転入の思想が語られる。親鸞は浄土を極楽浄土を真仏土、すなわち真実の極楽浄土と、化身土、仮の極楽浄土あるいは偽の極楽浄土に分かち、『大無量寿経』

によって念仏し、往生する行者は真仏土に行くが、『観無量寿経』や『阿弥陀経』によって念仏する行者は仮の極楽浄土に往生するというのである。

法然の浄土教は、『観無量寿経』を重視したようにみえる善導の浄土教を『大無量寿経』中心の浄土教に変えたものであるが、親鸞はその思想をいっそう徹底して、『大無量寿経』と『観無量寿経』及び『阿弥陀経』の間に差をつけ、『観無量寿経』及び『阿弥陀経』によって念仏する行者は結局自力、あるいは他力に自力を交える行者であり、彼らが往生する極楽浄土は仮の極楽浄土、あるいは偽の極楽浄土であるという。しかし阿弥陀の慈悲は広大であり、そのような極楽に往生した行者もやがて五百年経てば真仏土、真の極楽浄土へ行くことができるというのである。

私は青年時代から再三『教行信証』を読んだが、よく分からず、最近やっと分かり始めた。これはまさに深い宗教的体験にもとづく悪戦苦闘のドキュメントといわねばならない。おそらく日本の仏教史上において、これほど深い宗教的体験と執拗な思弁が渾然一体になった書物はあるまい。

最後に是非語っておきたいことがある。それは、近代日本においては『歎異抄』を中心に親鸞が理解されたことである。たしかに唯円は親鸞の弟子であり、『歎異抄』は実によく晩年の親鸞をとらえている。それは名著であるが、そこに語られている『歎異抄』第三条の

「善人なをもて往生をとぐ、いはんや悪人をや」という文を中心に、親鸞の思想を悪人正機説でとらえるのが近代真宗学の中心教説となった。しかし端的に言うと、それは間違いであると思う。

悪人正機の説は『教行信証』の「信」の巻を読めば当然、親鸞の思想であることが分かる。悪のとらえ方が甚だ浅薄である。親鸞の言う悪は親殺しの悪であるが、悪人正機説の悪はたかだか不倫の悪、情欲の犯す悪にすぎない。そして近代真宗学は、死んでから行く浄土に対する信仰なしにすまそうとするのである。死んでから行く浄土が信じられないとしたならば、死んだ後にまたこの世に帰ってくるということは一層信じ難い。それで二種廻向の説は近代真宗学ではほとんど語られていない。その代わりに悪人正機説が語られたというべきか。それは私は浄土を失った浄土教であり、利他の心を失った浄土教であると思う。

法然や親鸞は自らが極楽浄土から帰った還相廻向の人であることを固く信じた。浄土真宗が真の実践力をもつためには、自らを極楽浄土から帰ってきた還相廻向の人、利他の人と考えることが必要なのではないか。

楠木正成

正慶2年河内のクリークに
ぶっ倒れて見た青空

町田 康

まちだ・こう　1962年大阪府堺市に生まれる。81年バンド「INU」で『メシ喰うな』を発表する。その後、俳優としても活躍。執筆にも才能を発揮し、97年『くっすん大黒』でドゥマゴ文学賞受賞、野間文芸新人賞受賞。他の著書に小説『夫婦茶碗』『屈辱ポンチ』『きれぎれ』、エッセイ集『つるつるの壺』『耳そぎ饅頭』などがある。

楠木正成

くすのき・まさしげ（？—1336）

南北朝時代の武将。河内の土豪。元弘の乱で赤坂城・千早城で活躍。建武政権下で河内国国守その他を兼任。のちに挙兵した足利尊氏を摂津国湊川に迎え撃って討死。大楠公。

ずっと楠木正成のことが気になっていた。いつ頃から気になっていたのかはよく分からない。覚えていない。二十年くらい前、近所に小買い物に出掛ける家の者が、「いまから出掛けるが、煙草《タバコ》とかパンとかそういうもので、なにか買ってくるものはありませぬか。序《つい》でのものはありませぬか」と問うのに、反射的に答えた答えが、楠木正成の入れ物。なんのことやらさはり分からない。

それ以来、楠木正成は生活のあらゆる局面に現れ、フェイバリットな「空き缶にバネ四本」というソングのサビの部分を歌っているときも、以前であれば、タッタラタラッター、という部分に付くオブリガードは、タカナカマサヨシと歌っていたのに、タッタラタラッタ－、クスノキマサシゲ、タッタラタッター、クスノキマサシゲ、と歌ってしまっていて、いつの間にか楠木正成が俺の頭のなかに偏在、ことあるごと、楠木正成、楠木正成と口走ることが自分にとってあたりまえのこととなって気にも留めなかった。

しかしながらなんで楠木正成の名前を何度も口走るのかということを改めて考えてみると、これは不思議。そこで、自分はなぜかくも楠木正成に拘泥《こうでい》するのであろうか。約三分考えて、出た結論は、「分からない」。なめとったらあかんど。おちょくっとったらあかんど。

楠木正成は河内《かわち》の人である。このような河内弁を話していたのであろうか。自分は高校で山岳部に入っていて金剛《こんごう》山には何度も登った。水越峠《みずこし》も歩いた。観心寺《かんしんじ》にも行ったことがあるうえ、久米田《くめだ》の庄には住んでいたことさえある。それにつけても分からない、なにか理由があるはずだと、なお頑張って考えに考えた結論は、「カッコいいから」。

楠木正成は恰好《かっこう》いい。なぜか。それは、ええっと、それはええっと。つまり「桜井の別れ」。つまり、自分の子供と桜井というところで別れたからである。などということは理由にならない。というか、桜井で子供と別れた人など、いまでもたくさんいるわけでそうではなく、つまりこれは、そうっ、今生の別れだったわけですよね、その後、そう。「湊川《みなとがわ》の戦い」。楠木正成は従容《しょうよう》として死地に赴いた。すごいっ。と言っていてますます分からなくなるのは、楠木正成に関する知識がきわめて断片的であることで、そうして、「桜井の別れ」とか「湊川の戦い」とかいう言葉は自分は知っている。しかしながら、じゃあそれがなんなのか？　いったいどういう事情や経緯があってそんなことになったのか？　と訊《き》かれると、くわあ。ぜんぜん分からない。

じゃなにか？　君はぜんぜん分からないものを、ただただ恰好いいと思って信奉、ことあるごと楠木正成楠木正成と唱え続けたのか？　二十年間の長きにわたって。君は？　君は？と言われると言葉がねぇ、その通りです。というしかないが、しかしながら、自分だってまるっきりのあほではない。なぜ恰好いいのか説明をしろ、と言われれば、多少説明できるくらいのイメージはある。すなわち、楠木正成は南朝の忠臣、ってそれくらいは僕だって知っている。あ？　なんで知ってんだ？　っていうか、知らないのは、その流れね、つまり、いったい全体どういう流れで楠木正成が桜井で息子と別れたり湊川で戦死したりしたかということが分からぬ知らぬのだけれども、つまり、無茶苦茶をやって負けた。というのであれば、そら当然というか、ちくとも恰好いいと思わないのだけれども、楠木正成の場合、まあ、あのいろいろなことをちゃんとやった、例えば、そう、なんでそんなことを思い出すのだろう、いつ知ったのだろう、けど、だんだん思い出してきた、千早《ちはや》のお城で何十万という足利《あしかが》方の軍勢を相手に、さまざまのはかりごとを以てこれを守り通すなどしたんだよ楠木は。そういう実にちゃんとした、というか非常な能力のある軍略家で、そういうちゃんとした人が、道理を通した挙げ句に、不条理な敗死・滅亡するというのは、くうっ、っていうか、恰好いい、っていうか、ただもう強いばかり勝つばかりのやつより人に好かれる、って感じね、この感じが、恰好いいと思っていたのだけれども、どうも駄目なようで、そうなると気になってなにも手に着かない。したらしょうがない、ここは一番、楠木正成のこと、ちょっと一回、勉強してこましたろ、って、俺、とりあえず服を着替えてくんくんしたぜ。

しかしながらいつまでもくんくんしていてもしょうがない、なんぞそのような類の本がなかったか知らん、と、本棚を掻《か》き回してみたところ、なんていうと、君、なにをいっとるのだ、本棚を掻き回すなんておかしいのと違う？　という人が直《じ》きに現れ、私を悩ませるが、どうでもいいじゃないか。そんなことは。私は実存的に疲れているのだ。私の本棚は小さい本棚で、通常に本を収納したのではとうてい収納しきれない。そうすっと、家の床やちゃぶ台やテレビのうえなどに本が散乱して見苦しくて生きているのが厭《いや》になる、までは行かないにしても、いろいろな意欲や気力というものが減退・減衰するでしょ。そういう事態を避けようとして僕は本を二重にも三重にも並べている積んでいるのです。こういう奇略を思いつくとはまったくもって、ことによると、僕の母方は泉州堺の在の者で、楠木正成は河内の人だけれども、その勢力は堺にまで及んでいたやも知れず、はは、僕は楠木正成の子孫かも知れない。と、しかし、そうして本を二重に積んでいる並べている関係上、背表紙を目視することによって目的の本を探し出すということはできない、台に乗り、手前の本をとりあえず下の段に退け、空いたスペースから奥の本を覗き込み無ければ、空いたスペースに手前の本をずらし、という手順を踏まねばならぬのであって、はっきりいって面倒くさいことこの上なく、こんなことをいちいちやっていたのではいろいろな意欲や気力というものが減衰するのであり、奇略などといって意気がっているが、結局のところ、そこいらに本を散乱させておくのと何ら変わりはなく、なにが楠木正成の子孫だ、結局、俺は帝に背いた足利尊氏《たかうじ》かっ、と虚《むな》しくなって自暴自棄になって、ええい、こうなったらもうやけだ、どうとでもなりやがれ、とやけくその反乱、棚に手を突き込み、積み上がった、或《ある》いは並んだ本をもう無茶苦茶にこきまぜる、後方に投げ捨てる、どうせ俺は賊軍、俺は喉も破れよ、とばかりに、「相模《さがみ》の国の住人、平塚次郎義春」と、名乗り、『広辞苑』に手を伸ばした瞬間、ぐわっしゃん、本棚そのものが倒壊、押しつぶされた俺は、まるっきり贋《にせ》の塀に押しつぶされた幕軍だ。脇に落ちていた、『日本外史（上）』頼山陽《らいさんよう》著、頼成一、頼惟勤訳、岩波文庫。俺、潰れたまま。

最初、正中《しょうちゅう》の変というのがあって、その次に元弘《げんこう》の乱というのがあった。いずれもまあいわば、人事、というと不敬だ、しかし皇嗣《こうし》についていちいち鎌倉の方が四の五の吐《ぬ》かし、人事扱いしていたことにむかついていたということも原因の一つで、つまり、嘉暦《かりゃく》元（一三二六）年皇太子邦良《くによし》が薨去《こうきょ》して、後醍醐天皇は、まあ、それは悲しいことだけれども、じゃあ誰を東宮《とうぐう》・皇太子にするかってことを早急に決めなきゃならん。と言って、護良《もりよし》親王を東宮にしようよ、と言ったのだけれども、鎌倉幕府はこれを認めない。前に両統迭立《てつりつ》って決めたじゃん、といって、後伏見院の皇子量仁《かずひと》親王を東宮にした。

つうと、わかんねぇか。つまり当時、後深草、伏見、後伏見、花園と続く持明院《じみょういん》統っていう流れと、亀山、後宇多、後二条、後醍醐と続く大覚寺《だいかくじ》統って流れがあって、どっちが皇位を継承するかで揉《も》めてたんだね。で、鎌倉にも相談してた、というか、鎌倉を味方に付けようとしてた、っちゅうか。しかしながら、鎌倉もそう簡単に、じゃあ、こうしよう、つって決めることが出来ねぇ、んなこと、つって決めたのが、両統迭立といって、まあ十年くらいで、順番に代わる代わるっちゅうことにしましょいな。ということを北条貞時《ほうじょうさだとき》というおっさんが決めた。というのは、いかにも関東って感じの、荒くれた感じの、いまでいうとアメリカのような感じだね、鎌倉ってのは。他国の事情をドライに数値で割り切って。

だから、後醍醐が自分の子、護良親王を東宮・皇太子にしようとしたのは、その決めごとのルールを破っているのだけれども、しかし後醍醐に言わせれば、そもそも両統迭立などというものが間違っているのであって、なんとなれば、後深草と亀山の父、後嵯峨は亀山の子孫、すなわち大覚寺統がつげといったやないか。それをなにをアメリカ、とちゃうわ、鎌倉ごときがぐだぐだ吐かす。もう怒った。と言って、護良親王を比叡山延暦寺《ひえいざんえんりゃくじ》の天台座主《ざす》にした。ということはどういうことかというと、いまであれば、そんな坊さんにしたからどうなるっちゅうの。と、思うかも知らんけれども、当時の神社仏閣はというと、おっそろしい勢力で僧兵といって軍隊ももっている。つまり、朝廷の勢力と寺社の勢力が合体したわけで、これははっきりいって鎌倉に喧嘩《けんか》を売ってるのと同じこと、そのうえ後醍醐は、そんくらいで済むとおもてたら甘い、と言ったか言わんか知らんけれども、法勝寺《ほっしょうじ》という寺の円観《えんかん》という僧らに関東調伏《ちょうぶく》の祈禱《きとう》をさせた。というと、いいじゃん祈禱くらい、と思うかも知らんが、医学や科学の発達した宇宙時代といわれる現代になってこそ、祈禱はあんまり効かなくなったが、かつてはそうではなく、祈禱はけっこう効いて、しかるべき人のしかるべき手順を踏んだ祈禱というものは、他を呪殺、或いは、国防っていうか、外敵を滅ぼすなどに十分の効果・効力を発揮したのであって、つまりこれは当時にあっては、もうはっきり強力な武器なのであり、それでも感覚的には、まあ個人でできることで深刻かつ重大な被害を相手に及ぼす、混乱させる、という意味において、ハッキング、程度に捉えがちだが、しかしながら実際には、隣国が密かに核配備したくらいの恐怖感があった。空気が生ぬるかった。奇怪な文様を記した幕の前に、四角い黒塗りの台、周囲に注連縄《しめなわ》、幣《ぬさ》もぶるさげて、中央で護摩《ごま》たいて、その前に座った僧が真言を唱える度、紫色の呪いの電波が、ぷわっ、ぷわっ、と立ち上り、中途で直角に曲がって、関東の方角に流れていったのである。

元弘元（一三三一）年の四月にこれがばれた。幕府は、首謀者だ、ってんで、日野俊基《ひのとしもと》、文観《もんかん》、円観を逮捕も、取り調べのうえ、日野俊基は死刑、文観、円観を流罪にした。

三ヵ月後の八月二十四日。二階堂道蘊《にかいどうどううん》、城《じょう》越後守《えちごのかみ》らが主上御謀反だつって、兵隊三千人を率いて京都にやってきた。四月にばれたのに八月になってやってきたというのは、「まあ、じゃああれだね、ぼちぼちやって三ヵ月あればだいたい間にあうから」なんつってうだうだしていたのではなくして、やっぱもろ京都に兵隊連れていくのはやばいっていうか、そこまでもろに帝とやるのはまずいんじゃねぇの、という意見が一部にあったからで、そんなこんなで八月になってしまって。

そいで六波羅探題《ろくはらたんだい》。二階堂道蘊、城越後守、北条時益《ときます》、北条仲時《なかとき》の四人が、夏の夜に飲む酒はどことなく風情があっていいね、とりあえずまあ、あのいっぱい飲みながら、明日以降の方針について御相談を致しましょう、ってんで、板敷きの間で交わした会話はおそらくこんな感じ? すなわち、

「や。ほんと、俺もまいったっつうか、結局、長崎高資《たかすけ》さんに、君が適任じゃない、なんつわれて、来たけど、やはり帝を検束、拘束するなんてのはぞっとしないね」と、二階堂は言った。

「だよね。じゃ、まあしょうがないからぼちぼち行きますか」と、六波羅探題の責任者のひとり、北条時益は、六波羅探題の営庭のようなところ、鎧《よろい》をまとい、太刀、長刀《なぎなた》などを握りしめて蹲《うずくま》っている兵をうち眺めた。篝火《かがりび》が彼らを赤く染めていた。

「あーあ。面倒くせぇよな」と、二階堂が言い、一瞬の間の後、もうひとりの六波羅探題の責任者、北条仲時が、「明日にしますか」と、ぽつりといった。座敷の空気が一気に軽くなった。

「そーれもそーだね。別にほら、今夜、行かなくったって、内裏にはほら、警固の連中が詰めてっから」「じゃあ、そうしますか」仲時が言うと、時益は、「そうしましょう。そうしま

しょう。そうと決まったら、はーい、じゃあね、今日は中止になりました。てっしゅー。明日の集合時間は後で連絡します。どうもみなさん、お疲れさまでしたー」と、兵を帰らせ、「じゃ、とりあえず今夜は痛飲しますか」と言って薄目を開けて三人の顔を見た。「いっすねー」「そうこなくっちゃ」三人は口々に同調、快活な酒宴が始まった。

一方その頃、二条富小路《とみのこうじ》の里内裏の裏門を出て行かんとする牛車《ぎっしゃ》があった。

「おい音さすな、音さすなよ。そうっと、そうっと、そうっと、あかんあかん、ちゅてるやろ、そこほら、段、なったあんがな、あ、あかん、うわっ、あかんて、そろっと、そろっと、うわあ」ががっしゃんがっしゃんがしゃんがしゃんどんがらがっしゃぷっぷっ。

「そやから、そろっとせぇゆうてるやろ。えらい音させやがって」「そやかて牛が勝ってに行きよるもんしゃないやろ」「大きな声を出すな。ちゅてるやろ。みてみい向こうから侍がやってきよったやないか……。へっへっへっ。こんばんは」「失礼ですがどなたのお車で御座いましょうか」と、口調は丁寧であるが、十分に威嚇《いかく》的である。しかし、このことあるを察して、帝は婦人用の乗り物に乗り、婦人服をお召しになっている。

「皇后様がお出ましになるのです」「あ、そうですか。それはご苦労様ですが、どちらへお出ましになるのか、伺いたいものですなあ」「御実家であるところの西園寺《さいおんじ》家にいらっしゃるのです」「あ。そうですか。分かりました。じゃあの、一応、なかを確認させていただけますか？」と訊いた侍は、しかし、はあ？　と、語尾をあげ、近眼のひとが黒板を見るような目をした供奉《ぐぶ》の者の、言っていることがシュール過ぎてまるで理解できない、ということさらな様子にたじろぎ、「じゃあ、あの、いいです。すみません」と、つい、言ってしまったのを幸い、「じゃ、そういうことで」なんつってそそくさと出て行ってしまった。しかし、かはは。すっくりいたな。と余裕をかましている場合ではない、ばれんうちに、行こ行こ、と、牛車は、ぎゅうぎゅう動き始めた、すなわち、帝が神器とともに内裏を脱出したのであって、翌朝、宿酔《ふつかよい》ながらもそこは関東の凶悪武者、三千騎を引き連れて内裏を取り囲んだよったりは、くわあ。しまった。これじゃあ、ますます本格的な主上御謀反じゃん。と、驚いて鎌倉に使いを出し、それから水を呑んで、やばいっすよ、と、言ったのである。

三日後。後醍醐は笠置《かさぎ》山にいた。天皇が内裏を脱出の挙げ句、山に立て籠もるなどというのは、はっきりいって無茶で、当然の如く、天下は動乱、これを鎮圧せんと、軍事力だけがとりえの幕府は、大仏貞直《おさらぎさだなお》、金沢貞冬《さだふゆ》、そして足利高氏などを派遣、数十万の兵隊を動員して、これを攻めた。しかしながら天皇が笠置山にいると分かればいつの時代でもそうだけれども、現政権の遣《や》り口に不満を持った者が、わはは。帝が笠置山に立て籠もってんねんと。ここは一番、我々も大いにやりますか、ひとつ、なんつて、畿内の荘園現地スタッフ、非御家人、悪僧、悪党などがこれに呼応する軍事行動を開始、そのなかでもひときわ目立ったのが、河内の楠木正成で、九月十一日。赤坂山に陣地を構築、これに立て籠もったのである。

内乱。動乱。実にやばい状態であるが、なんでこんなやばいことになってしまったのかというと、まあ、全国的にいろいろ揉めていたからで、じゃあなにをそんなに揉めていたのかというと、まず第一にこじれているのは土地の問題で、例えば荘園ラインでは、雑掌《ざっしょう》などといわれる荘園現地スタッフと領家・本家といわれる本社の間でいろいろ揉める。というのは荘園とはそもそも、貴族・皇族、大社寺などに持ち主になって貰い、フランチャイズ料金を払うことによって国税を払わないですむようにして貰う、というシステムで、最初のうちは現地スタッフは国税は払わなくて済むわ、本家・領家はフランチャイズ料は入ってくるわ、で、みんなでラッキーラッキーラッキーって歌ってればよかった。しかしながら時とともに人は老いるシステムも老いる、本家・領家は現場を知らぬ、少々、ごまかしたってオッケーさ、という現地スタッフがあるかと思うと、領家検注使なんつって、武装した増税部隊、とりたて部隊を派遣、フランチャイズ料はらわんかい、と脅す。しかしながら現地スタッフだって、負けてはいない、「なにを吐かすか。検注使づれがっ。文句あったら、こいっ」と棒を振り上げる。「領家に対してなんちゅう言い草じゃこら。罰、あてたろか、こら」「あててみい、あほんだら」飛び交う石礫《つぶて》、矢、なんてなことになり、領家もあちこちにばらばらに分散した荘園でこんな騒動が毎日起こっているのだ、いちいち軍事力を派遣していられない、そこで地元の別の顔役というか、まあ、有力な人に、「あこの荘園、揉めてますんで、あの、ひとつちょっといって、あの現地スタッフの荘官をいわしてもらわれしませんやろか」と相談を持ちかける、そいつはそいつでギャラが欲しいから、オゲーつって、すっ飛び野郎、割り木ぶらさげて現地に飛んでってまた喧嘩。と、始終、喧嘩をしているところへさして、今度は、守護・地頭ライン。鎌倉から恩賞といって、報奨金のような出来高賞与のようなものとして、地頭職に任じられた者が同じ土地に下ってきて、地頭給というものを取り立て、また現地スタッフと揉める。そこへさして、追い立てられた元の現地スタッフが悪党化して暴れ込み、略奪などをして、へへーんだ、と嘯《うそぶ》く。そんなこんなでみながやってきては、収穫物を持ってったり、現地スタッフが定めにない税を徴収したり、農繁期に使役したりするものだから実際に耕作をしている人らはたまったものではなく、ふざけんなよ。やってらんねぇよ。と怒り、皆で相談の挙げ句、逃散《ちょうさん》、つって耕作・生業を放棄、そうなると、農地は荒廃、税収も減る。領家はこれを懐柔するために、現地スタッフを更迭、そうすっと更迭された現地スタッフが悪党化して暴れ込む、それを鎮圧せんと軍勢を派遣すれば、その軍は必要な糧秣《りょうまつ》その他を徴発しつつ進軍するから、また逃散また暴れ、と混乱は深まるばかりで、ますます滅茶苦茶になっていくのである。

「楠木かあ。ちょっとマイナーすぎねぇ?」「まあ、そうね。けど勢力的にはけっこう一円化されてるし、けっこういけんちゃう」「まあ、そうね。じゃ呼んでみるか。他にいいのいないしね」つって、万里小路《までのこうじ》藤房《ふじふさ》が河内の楠木正成んとこに勅使に立ったのだけども、そういう無茶苦茶な状況のなかで楠木正成は石川流域一帯を現地スタッフとして支配、掌握していたのだろう。しかしながら五月頃、「悪党楠木兵衛尉」が和泉国若松荘というところに押し入った。「押妨《おうぼう》」した。という書類もあり、悪党をやっていたのも確かで、って、しかし、考えてみるとこの悪党というのは恰好いいね。すなわち、埒外《らちがい》っつうか、例外っつうか、御家人なんてのは惨めなものだ。人に頼まれて戦争に行って手柄をたててギャラを貰う。しかしながら戦というのはなにかにつけ混乱する。手柄をたてるのをいちいち見て記録して査定してくれる人などいない。したがって基本的には自己申告で、軍忠状つって、戦果や自分の受けた被害を記した書類を提出したうえで、査定があってギャラを貰うわけで、しかもその貰ったギャラっていうのは土地なのだけれども、土地たって所有権じゃなくて地頭としての取り分を取っていいよということで、それだって別の領家の荘官が居たり、国衙《こくが》領があったり、ジモ民が逃散したりで苦労が絶えない。他の顔色を窺ってやっとギャラを貰ってへどもどしているのである。その段、悪党は爽快だ、別に誰に安堵《あんど》して貰うわけでもない、自力で手づかみで力づくめで領主化する。いわばインディーズの武士で、大組織の保護もないけれども利得も大きいし自由。イメージだけど。って、このイメージは悪党という言葉に引っ張られているのだろうか、楠木正成というと、そういう悪党のイメージを下地としながらもまた別のイメージが広がるのだけれども。

「まあ、あの関東は強いだけのアホですから、ぜんぜんオッケーです。目先の一勝にこだわるのではなくて、シーズンを通じての戦いを考えなければなりません。まあ、あの、僕が戦死しない限り、まあ悪いようにはならないと思いますよ」という自信たっぷりな楠木の言葉が薄くらい堂に響き、大宮人はみな、ちょっとマイナーだよな。などといっていたのをすっかり忘れ、楠木を頼る気持ちをぐんぐん高め、やはり楠木だよな。楠木しかいねぇよ。鎌倉など恐れるに足らぬ、こっちには楠木が居るのだ。これからは楠木を頼って生きていこう。楠木についていこう。と、すっかり楠木一辺倒になった。

「じゃあ、あの、さっそく今後の方針を話し合いましょう」と言う万里小路藤房らに、しかし楠木は、「まあ、それはおいおいということで僕は今日はとりあえず帰ります」と、いうと立ち上がった。

「え？　いや、あのう、ここで一緒にあれするんじゃないの？」「や、まあ僕は僕で考えていることがありますから、今日のところはこれくらいで失礼しますよ。みんなさんも頑張って下さい。僕も頑張りますんで」と、立ち上がる、その悠々とした様は、やはり現場で戦争をやって勝ってきた者の、余の者に有無を言わせぬ迫力のごときがあって、公家達は、あのあの、ばかりでなにも云えない。楠木はさくさく帰っていき、はじめ唖然《あぜん》としていた公家達はやがて、楠木しかいねぇよ、などと云っていたのをすっかり忘れ、楠木に対する評価をぐんぐん低め、なんだよ、あいつはよ。口ばっかりじゃん。まあ、あれだね、やっぱああいう家格の低い人は頼りにならんね。しょせん悪党は悪党だよ。口先だけの馬鹿侍、と、口を極めて楠木を罵倒《ばとう》していた、そのとき、くわあ、えらいこっちゃえらいこっちゃ、と喚《わめ》き散らしながら、男が走ってきた。

「なにごとです。そうぞうしい」「幕府軍が攻めてきたのです」「え？　もう来たの？　んなアホなことはないでしょ。僕らの頭脳をなめたらあきませんよ。そんなこともあろうかと、主上は比叡山に行幸、って藤原師賢《もろかた》を替え玉にしたてて行かせておいたでしょ。君らとはこの出来が違うのよ、ここの。といって人差し指で烏帽子《えぼし》を指す、というこの動作を見よ」「ええ。そうらしいんですけどね。それがちょっと怪しくなってきた」「なにが怪しいのよ。いったんさい」「それがですね、その叡山にばれてみんな怒って、師賢も護良親王も、やべえってんで、みんな逃げちゃって」「あ、そうなの？」「そうなんです」「で、なに？　敵はどれくらいいるの？　三百くらいいきちゃったの？」「されば五万騎です」「え？」「五万騎です」「ふーん。で、味方は？」「足助次郎重範《あすけじろうしげのり》が三百騎程度率いて闘ってます」「え？」「三百騎」「敵は？」「五万」「味方は」「三百」「駄目じゃん」「駄目です」

数万の兵に包囲された笠置は、木津川の崖を攀《よじ》ってきた決死隊の放火もあり一気に落城、赤坂に挙兵した楠木正成は、丘の上に砦を築き、騎馬戦術中心の関東を熱湯戦術、騎馬戦術、落石戦術、糞尿戦術などで翻弄、うわうわうわうわ。あちゃちゃちゃちゃちゃ。いててててててて。ぷわー。ふわあ。ひゃあ。などという声が山に谷に谺《こだま》したが、衆寡敵せず、十月二十日頃、楠木は砦に放火の挙げ句、姿を隠し、一方、一旦は逃亡した後醍醐帝は六波羅方に捕らえられ隠岐《おき》へ流され、鎌倉政権は量仁親王を位に即け、光厳《こうごん》帝とした。これで元弘の乱は終わった。と思ったけど、揉め事の根本が解決しない限り戦乱はうち続く。

建武中興・建武新政がなぜできたかというと、鎌倉幕府を潰したからで、戦争的に鎌倉幕府をぶっ潰した功績者は、悲劇順に言うと、大塔宮《おおとうのみや》護良親王、楠木正成、新田義貞、足利尊氏の四人。これを身分順に言うと、大塔宮護良親王、足利尊氏、新田義貞、楠木正成、そいでこれを努力順に言うと、楠木正成、大塔宮護良親王、足利尊氏、新田義貞、そいでこれを能力順に言うと、楠木正成、足利尊氏、大塔宮護良親王、新田義貞という順になるのであり、とすると、身分努力能力の１２３４にそれぞれ４３２１のポイントをつけてポイント制で評価したばあい、楠木9、大塔宮9、足利8、新田4、身分を外して、努力能力で評価すると、楠木8、大塔宮5、足利5、新田2となって、まあいずれにしても新田の評価が低いが、それはまあ仕方がないとして、大塔宮は皇位の問題もあり、足利との確執とは別に後醍醐帝との確執もあって、ちょっと違うのだけれども、楠木と足利で言うと、戦後の査定は足利が、元弘三（一三三三）年六月十二日従四位下《じゅしいげ》左兵衛督《さひょうえのかみ》、八月五日従三位になって、武蔵守を兼ね、鎮守府将軍になって、さらに天皇の諱の尊治の尊の字を貰って、尊氏になった。それに比して楠木は、新田義貞ですら、従四位上になっているというのに、従五位下左衛門尉に過ぎず、やはりこれは源氏直系の足利、新田に比して、朝廷もけっこう下に見ていたというか、後々、もっともな献策をしても、またまたあ、と言って公家達は取り合わず帝も公家の意見に従ったというのはこれ、能力主義の建武《けんむ》の新政《しんせい》という看板も怪しいぜ、っていうか、後醍醐帝は専断・専制ということにこだわったのであって、能力にこだわったんじゃないんだね、っていうか、もっというと、足利尊氏は武門の頭領になる可能性があったから大塔宮護良親王も警戒をしたのであって、後醍醐も警戒をしたのであるが、楠木に関してはみんなノーマークだもの。あれだけ頑張ったのに。あんなに頑張った楠木の立場はどうなるのだろう。楠木正成が千早のお城で頑張ったから、自分の利益のことしか考えていない自己本位的な人たちが宮方についたのだから、やはりなんだかんだいって楠木がもっともポイントをゲットしたはず。

　元弘三（一三三三）年四月。楠木正成が五百騎を率いて河内平野に現れた。きゃあ。すう。婦女子が叫ぶ。そして城将湯浅定仏も叫んだ。きゃあ。すう。楠木正成といえば、数百の小勢でもって日本国中の兵を相手に互角に戦った天才的軍略家である。ぶるる。しかしながら、あはは。俺だって少しばかりはやるぜ、ふっ、こいつ、と、武者震い、しかしながらあれだな、ちょっと糧秣《りょうまつ》が足らんっちゅう感じ？　つって、紀州で糧秣を徴発、城中に運び入れるように指示した。一部始終を見ていた、というか、まあ去年、糧秣のことでは自分も苦労をした、そんなこっちゃろと思てたら案の定、あんなことして糧秣を運んでいる、へっ、邪魔してやる。なぜならこれは戦争だから。つったかつわぬかは分からぬが楠木軍、どっ、襲いかかったところ相手は輸送隊、すんません、すんません、もうしません、と言って逃げる、楠木正成は敵の糧秣を奪った。よかったじゃん。やったじゃん。と思う。しかしこれで終わらぬのが楠木の偉いところで、通常であれば、敵の糧秣を奪い、しかもそれはそのまま自軍で使うことができるわけだから、一挙両得というか、例えば、新田義貞のような凡庸な将軍であれば、はは。こういうことを考えつく俺、というのはなんたら有能な武将なのだろう、げっついナルシスチックな気持ちになるわ。と嘯《うそぶ》くなど、それだけで満足してしまうに違いないが、一瞬後、楠木正成はもう次の手だてを考えている。

「じゃあね、ここにこれほら、この苞《つと》っていうか俵ね、なかの米やなんかみんな出しちゃって」「え？　出しちゃうんですか？」「うん」「けど出しちゃうと運びづらいと思うんですけどね。なんとなれば運びやすいように俵に入れてあるのだから。というか、そういう輸送の便宜のために俵というものがあるわけだから」「黙って指示に従ったらどうかな。あんまりうるさくするると殺すよ」「出しました」「したらね、中に鎧入れて。刀もね」「入れました」「したらね、みんな輸送部隊のような顔をして」「しました」「したら、城中にむかって進発しなさい」「します」

河内の広い空。明るい空。偽りの輸送隊が野を進む。もはや城が近いぜ、つったところを見計らって楠木軍が贋の輸送隊に襲いかかる。その様を見ていた守将・湯浅定仏は、「わわわ。こらあかん。大事の糧秣が奪われてしまうやんか。それは避けたいぜ。なにやってるのよ。早く、はやく、門を開きなさいよ。はやくうー」と下知、城門を開けて、輸送隊を中に入れてしまう。しかしながらこれは実は楠木軍だ。

「よかったなあ。助かったなあ。いやあ、よかった。わぎゃ。な、なんで俺を斬る？　わぎゃあ。苞のなかから武具が。わぎゃ。たばかられた。これは例によって楠木正成の奇略だ。トロイの木馬のごとき。わぎゃあああ」と悟った時点でもう遅い、素早く鎧を甲した兵隊は吶喊《とっかん》。外の兵も吶喊。青空と兵の声。麦の穂。河内平野は俺の故郷だ。いいなあ。嘉暦元年以来ずっと本棚の下敷きになっていた俺は、わななきもがき、これより抜けだし、農道のようなところ、菊水の旗の下に立ち戦況を眺めている楠木正成に近づいてった。田の向こうで農家が炎上していた。

「あの、すみません」「なんでしょう?」「あの、僕、なんていうか、まああの、ファンのものなんですけど」「ああそうですか。そらどうも」「あのちょっといいですか?」「なんですか」「あなたはけっこうそうやって工夫して苦労して戦争してますよね。けど結果的にあんまりメリットないし、最後もけっこう、やばいじゃないですかあ? もし、自分だったら、ああなっちゃったら、もう一応筋通してあるっていうか、そもそも自分が千早でメチャクチャ苦労して粘ったから、みんな倒幕に動いた訳じゃないですかあ? なのにまた百倍の敵と戦えっていわれて、従容として行く訳じゃないですかあ? まあ、おれらそういうとこが恰好いいと思うんですけど、でも、なんでぇ? って、面もあるんですよお。なんでなんです。やっぱ、忠、ですか?」軽薄な兄ちゃんのような口調の俺を見る楠木の顔になんの表情も読みとれない。

「まあ忠というか、僕は、その時点その時点やらなければならないことをただやってるだけですよ。それは誰でも同じことだと思いますよ。例えばいま僕は、あの谷に潜んでいる兵隊に突撃せよ、という指示を与えなければならない。そうするとほら、ああやって吶喊していったでしょう。まあこういう戦争の実務に限らず、やらなきゃならないことをやってるだけですよ。あなただってそうじゃないですか」「あーはい」「でしょ。まあ、あなたがいまやらなければならないのは、その、はい、と答える前に、いかにも受動的な、ああ、付けることによって、自分はこの瞬間にたいした責任はないということを相手に印象づけようとしているかのごとき、その、あーはい、という不愉快な返事の仕方を改めることかも知れないけれども、そろそろいいかな。僕はこの後、天王寺に行かなきゃいけない」「あーはい」「では失敬」言って楠木は、なにに使うのか、足下に置いてあった桶を手に取り、田圃《たんぼ》脇のクリークへ降りていった。俺は慌てて声をかけた。

「あのう」「なんです？　まだなにか？」「僕も連れてって貰えないでしょうか？」「ああ？」「僕も部下にして貰いたいのですが」楠木は哀願する俺をじろじろ見て、言った。

「まあいいでしょう。じゃあ、この桶に水を汲んできて下さい」「あーはい、っていうか、あの、よござんす」

　桶を受け取り、クリークに降り、桶に水を満たしたる後、急斜面に青い草が生えていて滑りやすく、せっかく汲んだ桶の水が半分ばかりになっているのを気に病みながら農道に戻ると楠様がいない。どこへいったのだろう。きょろきょろしていると、首が熱い。見ると喉《のど》に矢が刺さっていた。ぎゃあ。

　クリークに転げ落ちて眺めた、一三三〇年代の河内の青空。クリークの草の斜面に縁どられている。青空を雲雀《ひばり》が横切り、またどこかでどっと吶喊の声が。楠木正成がやるべきことをやっている。

千利休

モノと空間を精神に
昇華させたアヴァンギャルド

勅使河原　宏

てしがはら・ひろし　1927年東京に生まれる。東京芸術大学美術学部卒業。62年「おとし穴」で劇映画デビュー。64年「砂の女」でカンヌ国際映画祭審査員特別賞受賞。「他人の顔」「利休」も話題に。80年第3代草月流家元を継承。「伝統と現代」「文化の交流」をテーマに多彩な分野で活躍。96年フランス芸術文化勲章、97年勲三等瑞宝章受章。

千利休

せんの・りきゅう（1522—1591）

安土桃山時代の茶人。千家流茶道の開祖。堺の人。法名は宗易。のち不審庵。北向道陳・武野紹鷗に師事。草庵風の茶室を完成、茶道を大成した。織田信長・豊臣秀吉に仕え重用され、天正13（1585）年正親町天皇より利休号を与えられ、天下一の地位を占めたが、のちに秀吉の怒りに触れ、切腹。

戦時下の空しく重苦しい空気の中でひたすら「日本」をたたき込まれる少年時代を送ったために、歴史など振り返りたくもなかった。また戦後すぐに、奔流のように入ってきた欧米の芸術運動に刺激を受け、前衛芸術の世界に身を投じ活動してきたので、日本の歴史と直接的には無縁の環境で過ごしてきた。その中で、私が選び取ったアヴァンギャルドの精神的な系譜は、建築のアントニー・ガウディ、絵画のパブロ・ピカソ、映画のルイス・ブニュエルと、どういうわけかスペインに集中する、異端でパワフルで頑固で執拗な創造者たちだったから、ますます日本的なものとは距離を置くことになった。だが古田《ふるた》織部《おりべ》を知ったとき、私の気持ちは大きく揺らいだ。それまでの固定観念を覆《くつがえ》されたのである。

四百年前のアヴァンギャルド

それは沓茶碗《くつぢゃわん》の写真だった。衝撃的な出会いだった。これが本当に茶道具なのか。まるでアヴァンギャルド芸術じゃないか。私は声をあげそうになった。

こんなにゆがんでいてお茶が喫《の》めるのか。手に持つことさえためらわれるではないか。それでいてフォルムには緊張感がみなぎり、底知れぬ存在感と力強さがある。色調やデザインも抹茶茶碗の概念を完全に跳び越えている。黒の基調色に模様もまた奇妙である。幾何学的だが子供がいたずらで描いたようなちぐはぐさ。とても熟練した陶工の技とは思えない。独創的で型やぶり。

実物を見る機会を得て、私はますます織部にひきこまれていった。ゆがんでいるだけでなく口造りの厚さも不均等で、模様も変幻自在。何よりも一つひとつに見あきない表情があって、今しがた生まれたもののように生き生きとしている。語りかけてくる。なぜこんなに新鮮なのか。四百年も前のものではないか。それが現代に問いかけてくる。それはまぎれもなく私がアートと考えるものだった。

だが、私は茶碗というモノに感動したと言っているのではない。織部であっても道具は所《しょ》詮《せん》、道具である。むしろそれらに触れて私が猛烈な興味をかき立てられたのは、かくも大胆な道具が使われた茶会とはどんなものだったのか、彼らの茶の湯のなかで、それらの道具が一体どんな役割を担っていたのか、さらに桃山という古い時代に確かに存在していた、現代のアートを先取りするような表現の概念や手法や創造精神の根拠は一体どこにあったのかということである。

高度に洗練された茶の湯の演出のなかで、茶道具は演出者のメッセージを伝える重要な役割を担う。そのメッセージが、現代の私たちにまで届いている。道具のレベルを超えてアートになっている。こういうものが生みだされた桃山とはどういう時代だったのか。とりわけ茶の湯の世界で競うように発揮された創造性とはどんなものだったのか。

織部のウルトラモダンな表現に驚嘆した私は、この時代の絵画、建築、庭、工芸品などをたんねんに見るようになり、それらを通じて躍動感あふれる桃山の文化に目を開かれていった。桃山の美は、柔軟、強靭、繊細、豪華と、あらゆる面をもっている。破格で異端的なものではあるが、織部の茶碗もこの時代ならではの茶陶のひとつであることがわかってきた。そういう桃山の文化が見えてくるのと同時に、その中心にいて、織部をはじめとする同時代の茶の湯者たちをリードしながら、なお「私の真似をしてはならない」と言って独創の大事さを強調したという千利休へと興味は遡《さかのぼ》っていった。私の前に、もうひとりの人物が俄然《がぜん》生気を帯びて立ち現れてきたのである。

織部は師である利休とは、むしろ対立するような感覚の持ち主だった。だが、室町時代以来の茶の湯の系譜から見れば、まず利休が茶の前衛だった。利休はその茶によって、織部を含む当時のすぐれた茶の湯者たちを率いていた。しかも、織田信長、豊臣秀吉という最高の権力者がこの前衛集団を庇護《ひご》した。所有し、利用したのだとしても、結果的に信長（それに続く秀吉も）を抜きにして、桃山時代の茶の湯は語れない。もともと権力に対して無縁であるか、従属するかであった茶の湯が、利休によって社会の前面に出てきたために、権力対芸術という構図が浮かびあがってきたのもこの時代のことだった。

利休という人物

利休は一五二二年、堺の納屋衆《なやしゅう》（倉庫業、また魚問屋であったとも言われる）の家に生まれた。自由貿易都市・堺に流行していた茶の湯に若い頃から親しみ、その改革者・村田珠光《むらたじゅこう》の流れを汲む武野紹鷗《たけのじょうおう》に学んで、禅も修めつつ精進を重ねた。やがて茶の湯の名手として頭角をあらわし、織田信長の京畿進出のときに津田宗及《つだそうぎゅう》、今井宗久《いまいそうきゅう》らとともに召し抱えられ、信長の死後は豊臣秀吉に仕え、天下一の茶頭として秀吉の文化的（政治にも深くかかわったとされるが）コーディネーターの役割を務めた。いわゆる戦国時代が終焉を迎えるころのことである。国内でも大きな動きがあったが、ヨーロッパでは大航海時代と言われる拡張期でもあった。（私は、利休も織部も、島国日本の、世界から孤立したところで生まれた才能とは考えない。地球規模で激動したこの時代の産物だったと思いたいのである）没年は九一年。主君に切腹を命じられてのものだった。

利休という人物の実像はつかみにくいといわれる。彼のような象徴的な存在には、いろいろな神話がまとわりついていく。権威づけという意図も働いていて、ここまでが実像だと線を引くのはむずかしい。しかし私は、自分がものをつくるときの感覚を頼りに、おびただしく伝えられている事跡や逸話のなかから確からしいことを選別し利休像を形作っていった。

織部にも利休にも確かに語りかけてくるものがある。彼らの残したものには道具としての用途など、超えてしまっているところがある。茶碗を媒介にして何かを伝えようとしている。茶碗というよりも、それは心そのものなのだ。それらが何百年もの時を超えて語りかけているものは何か、そういう表現がその時代にどうして、どのようになされたのか、そういうことを自分がものをつくる実感や身体感覚を頼りに辿っていくのである。

私は復元された豊臣秀吉の黄金の茶室に花をいけたことがある。この茶室は秀吉の成金趣味の象徴であって、わび茶の美学を重んじた利休がそれを歓迎するはずはなく、内心軽蔑していたにちがいないと考える人もいる。だが私は、自分の体験からそうではないと確信している。黄金の茶室は、分解して移動可能で、デザイン的にみてもたいへんすぐれたものである。色彩は金と赤だけで統一されていて、中に座ると驚くほど静寂、透明、無限の広がりを感じさせる。体が浮遊するような、不思議な感覚を与える空間である。それはたしかに秀吉の着想だったかもしれないが、その具体化には、利休も積極的に関与したにちがいないと私は思う。利休は、ひとつのことに凝り固まるのとはおよそ反対の、幅の広さとふところの深さをもつ人間だった。そういう彼が、金という素材に惹《ひ》きつけられないはずはないのである。利休は、世俗的な価値と切り離されたところで、金の美しさを率直に感じとり、素材としての特性をフルに引きだそうとしたと思う。

狭く、あたたかく、大胆

この黄金の茶室の対極にあるのが、草庵《そうあん》の茶室である。京都山崎（大山崎町）に残っている待庵《たいあん》は、利休の茶の湯の理念が凝縮され、ついに二畳という極小の空間にいたった茶室である。そこに座ってみると、思いがけないことに、少しも狭いという感じがしない。姿勢をしゃんとさせる緊張感のある空間なのだが、同時に人を包みこむようなあたたかさが漂っている。

金とは対照的な、草と土と木と紙の素材でつくられた草庵において、利休は、けっして高価なものではないが、よく吟味された材料をぜいたくに使い、外光のコントロールのしかたなどにも繊細な神経を働かせて、人を非常にリラックスさせながら、快い緊張感をもたらす空間をつくりだしている。

待庵を見ての最初の印象は、なんと小さいのか、ということだった。しかし、小さいのに存在感がある。存在感といっても威圧的なものではなく、自然のなかに溶けこんでいながらきびしく光っているというふうなのだ。建築物というものは普通、威圧感や格式を漂わせることで周囲に存在を示そうとするものだが、利休の待庵にはそういうものがなく、かえって外部空間を予感させながら、無限にひろがっていこうとする彼の宇宙観のようなものを感じさせるのである。

壁などは粗土が塗られているだけで、ふつうなら隠れているはずの藁《わら》があちこちに見える。日本の壁は、細い竹を組んだあとに藁を組み、その上に壁土を塗っていくのだが、待庵の窓を見ると、最初に組んだ竹を、その部分だけ藁も壁土も加えずに残したかたちにしている。広さは二畳のはずなのになぜか広く感じられる。よく観察してみると、四隅の柱の部分を壁土で丸みをもたせて塗りつぶしている。室床《むろどこ》という技法で、それによって部屋を洞窟のような空間にしているのだ。広さを感じさせる視覚的効果である。

日本家屋は空間を四角に区切った建築だが、待庵は違う。入って立ってみると、たしかに天井も低いし狭いのだが、室床の効果や、床の間の存在などによって、大きな広がりを暗示する空間になっている。二畳が二畳に見えない。待庵に座しているうちに私は、広さとは決して計量的なことではなく、精神の世界のものであることを実感した。利休は極小の空間に、みごとに無限の広さを表現しているのである。

床柱《とこばしら》は北山丸太、床框《とこがまち》は節が三つもある桐の丸太である。柱は自然の大木が太陽を求めて伸びていったように、ややゆるやかなカーブを描いたものだ。床の壁も、他の内壁の部分に合わせた土壁になっている。これも室内を広く感じさせるためである。天井は竹と杉板を組みあわせて、わずかに傾斜をつけてある。素材を変えながら、変化をつけているのだ。この天井のつくり方などは、均等であるとか、幾何学的に形が整っているなどということを基準にした美意識では、とうてい思いつかない大胆な発想によるものだ。

待庵には、そのいたるところに常識を打ち破って新しい美を創造していこうとする利休の精神が表われている。広さを感じさせるだけでなく、天井にも変化をもたせ、床を少しずらし、部屋の隅々を土で埋めるなどして、全体のなかにアンバランスをつくりだし、静寂な茶室の中に動きを起こそうとしている。それは、現代のアヴァンギャルドにもひけをとらないデザイン力だ。そこには確かに千利休という人間が存在しているのである。

大空間と極小空間

しかし利休の待庵を、それだけ取り出して分析・検討してみるだけでは彼の意図、その精神が志向したものの全体像をとらえきることはできない。利休の構想した茶室は、大規模城郭建築が続々と建てられている同じ時代に、それと正反対の方向に向かってしだいに小さくなっていった。それがついに二畳の待庵になったのである。

大規模空間とは、たとえば信長が築いた安土城である。幻とされたその全容は近年しだいに解明され、五層七階、高さ五十メートル近くの建物の細部も明らかになってきている。一五七九年に完成したこの城の大きな特徴は、地下一階から四階までの吹き抜け空間である。そして二階にはその空間に張り出した舞台があり大広間も付属していた。また三階には吹き抜け空間を東西に横切る橋がかかっており、五階は八角形で柱と天井は朱塗り、六階は狩野《かのう》永徳《えいとく》の金碧障壁画《きんぺきしょうへきが》などで荘厳されたまばゆいばかりの空間になっていたという。

琵琶湖東岸の水陸交通の要衝にあったその城のスタイルは、秀吉の天下になってはるかに大規模なかたちで大坂城に引き継がれた。造営には延べ数十万人が三年かかったという。一五八五年には金箔押しの屋根瓦で葺《ふ》かれた五層の天守閣が完成、その偉容は「海内無双」とされ、船で大坂湾に入ったポルトガルの宣教師は、その城がまるで海に覆い被さるように建っていたと驚いている。

さらに秀吉が京都に造った城郭様式の公邸・聚楽第《じゅらくだい》は、天守閣をそなえ、豪壮華麗な殿舎が建ち並び、正面には大広間があり、また周囲には諸大名の屋敷が配置され、これもまた秀吉の権威を存分に誇示するものだった。

利休はこれら大規模建築ブームの渦中にいた。権力を象徴する大空間が競って造られたのだ。いけばなでいえばそのような空間に対応するのは立華《りっか》だろう。それに対して、草庵の床の間にいけられたのは一輪の茶花。どちらが優れているというものではないが、茶花がただ単に小さいだけの花ではないのは明らかだろう。小さくてもそこには大きな立華に匹敵する象徴性が秘められているのである。そこに凝縮された意味の大きさは、大立華に少しもひけをとらない。

草庵の茶室も同じことだ。一見貧しげで小さくて放置しておけばすべて土に還ってしまうような、経済的価値などない素材を使ってはいるけれども、その空間がはらむ精神性は大坂城や聚楽第にひけを取るものではない。小さくなっても決して貧弱になっているわけではないのだ。

その点では、さらに秀吉との共同プロジェクトだった北野大茶会をあげて、利休という芸術家のスケール観を確認しておいた方がいいだろう。北野大茶会は秀吉が、お茶の心得のある者は身分、国籍を問わず率先して参加するように、お茶が手に入らない者は焦がした麦を用いてもいい、さらにこの茶会に出ない者は今後お茶を点《た》ててはならない、というようなことも言いながら、天下に号令して開催した大ティーパーティーだった。秀吉の企画、利休の演出で、広い北野の松原に、畳二畳の茶室が千五、六百も並んだという空前のスケールの大プロジェクトである。十日間の予定が、実際には一日しか開催されなかったようだが、公家あり、僧侶あり、武将あり、商人あり、多種多様な身分の茶の湯者が、それぞれ創意工夫をこらして参加し、北野の松原を埋めつくしたという。一方では極小の宇宙を演出し、他方では大スケールの野外イベントに深くかかわる。利休がいかに豊かな振幅をもった創造的演出者であったかがわかる。

躙《にじ》り口の先にあるもの

千利休が堺という貿易都市の、海上交易に携わる家に生まれ育った意味は大きい。それは彼が大航海時代の世界ネットワークの末端に位置していたということだ。当時の日本は金銀の産出量で世界有数だったという。文字通り黄金の国・ジパングだった。ヨーロッパのアジアへの関心の中心は香料と金銀だった。当時の日本の記録は、西欧人には多大な好奇心を示しているが、数の上では、記録もされなかった中国や朝鮮や琉球からの人たちのほうが、はるかに頻繁に日本の港に来ていたに違いない。岸を離れ一歩外洋に出れば、そこを琉球船やジャンクやダウなどの優秀な船が自由に航行していただろう。広州やマラッカやゴアなどの先はアラブやヨーロッパにつながっていた。倭寇《わこう》という、海賊行為も働いたけれども、交易網をつくっている人々もいた。そこから流入する文物は数知れなかった。それを扱い、外の情報に触れられた利休は、当時の日本では有数の国際感覚を持った人間だった。

戦国時代と言われるが、日本国内だけが激動していたのではない。ヨーロッパもアジアも激しく動いていた。信長や秀吉はその動きの中で新しい秩序と価値観を作ろうとしており、その中枢に利休という人はいた。金銀や物資の大量移動に直接・間接にかかわっていたから彼はその価値を嫌と言うほど知っていた。だから茶の湯の場ではその価値の思い切った転換ができたのだ。捨て去るということではない。価値の大転換をはかったということだ。

彼は物質の世俗的価値から離れていった。竹を切って作った花入れや、黒の楽茶碗や、漁師の魚籠《びく》など、全く無価値なものを茶道具として用いた。さらにそれらの物質（道具類）を手がかりにはしたけれども、それらからも離れて、もっと自由な精神空間へと移行していった。格式・法式を重んじる書院台子の貴族的な茶から、草庵のわび茶へと激しい意思を持って移っていった。モノではなく心を中心にしたのだ。そして茶の湯だけでなく、時代のアートディレクターとして最前衛の立場に立ったのである。

桃山は、世の価値観の最高峰に文化が位置したという極めてめずらしい時代である。その中心に茶の湯があり、利休がいた。戦乱の日常のなかでは軍事力と経済力の前に、文化などはおしつぶされても不思議ではないのに、すでに織田信長の時代から、ほかならぬ戦場を駆けめぐっている武将たちが、茶の湯という文化に異常なまでの執心をみせた。

「茶の湯はご政道なり」という言葉さえあった。茶の湯に武将としてのありかたの本質がある、というのである。戦場ではどんなに勇猛果敢な武将でも、またどれほどの領地をもった大名でも、茶室に座れば全員同等であり、しかも茶会を主催する場合などは、前回と同じ演出しかできない者は、工夫のないやつだといって軽蔑されたという。知識もセンスもあってはじめて、一流の武将として認められたというのだ。

そういう環境の中で、利休は当時名品とされた権威の裏づけのある茶道具に対して、日用雑器でもこんなに美しい、中国や朝鮮半島の古いものだけでなく、今の時代につくられたやきものも良いではないかと大胆に提示した。利休の催した茶事の中では、二束三文の雑器のほうが名品より輝いて見えるという、それまでの権威や価値が色あせるようなことが起こった。それが圧倒的な説得力をもって行われた。そういう演出を、人と人とが向かいあい、お茶を媒介としてひたすら清涼な時間を過ごす時間と空間のなかで行った。利休の茶室の中では、時代の価値観が替わるほどの文化的事件が演出されたのだ。当代のインテリ大名たちが、利休の茶会に殺到したのも、そうした彼の革新性のためだったにちがいない。

聖なる時間と空間の演出

利休は茶室の中ではすべての人を平等に扱おうとした。社会的な身分や権力を一切捨てさせ、招く側も招かれる側も、ただひとりの人間として茶事に専念し、楽しむためだ。そういう利休の思想を端的に表しているのが、彼の創出になるといわれる躙り口である。茶会に招かれた客は必ずこれをくぐらなければならない。この躙り口があることで茶室の中には刀が持ち込めない。刀は茶室の外につくられた刀掛けに置くようになっている。そして、相手が秀吉だろうと家康だろうと、誰にでも狭い入り口を無理な姿勢ではいくぐることを強いた。いわば結界の入り口のような役割をもたせた。この躙り口をくぐらされることに、不快感や怒りや屈辱を感じた者もいたにちがいない。しかし利休は、敢然とこれを実行した。(私もはじめて躙り口をくぐったとき、狭さや窮屈さに、屈辱に似た気持ちを味わったものである)

ところが、実際に待庵の躙り口から茶室に入ってみて、私は利休の平等の思想とは別に、この低い入り口が思いがけない効果をあげているのに気づいたのである。躙り口をくぐるときは、沓脱《くつぬ》ぎの石の上にかがんで戸を開け、茶室の中をのぞく。ほの暗い茶室の正面に床の間があり、左手に炉《ろ》が切られ、釜がのっている。身をかがめて中に入るため、茶室の内部全体を低い位置から見ることになる。部屋の暗さに目がしだいになれてくるのだが、気がついたときには、自分が茶室の雰囲気に包まれており、いけられた花なども、明るいところで見るのとはまったく違う美しさで見えてくるのだ。立ってずかずかと入っていくのではなく、低い姿勢のままにじり入ることによって、茶室としつらえの全体を低い位置から見わたし、用意された視覚の演出を最初に受けとめることができるわけだ。私は二重の意味で利休のたくらみに感服させられたのである。

利休は権威や常識的な価値観から自由になって、露地をつくり、建物をつくり、庭をつくり、さまざまな道具のデザインをした。お茶を喫むというただそれだけのことを軸にして、人と人とが心のいちばん深いところで通いあえるための仕掛けをし、演出した。それは、高度に洗練された知的な遊びだったともいえる。

それをもてなしの心といいかえてもいい。利休のつくったものには、あたたかさがある。きびしいのだがあたたかい。きびしいだけで寒々としているものとは、まったく違うのだ。利休の茶室には、本当に細かい部分にまで、作者の精神、美意識というものが浸透している。利休は現場に張りついて作業のなりゆきを見まもり、指示したにちがいないのだ。利休のディレクションは、ほとんど手づくりの感覚に近いものだったろう。待庵の壁にしても、塗っている途中で下地の藁が見えて、それが造形としておもしろいと感じたのですぐに取り入れたものにちがいない。既成の価値観にとらわれず、自分の感覚に沿って形を求めていったのである。そしてできあがったのが小さな小さな空間である。しかし利休はその小さな空間を、人間の心を大きく開放するための装置にしたのである。

利休の芸術の幅の広さ、ふところの深さは、弟子たちに対する接し方にも表れている。利休のところには、高山右近《たかやまうこん》のようなキリシタン大名、細川忠興《ほそかわただおき》のような名門大名、古田織部のようにとび抜けた才能のもち主、そして山上宗二《やまのうえそうじ》のような一徹者と、身分も個性も違う人々が集まっていた。中でもある部分では相反するような傾向をみせはじめていた古田織部の茶を積極的に評価していたようなのだが、そこにも利休の柔軟性と革新性が端的に表れている。

利休は自分が真似されるのを嫌った。次々に新しい創造をした人物だけに、門人たちにも創意工夫を求めたのである。そこに、前衛芸術家としての利休の姿をみることができる。茶の湯が生きた文化であるためには、たえず革新が行われていく必要を知っていたわけだ。

古今東西、権力が芸術家を利用する例には事欠かない。庇護された芸術家は肖像画を描いたり権力を賛美する詩を捧げたりして関係を維持した。しかし、利休の場合には不思議なことにそういう常識があてはまらない。むしろ権力者の方が利休の計画したわび茶のシステムの中に引き込まれていったようなのである。その世界に参入することがステータスになった。そこで権力と芸術の関係が逆転した。そういう演出ができ得たのが利休の一筋縄ではいかない点だろう。そしてその世界が非常に緊張感のあるものだったために、利休のちょっとした言動が政治の部分にまで影響を及ぼしたのだろう。

寄りつきがあり、待合いがあり、庭があり、茶室がある。そこをワンステップずつ進むことによって、日常性とはかけ離れた抽象空間ないしは小宇宙に導かれていく。大事な点はそれが表層的な社交の場ではなく、濃厚な精神性をもった聖なる時間と空間を共有する遊びの場だったということである。利休だけがそういう場を自在に仕立てることが出来た。強靭な意思の産物だったと思う。そこでは文化も政治もひとつになっていた。既成の価値観の中で高価な器物も、強大な権力も意味をなさなかった。途中まで随伴者だった秀吉は、利休が展開する、モノでもなく空間でもなく精神なのだという演出に、ある時点からついていけなくなった。利休の切腹の下地はそういうところにあると私は考えている。利休には自分の茶の湯のスタイルを撤回することなど考えられなかった。妥協しようにもする方法がないのだった。

利休が今に示しているのは、文化の力のすごさということである。彼は、権力が好む、あからさまに目に見えるものに依拠した価値観ではなく、精神的な価値観をモノに託して時代の前面に出した。それは多様性をもって広がっていった。それは小さな空間で見事に開花した。

利休の草庵では藁や土や竹や木や紙など、どこにでもあるものが最も美しく見えた。そのように利休が開示してみせたものに、皆が共感せざるを得なかった。モノから離れていく強い意思がモノの本当の価値の在処《ありか》を示した。そこに神秘さえ感じさせる利休の精神の力がある。四百年前の前衛の精神は、今も力強く私たちの心を打ってくるのだ。

宮本武蔵

船島の決闘

津本 陽

つもと・よう　1929年和歌山市に生まれる。東北大学法学部卒業。13年間のサラリーマン生活後、実家で事業を興す傍ら、同人誌「VIKING」に参加。78年「深重の海」で直木賞受賞。95年「夢のまた夢」で吉川英治賞受賞。『蟻の構図』『下天は夢か』『乾坤の夢』など剣豪小説から企業・犯罪小説まで多彩な分野で執筆。97年紫綬褒章受章。

宮本武蔵

みやもと・むさし（1584―1645）

江戸初期の剣客。美作または播磨の人。諸国で修行して二刀流の祖と仰がれた。画人としても名高い。著書に『五輪書』がある。

慶長《けいちょう》十六(一六一一)年五月なかば、宮本武蔵政名《まさな》は、円明流秘伝書兵道鏡《ひょうどうかがみ》二十八ヵ条を書きあげ、わが流儀をひらいた縁のある、播州竜野円光寺《ばんしゅうたつのえんこうじ》にいた。

円光寺は竜野御坊といわれ、西播州に六十余の末寺を持つ名刹《めいさつ》で、浄土真宗本願寺第八代蓮如《れんにょ》上人の弟子、多田刑部少輔景吉の子、多田祐全が文明十六(一四八四)年、蓮如の命により創建した。

当主の多田祐恵は、元亀元(一五七〇)年、織田信長が大坂石山本山を攻めたとき、籠城勢に加わり奮戦して大功をたてた。

櫓《やぐら》から祐恵のはたらきを望見していた顕如《けんにょ》上人が、朱柄の大薙刀《なぎなた》と黒漆塗りの弁当箱を与えたという功名談は、播磨、美作《みまさか》の地にひろまっている。

寺内に八間四方の道場を持つ祐恵は、武蔵の祖父平田将監《しょうげん》、父平田武仁《むに》と旧知の仲で、武蔵を縁者のようにいつくしんだ。

はじめて円光寺へきたとき、十六歳であった武蔵はいま二十八歳、剣名は天下に聞えていた。

廻国修行の旅をおえ、円光寺に帰ったのは、慶長十二(一六〇七)年の夏である。それから四年、道場に集まる門人を教え、中国路の諸藩に出稽古におもむく。

彼は天下の強豪といわれる兵法者との試合をかさね、いまでは禅の境地に身を置くに至っていた。

「心は万境に従いて転ず。転ずるところ実に能《よ》く幽なり」

という禅師の偈《げ》を、兵法の真諦として胸中に誦している。

心はさまざまの環境に従って変り、その様は計りがたいという意で、兵法者が剣をとって敵にむかうとき、その動きに自在に応じる心構えに通じている。

武蔵が木刀をたずさえ道場に出ると、弟子たちは威圧され、辺りは深山のように静かになり、声をかけられるまで顔をあげることさえできない。

武蔵の稽古の動作は早技ではない。平地をゆるやかに歩む足どりで、弟子の動きをまばたきもせず眺め、どのような技を繰りだしてきてもすぐに裏をとり、剣尖《けんさき》を押えてしまう。

彼の動きは舞いを舞うようであるが、その打ちこみを避けられる者はいない。

彼は弟子に教える。

「剣をとっての勝負では、どちらかが斬られる。早う斬ろうと思うて刀を早う振れば、太刀《たち》筋《すじ》は狂うけえの」

「しかし、おちついておれば、敵に斬られましょうが」

武蔵はいう。

「いや、太刀筋の早いのも、遅いのもようないんじゃ。腕の立つ者が振る太刀は、傍目《はため》に遅う見えても、間《ま》をはずしとらん。相手の拍子を見てとり、その裏をかいて先手をとっての打ちじゃけえ、防がれん。ただ早う斬ろうと思うても、敵は斬れんぞ」

武蔵は、人を斬れる刃筋の数は、上段、中段、下段、左右脇構えの五方《ごほう》であるという。

「よその流儀には太刀数が多いが、そがいなものはいくら多うても、役には立たんのじゃ。太刀数をあまたにして売りものに仕立てりゃ、初心の者は太刀数さえ多う覚えりゃ、兵法に強うなったと思うじゃろう。それで真剣をとっての斬りあいにも、人を斬るすべがいろいろあると思いこみ、あれこれと早技を出したがる。じゃが、人を斬るには、突くと薙《な》ぐしかないんよ」

他流派が道場稽古に浮き足、飛び足、からす足など、足さばきに工夫をこらすのは無用で、常の足取りでなければ人は斬れないという。

前に身をかがめるのは、進退が遅くなるだけである。

顔はうつむけず、あおむかず、左右にゆがめず、鼻筋はまっすぐにして、わずかに顎《あご》をつきだすようにし、首はうしろの筋をまっすぐに項《うなじ》に力をいれ、両肩の力を抜き背筋を正し、尻を出さないようにする。

腰が曲らぬようにして、膝から足先に力をいれる。

「敵の顔を見るには、たとえば一里ほどの遠方にある島の木を、うす霞を通して眺めておるような心地で見るんじゃ。またたとえば雪や雨のしきりに降る日に、一町ほど先にある屋根のうえにとまった鳥などを、見るような目で見よ。相手の体を打とうと狙うところへ目をつけたら、敵の術中にはまるけえの」

武蔵は真剣勝負のとき、相手の腕前に応じ、はじめから積極的に攻めかかる「懸《かが》りの先」、敵にさきにかからせる「待ちの先」、敵も我も同時にかかる「体々《たいたい》の先」の三つの攻撃法を使いわけた。

彼は生死をかけた勝負の場で、相手のかいまみせる動作、眼の配りから、その内心を察しうる。

敵の刃のもとに平然と身をなげうち、眼前五分（一・五センチ）の間合を見切って、敵刃に空を斬らせる神技を見せるのである。

ある夕方、出稽古から帰ると、客が二人きているという。

「祐恵様、ただいま戻りました」

客殿の敷居際に膝をつき、声をかけると祐恵が応じた。

「細川家のご家老、長岡佐渡殿がおわせられたぞ」

武蔵は座敷に入り、挨拶をする。

「これははじめてお目通りつかまつりまする。拙者は宮本武蔵政名にござりまする」

長岡は笑みをむけてきた。

「拙者は尊公に、はじめてお目にかかりしような気がいたさぬ。中津城下におりしとき、御尊父武仁殿に当理流剣術のご指南をうけた弟子でござるゆえじゃ」

武仁は四年前、中津で世を去った。父の弟子と聞き、武蔵はなごやかな表情になった。

祐恵がいう。

「細川家の国表で剣術指南役をいたしおる、佐々木小次郎《ささきこじろう》という仁で、巌流《がんりゅう》という流派の遣い手で九州随一の名を得ておられるそうじゃ、その佐々木殿と立ちおうてもらいたいと、長岡殿は頼みに参られたのじゃ」

佐々木小次郎の名は、諸国兵法者のあいだに知れ渡っている。小次郎ははじめ富田《とだ》流を学んだ。

富田流を創始したのは、越前朝倉氏に仕えた、富田長家である。その孫勢源は、朝倉家滅亡ののち前田家に仕え、四千石を与えられた。関白秀次《ひでつぐ》の師として、剣名は天下に隠れもなかった。

老いてのち前田家七尾城代となり、娘婿の越後守重政に流儀を継がせた。重政は慶長九(一六〇四)年五月、従五位下越後守となり、采邑は一万三千六百七十石、兵法者として前例のない出世を遂げた。

小次郎は富田家の縁者で、幼時から剣の天稟《てんぴん》をあらわし、勢源、越後にかわいがられて育ち、両名人が貴人の面前で剣技を披露するとき、打太刀をつとめるほどの腕前になった。

師匠は一尺四、五寸の小太刀をとり、小次郎は三尺をこえる大木太刀で立ちむかう。日がたつうちに、小次郎は師の呼吸をすべてのみこみ、やがて師の技をしのぐようになった。

名人越後は四十路《よそじ》はじめの壮年、小次郎ははたち前の若輩である。

小次郎は富田流の高弟たちと試合をしてすべて勝ち、やがて越後守との試合でも勝ち、富田流を離れ巌流という一派をたてた。

小次郎の剣技は、試合に及び相手に技を出させない神速にある。

周防《すおう》の岩国川で、水面を飛びかう燕《つばめ》を斬り、工夫をかさねたあげく燕返しという技を身につけた。

飛んでいる燕を袈裟《けさ》に斬り、それが地に落ちるまでに、返す刀で二度斬る早技である。試合の相手ははじめの打ちこみを凌《しの》いでも、つぎの返し技で膝から腰を斬りあげられる。

空中を疾走する燕を抜き打ちにするには、刀を全力で振らねばならない。刀を振れば手首にかかる重みは、静止時の六倍。片手斬りでその重みをこらえ、燕が地に落ちるまでに二度斬るという早技は、手首と足腰が延べ鉄《がね》のように堅牢でなければできない。

武蔵は考える。

——そがいなことをできるのは、人間業じゃなあぞ。化物にまともに仕掛けりゃ、誰でもやられる。仕掛けさせておいて、動きの裏をとるしかなかろう——」

翌朝、帰国する長岡佐渡を、武蔵は竜野の町はずれまで見送った。

佐渡は武蔵の手をにぎりしめた。

「ではまもなく小倉にてご面晤《めんご》がかなうでござろう。わが主人忠興《ただおき》の裁許が下りしだい、試合の日取りをただちに書面にてお知らせいたそう」

武蔵は円光寺の道場に出て、弟子たちに稽古をつけてやったが、ふだんのように、ていねいに手をとり教えてやるとき、弟子の顔つきが違った。

「お前らは、なんでそがいにうかがう眼つきばあしよるんじゃ」

「今日の師匠殿は、ふだんと顔がちがいますらあ。なんというか、相好《そうごう》がおそろしゅうて鳥肌が立ちますけえの」

六十余度の真剣勝負をかさねてきた武蔵は、敵にむかい精神力を集中する訓練がゆきとどいているので、佐々木小次郎との試合がきまったと思うだけで、気魄《きはく》が面上ににじみ出てくるのである。

武蔵の琥珀《こはく》色の双眼には、なみの人間にはない異様な力が宿っている。彼が座敷に坐っているとき、庭先を猫が通りかかった。猫は武蔵と眼を見交したとたん、足がすくみ動けなくなり、しゃがみこむ。

武蔵が見すえているあいだ、猫は動かず、やがて視線をはずすと、猫は全身の毛を立て、一目散に逃げ去った。傍にいた門弟たちは、鳥肌立つ思いであった。

雨が降っていた昼下り、武蔵が門人たちと歓談しているとき、庭の奥の下草をうねってゆく、長さ一間半ほどの大蛇が見えた。

蛇は塀際の小梅の枝にとりつき、三尺ほどもまっすぐ身をのばして上枝に移る。赤い舌を出し、上枝に移った蛇は、門人たちがざわめいているうちに、急に動きをとめ、樹幹に巻きついていた体が力を失い、滑りおちた。

縄のようにのびた蛇は、舌をチロチロと動かすのみである。弟子たちは武蔵の眼が蛇を射すくめているのに気づいた。

武蔵が視線をはずすと、蛇は一瞬のうちに姿を消した。

武蔵が出稽古にゆく武家屋敷で、彼が逗留しているあいだ、鼠が音をひそめる。夜になると天井裏を騒がしく駆けまわる鼠が、森閑と静まりかえる。

「師匠殿が参られると、なぜ鼠がきよらんですかのう」

弟子が聞くと、武蔵は笑って答えた。

「鼠は儂《わし》と眼をあわせりゃ、長押《なげし》から落ちるけえ、きたがらんのよ」

武蔵はある日、揖保川《いぼがわ》の川岸へ出た。佩刀《はいとう》の鯉口《こいぐち》をきり、足を前後にひらいて立っているうち、視野のうちに黒い影を感じた。瞬間に抜きうちを浴びせる。

武蔵に斬られた燕は水面に落ち、流されてゆく。

「やはり二度は斬れぬ」

佐々木小次郎が飛燕を二度斬るのは、異常な感覚であると武蔵は考える。

「討ちとる技はやはり後《ご》の先《せん》になろうが、一太刀で息の根をとめにゃ、返し技でやられよう」

打つとすれば面である。

武蔵の面を抜く太刀筋は、天下に対抗できる者がいない、非凡の早さである。小次郎に先を打たせ、広い間合から後の先の面を打つためには、三尺の長剣を使う彼よりも長い得物を使わねばならない。

もし一撃で小次郎の動きをとめられないときは、燕返しの二段打ち、三段打ちで斬られるにちがいない。

武蔵は道場の長押にかかっている、五尺ほどの振り棒をとり、小刀で削って長木刀をこしらえる。

陽が落ちると、彼は円光寺の北に聳《そび》える鶏籠山に登り、山頂の松の老木の前に立つ。太い横枝のまえに二間の間合を置き、木刀を右肩にかつぎ、左手をそえ、にじり寄り、跳躍して眼の高さの太い枝を打つ。

武蔵はもとの位置にもどり、木刀をかつぐ。

彼は佐々木小次郎が振ってくる剣の動きを、さまざまに頭にえがき、それに対する後の先の打ちこみをくりかえす。

一刻（二時間）ほどを、休む暇もなく稽古に没頭すると、無念無想の静寂がおとずれてくる。

彼は煎《い》り胡麻を嚙み、革袋の水をわずかに飲み、しばらく休むとまた稽古をはじめた。

夜明けまえに道場へ帰った武蔵は、下男に蒸し風呂をたててもらい、簀《す》の子《こ》のうえに褌《ふんどし》ひとつの体を置く。

――儂《わし》はまだ、畜生剣法の境地におるんじゃ。試合を挑まれ、無益の殺生を重ねるのは、儂の力が足りぬためじゃ。木鶏《もっけい》に及ばざること遠しというところじゃなあ――

木鶏とは荘子達生篇にある言葉であった。

むかし紀渻子《きせいし》という闘鶏を養成する名人が、王の求めに応じ、一羽の軍鶏《しゃも》を飼った。

十日たって王が、もう闘わせてもよかろうというと、紀渻子は答えた。

「未《いま》だし、まさに虚憍《きょきょう》にして気をたのむ」

まだ空いばりをして、争気に満ちているので、だめだという。

さらに十日後、王は聞く。紀渻子はふたたび否と答えた。

「未だし。なお嚮影《きようえい》に応ず」

他の軍鶏の動き、啼声を見聞きするだけで、たちまち闘争心をおこすので、未だしというのである。

さらに十日後。

「未だし、なお疾視して気をさかんにす」

まだ眼をいからせ、力んでいるので、戦わせる時機は至っていないという。

四十日め、紀渻子はようやく答えた。

「幾《ちか》し、鶏啼くものありといえどもすでに変ずるなし。これを望むに木鶏に似たり。その徳全《まった》し」

ようやく仕上がりました。

他の鶏が啼いても態度をまったく変えず、木でこしらえた鶏のように寂然と静まりかえって、完全な威徳をそなえています、という返答である。

王はその軍鶏を闘わせてみたが、他の鶏はすべて闘うことなく逃げ去ったので、紀渻子の手腕に敬服したという。

豊前小倉の長岡佐渡から、竜野円光寺道場へ書信がとどいたのは、慶長十七（一六一二）年二月なかばであった。

道場で弟子と稽古をしていた武蔵は、住職の居間へ呼ばれ、さしだされた封書をひらき読み下す。

「長岡殿が、佐々木小次郎との試合につき、主人細川忠興殿のお許しが出た由、委細を知らせて参りました。私が小倉表に下り、長岡殿屋敷に参着のうえにて、試合の日取り、場所を決めるとのことでござります」

祐恵は膝を打った。

「時候は万物もえいずる春じゃ。試合にはこのうえなき日和をえらぶがよい。儂も同道して参りたいが、寺を預かっておればそうもできぬ。せめて今宵は壮行の盃を交したいものだが、出立《しゅったつ》はいつにするかのう」

「今日いちにちは身辺をととのえ、明日の夜明けに旅立ちまする」

「そうか、一人で参るのか。弟子を供にするかや」

「勝手ながら、もしお許しいただけるなら、御舎弟半三郎《ごしゃていはんざぶろう》殿に同道願いとうござります」

祐恵の次弟半三郎は、武蔵より二歳年下で、円明流印可を二年前にうけており、門下ではぬきんでた腕前である。

「いかさま、半三郎ならば連れて参って役に立とう。あやつの返し太刀も、かなりのものじゃ」

祐恵に呼ばれた大兵肥満の半三郎は、武蔵の供をして豊前小倉へゆくよう命じられると、手をうってよろこんだ。

祐恵は半三郎にいった。

「お前は武蔵殿の打太刀をつとめつつ、小倉城下へ参るのじゃ」

「おう、さようか」

半三郎はうなずき、武蔵は祐恵に頭を下げた。

「さすがは、ご眼力《がんりき》のほど、恐れいってござりまする。仰せのごとく、道中にて半三郎殿に打太刀を頼み、裾より斬りあげる太刀筋の凌ぎかたを、身につける所存でござりました」

半三郎には、虎切りと称する得意技があった。

左膝をつき、なかめ右上に斬りあげる技の早さは、武蔵でさえも気を許せば打ちこまれるほど、冴《さ》えている。

佐々木小次郎も虎切りの名手である。

上段から面を打ちこみ、刃先を返して虎切りに斬りあげるのが、燕返しである。

武蔵は半三郎が虎切りを仕掛けると、その出ばなをとらえ宙に身を躍らせる、飛び斬りの技で対抗した。宙に飛びあがった瞬間に、相手の面を斬り割るのである。

小次郎との勝負は、一撃できまるにちがいない。名人上手といわれる相手と闘うときは、三合とうちあうことはない。一撃か二撃までで、どちらかが命を落とす。

小次郎は身の丈五尺七寸で、三尺の大剣を帯びているという。間合の読みに熟達している彼と戦えば、その技の裏はとりにくい。

ただ一撃に運命を賭け、天地も崩れよと打ちこむよりほかはない。

武蔵は勝負の場で燕返しを用いず、いきなり裾を払う虎切りの技で仕掛けられる場合の応対を、懸念していた。

面を打たれるよりも、左膝頭を地につけた低い姿勢から、片手斬りに裾を払われるほうが、はるかに間合を見分けにくい。

しかも、片手打ちの間合は両手打ちの間合より三尺は広く、武蔵が小次郎の面を打とうとすれば、虎切りの太刀の間合のうちへ入らねばならない。

間合のうちに入っておれば、下から斬りあげられたとき、跳躍して宙に身を浮かせるよりほかはない。

武蔵は前年の秋から半三郎に虎切りの太刀をつかわせ、跳躍して太刀先を避ける飛び斬りの技を稽古していたが、まだ自信はない。武蔵は自分にいい聞かせていた。

——兵法の道を歩むうえは、是非もない。負けりゃ骨になって、円光寺へ帰ってくるだけじゃけえ。儂は巌《いわお》の身になっとるんじゃ。心は刀でも斬られんし、火にも焼かれんのじゃ
——

武蔵は円光寺を出てのち、弟子である赤穂藩池田家の重職山村源内《やまむらげんない》の屋敷にひと月ほど逗留し、連日城内道場で、立ちきりの荒稽古をつみ、勝負の勘を呼びさましたのち、岩国へむかった。

岩国城下に着くと、翌朝から錦帯橋下の河原へ出た。燕が橋をかすめ、飛び交っている。

半三郎は燕を上段から斬りつけ、二度仕損じた。武蔵がいう。

「間の取りかたが、ちと遅れるようじゃ。こんどは虎切りでやってみんさい」

半三郎は右足を踏みだし、刀身を体のうしろになびかす脇構えをとった。

「きたぞ」

武蔵が叫び、半三郎は眼前をかすめる影にむかい、左膝を河原につきながら、刀を薙ぎあげた。

燕が水面に落ちた。

半三郎の虎切りの技は、飛燕を斬るに充分な速さで、小次郎の太刀筋の早さに匹敵するこ

とが分った。

武蔵はいま、半三郎の気合をこめての虎切りの技をはずし、宙に飛んで面を打ちかえす技を、自在に繰りだせるようになっていた。彼は刀を抜き、右上段に構えた。

燕が飛んできた瞬間、武蔵は体を前後にひねった。打ちこみ斬り返す動作が、ひとつの動きに見えた。

「できたぞ半三郎。やってみりゃなにほどのこともなあぞ」


四月初めの晴れわたった空の下で、雲雀《ひばり》がさわがしく啼《な》きかわしていた。

武蔵と半三郎は、細川忠興三十五万五千石の城下である、豊前小倉に着いた。前日、武蔵は下関の廻船問屋、小林太郎右衛門の宅に一泊していた。

太郎右衛門は陰流の遣い手で、彼の師匠が数年前、小倉で佐々木小次郎と試合をして、打ち殺されたと聞いたためである。

太郎右衛門は佐々木小次郎の試合を三度見ていた。彼は武蔵に会うと畳に両手をつき、頼んだ。

「宮本様、私一代のお願いにござります。なにとぞ佐々木めを討ちとり、師匠の恨みをはらして下さりませ」

「勝機をつかめるや否やは、そのときしだいじゃが、佐々木という仁は幾歳《いくつ》かのう」

「たしか二十六と聞き及んでおりまするが」

「背丈はどれほどじゃ、身は痩せておるか」

「五尺七寸と申しまするが、まずは六寸ほどにござりましょうか。色白で筋骨ひきしまっておりまする」

「もちろん、女房、子供はおるまいが」

「さようで」

武蔵より二歳年下の武芸者は、女色を遠ざけ、血のにおいに満ちた険しい求道《ぐどう》の道を登ってきたのである。

「両三度見られしという、佐々木の試合の太刀さばきは、いかなるものにござったか」

太郎右衛門は淀みなく答えた。

「試合は三度とも余《よ》の手は使わず、上段からの拝み打ちで額に斬りつけ、返す刀で膝から胴へ斬りあげる、燕返しでござりました」

「うむ、三度ともおなじ手か。相手に読まれておるのを承知で繰りだすとは、よほどの曲技《くせ》じゃな」

真剣勝負で、三度もおなじ技を使う兵法者は稀れである。

相手に手のうちを読まれ、裏をかかれるおそれがあるためであった。それを承知で燕返しをくりかえすのは、わが太刀を受けられる敵はいないという、ゆるぎない自信があるためであろう。

武蔵はふしぎな問いを口にした。

「小次郎は眉あいがのびやかであろうか。それとも狭かろうか」

「眉あいが狭うて、両眉がつらなっているように見え、眉間に縦筋が通っておりまする」

武蔵はうなずく。

――そやつは気の細かいたちにちがいない。そがいな奴は、むかつかするに限るわい――

京都で京流宗家吉岡清十郎との試合で約束の刻限に遅れ、相手を動揺させた手口をふたたび用いるのである。

武蔵と半三郎は、長岡佐渡の屋敷で、厚遇をうけた。

佐渡はいった。

「当城下には佐々木の弟子が多うござれば、もし師匠が倒されしならば、血迷って騒ぎをおこす者も出ぬとはかぎらぬ。それゆえ試合の場を船島にいたそうと決めてござる」

船島とは、下関から小倉へ渡る途中、海のまんなかにある洲のような小島であるという。木もさほどなく平坦であるため、試合の場に適当であるという。

主客が酒を汲みかわすうち、長岡が内心を洩《も》らす。

「このたびの試合で勝たれなば、拙者が殿にご推挙申しあげ、貴殿を当家指南役として、お招きいたす所存でござる」

武蔵は表情を動かさず、答えた。

「ご厚志のほど、身に沁《し》みてうれしゅうございまする。もし生き残りしときは、なにとぞよしなにおひきまわしをお願いいたしまする」

その夜、武蔵は寝所で小次郎の技をあれこれと考えた。

小次郎に敗北した兵法者たちは、燕返しの技をなぜ防げなかったか。

横薙ぎの刀は、真向から縦に振りおろした上太刀《うわたち》で防げるはずである。だが立ちあう相手のすべてが、小次郎の動きに遅れた。

武蔵は、最初に額を狙ってくる小次郎の一撃が、おそらく浅い一撃ではなかろうかと思いついた。

撃尺《げきしゃく》の間合に踏みこむまえに、三尺の太刀を片手打ちに打ちこめば、相手の刀は小次郎に届かない。

小次郎の剣尖をかわし、相手が体勢を乱す機を狙い、左下方からの燕返しの剣が、充分に踏みこんだ小次郎の手から走り、相手は合せ技をかける余裕もなく斬られたのであろう。

――勝機はやはり、はじめの打ちこみじゃ――

小次郎の燕返しは、飛び斬りの技で防げるか否か分らない。下方からの抜きうちは、手首の返しかたで斬りあげる角度が、どのようにも変る。飛んでも、小次郎の剣尖を逃れられる保証はない。

小次郎は伊達好《だてごの》みの朱鞘《しゅざや》の大刀を帯びているという。刃渡り三尺、柄一尺の大業物である。おそらく、するどく磨きあげ、刃先を薄紙のようにした刀であろう。

そうすれば、目方は軽くなり、刃味は増す。彼の間合のうちに取りこまれたときは、技を返す余裕もないまま、たちまち斬られるであろう。

深い間合をとって勝つには、こちらも長太刀を使うよりほかはない。木太刀を使おうと武蔵は思いついた。四尺四、五寸あるものを使えば、かならず勝てる。

小林太郎右衛門の船頭が、武蔵らを小倉へ送る途中、船のなかに置かれていた赤樫の櫂《かい》が、頭に浮かんだ。それを削り直せば使える。小次郎と同時に打ちあい、武蔵の木刀が先に相手の額へ届けば勝てる。

最初の一撃を仕損じたときは、重い木太刀を持つ武蔵は、かならず斬られる。

翌朝、武蔵は半三郎とともに船島に渡った。渦を巻いて流れる逆潮《さかしお》に押され、眼のまえの船島に着くのに一刻（二時間）を要した。

島は赤松、山桃の木が多く、根方に笹が密生している中洲のような眺めであった。

島の西岸の砂浜の端に、鬼芝に覆われた平地があった。

――足場のかたいところより、やわらかい砂地をえらべば、小次郎の早技を封じられよう
濡れている波打ち際で激しい動作をおこなえば、足首まで砂中に没するであろう。

武蔵は小次郎の面を狙う一挙動に賭けているので、足場のやわらかさをさほど気にしないでいい。


試合は四月十三日辰の上刻（午前七時から八時）に決った。二日後である。

翌朝、武蔵と半三郎が長岡屋敷から姿をくらましていたので、城下は騒然となった。

「武蔵は佐々木殿の高名を聞き、逃げおったぞ」

長岡佐渡は茫然として、なすすべを知らなかった。このまま武蔵が戻ってこなければ、試合を中止しなければならない。

四方に人を派して探すうち、飛脚が武蔵の書面を届けた。

「明朝試合の儀につき、私こと、そこもと様の御船にて向島（船島）に遣わさるべき旨、仰せ聞かされ、重畳《ちょうじょう》御心遣いの儀、かたじけなく存じ候。

然れども今回、私と小次郎は敵対の者にてござ候。然るに小次郎は、忠興様御船にて遣わ

され、私はそこもと様御船にて遣わされる旨にござ候ところ、御主人に話されいかがかと存じ奉り候」

武蔵は下関の小林太郎右衛門の家に逗留しており、翌朝の試合には下関に出向くと記している。長岡佐渡は安堵した。

翌朝、武蔵は陽が昇っても起きてこなかった。小林太郎右衛門が武蔵をおこす。

「もはやお支度の刻限にござりますぞ」

武蔵と半三郎の寝ている部屋からは、応答がなかった。

辰の下刻になって、船島から使者がきた。

「佐々木殿は、はや試合の場に参着しておられまする。すみやかにお運び召されよ」

武蔵はようやく起き出た。

彼はその日の干潮が、辰の上刻からはじまり、辰の下刻を過ぎる時分には干底《ひぞこ》になると調べていた。大潮どきであるので、潮の引きははげしく、東へ流れる潮に逆らい船島にむかう武蔵の船は、一刻半（三時間）ほど遅参するであろう。

引き潮で広がった干潟での勝負は、小次郎に不利である。待ちくたびれる彼は、たけなわな春の陽射しを頭上から浴び、しだいに疲れてくる。

武蔵は悠々と朝餉《あさげ》をとり、太郎右衛門に頼み櫂を取り寄せ、それを削り木刀の形にととのえてから、船に乗った。

船上で武蔵はこよりをこしらえ襷《たすき》にしてかけ、綿入れの袖無しを顔にかぶり、船底に身を横たえた。

船島に着いた武蔵は、船を洲崎にとめさせ、試合の場へ波打ち際を歩いて近づく。彼は大刀を船に置き、脇差を腰に帯びている。

鉢巻をしめ、裾をからげ、手に木刀を提げていた。

小次郎は猩々緋《しょうじょうひ》の袖無しに染革のたっつけ袴、腰に備前長光《びぜんおさみつ》三尺の剛刀を帯びている。

彼は、半眼に瞼を伏せた武蔵が近づいてゆくと、床几《しょうぎ》から立ちあがり、怒声を発した。

「そのほう、約束を違えるにもほどがあろうぞ」

武蔵は、小次郎の焦燥と思いあがった内心を読みとっている。彼は黙って近寄ってゆく。

小次郎は備前長光を鞘のまま抜き、抜刀して鞘を海中に投げすてた。

武蔵はそれが、伊達者のふるまいと知りながら、嘲《あざけ》った。

「小次郎負けたり」

「何と申す」

「勝つならば、鞘を捨てることもなかろう」

双方は五間の間合を置き、むかいあう。

武蔵は右手に木刀を持ち、切先を垂れていた。小次郎は八双にとる。どちらからともなく踏みだした。

小次郎の刀が宙に躍り、武蔵も木太刀を打ちおろす。

小次郎はつきとばされたようにのけぞり、潮に濡れた砂上に身を叩きつけた。武蔵の鉢巻が両断されて落ちた。彼は五分の見切りをつけたのである。

武蔵はゆるやかな足取りで小次郎に近づく。絶息したと見えた小次郎が寝たまま長光をひらめかせ、燕返しで襲った。武蔵の着物の裾が三寸ほど斬り裂かれた。

それが小次郎の最期であった。

松尾芭蕉

「不易」を知らなければ、基たちがたく、
「流行」を知らなければ、風新ならず

鈴木治雄

すずき・はるお　1913年東京に生まれる。東京大学法学部卒業後、昭和電工株式会社入社。71年同社取締役社長、81年同社代表取締役社長に就任。経済同友会副代表幹事、経済団体連合会産業政策委員長など数々の役職を歴任。現在、昭和電工名誉会長。

松尾芭蕉

まつお・ばしょう（1644―1694）

江戸前・中期の俳人。俳諧を革新大成した蕉風の祖。本名甚七郎宗房。俳号は「はせを」と自署、他に桃青など。伊賀（三重県）上野の人。伊賀の藤堂良忠に仕えた。貞門俳諧を学び、のち江戸に下り談林俳諧を修行。37歳で深川芭蕉庵に入る。数度の旅を通じて、「さび」「しおり」「ほそみ」「軽み」の蕉風を確立。「にほひ」などの余韻を尊ぶ連句作法を示した。元禄7（1694）年51歳で大坂の旅宿で病没。蕉風代表句集は『冬の日』『猿蓑』『炭俵』などの『俳諧七部集』。紀行『野ざらし紀行』『笈の小文』『更級紀行』『奥の細道』、俳文『幻住庵記』。

過日、ある教養の高いイギリス人に英国の過去一千年の代表として一人を挙げるとしたら誰だろうかと質問したところ、

「それは問題なくシェークスピアだ」

との答えが返ってきた。そして、今後、英国がどうなろうがシェークスピアの評価はゆるがないと言い切った。

それでは、日本史上では誰を選ぶことができるだろうか。

もちろん、いろいろな答えがあり得るだろう。たとえば、聖徳太子《しょうとくたいし》、空海《くうかい》、明治天皇《めいじてんのう》、福沢諭吉《ふくざわゆきち》、その他、各人がそれぞれの立場から有力な候補者を選ぶに違いない。

しかし、人生をどう見るか、人生の意義の価値観といった観点から考えると、芭蕉はきわめてユニークで世界的にも比類のない存在だと思われる。

人生の意義、生甲斐《いきがい》、人生における価値観は人それぞれであるが、中でも芭蕉はきわだった存在だと断言出来よう。

だが、芭蕉という個人に思いを馳《は》せれば、一人の人間として人生を如何《いか》に生くべきかについて深く悩んだに疑いない。

芭蕉自身が告白している通り、かつては藩に仕官して世間的に出世したいと考えたこともあったし、またそれとは対照的に仏門に入って信仰一途《いちず》に生きたいと願ったこともあった。

しかし、結局、芭蕉が選んだのは俳諧の道だった。

所詮《しょせん》、人生は旅であり、また抽象的な表現でのみ「旅」というのではなく、実際に出来るだけ旅に出て、自然と一体となって親しみ、その間、人間との交わりにも心を用いる、そんなあり方に落着いた。

だから、住居にしても江戸に定住するというよりは、その時々に分に応じた「庵《いおり》」と呼ぶべき質素な空間に住まう生き様に終始した。

そして、何よりも大切にし、心の支えとしたのは、自然の四季折々の移り行きを楽しみ、風雅の道に徹することに生活の中心を置くことだった。

芭蕉はこのような人生観を持ち続けて俳諧道を深め、五十歳近くになって、その深さと高さにおいて古今に比類のない芸術的境地に達し、逝ったのである。

私は近頃、殊に、現在のわが国の世相を眺めるにつけ、芭蕉の唱える「不易流行」の言葉こそ二十一世紀の日本にとって最も重要かつ適切なキャッチフレーズではあるまいかと思う。

なぜなら、現代の人々はとかく目前の世の中の急激な変化に余りにも強く捉《とら》われすぎ、「流行」のみを優先させすぎているのではないか、と思われるのである。

たとえば、長く続いた経済不況に対する不安と憂慮は、「経済優先」の考え方に強く影響され、それを中心にして、日本の前途を暗くのみ考える悲観論が広く世間に浸透しすぎることから発しているのではあるまいか。

そうして、経済について過去を深く反省し、技術をみがき、世界の大勢に劣らない国際競争力を強化して、再び経済大国たらんとする目標のみが最重要であると考えられているように思われる。

しかし、然《しか》らば、経済が復活再生し、世界における経済的競争力が確立され、評価されればそれで足りるかと設問すれば、決してそうではあるまいという冷静な判断に立ち返ることができるはずだ。

一つには、経済を物質と考えれば、〝心〟の問題、つまり精神の問題をどう考えるか、と問わねばならない。その必要性は如何に強調しても強調しすぎることはなかろう。

だから、わが国の場合、経済が最強であった最近の経験を顧みても、それで国民が本当に満足したか、また国際的評価が高まったかという設問に対して、国の目標、人生の充実の問題がいささか軽視されすぎたのではないかと反省せざるを得ない。

そういう中にあって静かに芭蕉の存在を考え直してみるとき、わが日本のアイデンティティを明確に示す典型の一つとして、芭蕉は格好の対象であろうというのが私の現在の心境である。

芭蕉は偉大な詩人であった。俳句という世界に類を見ない、凝縮された短詩形で、稀に見る傑作を数多く生み出した。

では、これから具体的な例、特に私が愛唱するいくつかの俳句を引用しつつしばらく読者とともに別世界で遊びたいと思う。

ただ思いつくままに好きな芭蕉の句を列記する前に、芭蕉俳句の原点と最後に到達した心境の表現である句を、まず取り上げてみたい。

芭蕉の句は多数あるが芭蕉以前の談林派の句から脱出し、独自の句境に至ったのは多くの人が指摘するように、

古池や蛙《かはず》飛び込む水の音

の一句である。芭蕉は死に瀕し、弟子達が辞世の句を作ってもらいたいと希望を述べた際、

「『古池や蛙飛び込む水の音』というわたしの句は、わたしが蕉風という一つの新風を興した時からの辞世の句で、その後、数え切れないほど、おおくの句を詠んだ。どれもこれもこの句のこころから出ている」

と答えている。

だから、「古池」の句は芭蕉自身が公認した代表的句といってよいであろう。

また、安倍能成《あべよししげ》は「何とか非難を加へる人もありますが、矢張り偉い句だと思ひます。そしてやつぱり芭蕉の代表作と見てよいと思ひます」と言っている。

さらに、芭蕉の句について深い理解を示している幸田露伴《こうだろはん》は、「いろいろ説はあるが、『名画は描き来《きた》つて直ちに是れ天地である』と云ふところが此の句にはある。所謂渾然《いわゆるこんぜん》として境を作るもの、どうにも動かしやうのないもので、斯う云ふ句は全く解釈を超越してゐる」と評している。芭蕉のこの句をスタートの句とすれば最後に到達した心境の句は、

この秋は何で年よる雲に鳥

の一句であろうか。あるいは

旅に病で夢は枯野をかけ廻《めぐ》る

を加えてもよいかもしれぬ。まず、「この秋は何で年よる雲に鳥」であるが、この句は疑いなく芭蕉一代の絶唱である。

これほど純粋な個の感慨に深く沈潜した句はあるまい。

芭蕉が晩年に至って、身の老衰を感じ、「この秋は何で年よる」と思わず口を衝《つ》いて出たのがこの観念である。

芭蕉にとって次第に積み重なってきた歳月が、この秋はどうしたわけかどうとばかりに押寄せて、老衰一時に至る感じで「この秋は何で年よる」なのである。

しかし、心情的表白だけで一句が出来るわけではなく、その日、朝からの心境をくだいた挙句の果ての結晶が「雲に鳥」であり、苦吟の結晶であり、その表現には芭蕉の絶対の自負が見られる。「この秋は何で年よる」は老いの感慨であり、結びの「雲に鳥」は雲間にかすかに消えて行く鳥という具象物である。

「雲に鳥に遥《はる》かな心細い気持を寄せたのだ、自分の存在はあの雲の中に消えて行く鳥の影のように、まことに渺《びょう》たる存在に過ぎない」と小宮豊隆《こみやとよたか》が述べているが適評であろう。そして、死を前にしての最後の句、

旅に病で夢は枯野をかけ廻る

芭蕉は、自分は辞世の句は詠まないといったが、客観的に見るとこの句が辞世の句と称してもよいかもしれない、と言った。

旅に病み、夢うつつの中で、芭蕉は、枯野をさまよい歩いている自分の姿を見た。いつの頃からか漂泊の思いが止《や》まず、ある時は曠野《あらの》に野ざらしとなることも決意したのは、芸術への絶ちがたい執着からであった。顧みれば五十年の生涯もたとえてみれば枯野の旅であったともいえよう。彼は病中の夢の中においてさえ、何かを求め歩きつづけた。言ってみれば、それは妄執の深さともいえようと自省する。

彼の生涯を圧縮すれば、枯野の中の旅人というイメージにつながる。こう考えると、この

句こそ生涯最後の句にふさわしいともいえよう。だから、この句は彼の句作にピリオドを打ったともいえる。

ここからは、順を追って芭蕉の代表的な句を読んでいきたい。

枯枝に烏のとまりたるや秋の暮

「古池や」の句より前の句であるが、私には「古池や」と同様な立場の句に見える。「古池や」の句の先駆をなしているように思えてならぬ。

露伴はこう批評している。「このままで分る写生の句である。寂寞《じゃくまく》を持つてゐる没主観の句として面白いものである」

海くれて鴨のこゑほのかに白し

山本健吉《やまもとけんきち》は解説して「鴨の声に見出した感動は、芭蕉の発見の驚きでもあったが、その声をほの白いと感ずる知覚は、その姿のさだかには見えない夕闇を媒介として生じたものである。この句は五・五・七の破調で珍らしいものだが、そのことが効果的である」と言っている。

また、この句の新鮮な美はフランスのボードレールの抽象詩に通ずるものがあるといった評をどこかで読んだ記憶がある。

山路来て何やらゆかしすみれ草

素直にふと見つけたすみれ草の美しさを表現したもので私には複雑なものを越えた、こうしたさらっとした句を敬愛する気持ちがある。

旅人と我名よばれん初しぐれ

芭蕉の物した『笈《おい》の小文』の冒頭には、「西行《さいぎょう》の和歌における、宗祇《そうぎ》の連歌における、雪《せっ》舟《しゅう》の絵における、利休《りきゅう》が茶における、其貫道《かんどう》するものは一《いっ》なり」とある。芭蕉が言う、旅人という言葉には、この四人の先人は芭蕉が思い描いたような「旅人」であり、自分を彼等の精神的系譜を受けついだものとして、精神的旅人としての自覚を設定する思いがこめられているようである。

冬の日や馬上に氷る影法師

おそらく薄氷が張っている田の面にうつる実際の影法師を見たのであろう。それと影法師の実体である馬上の自分が、つまり冬の日と影法師とが、にぶい明暗の対照をなし、寒さのためにすくんでいる馬上の自分の姿を客観化して「馬上に氷る影法師」と感ずるようになり、微妙な情景の美を不思議に表現している。「馬も一つに氷りついた自分の姿の巧みな表現で寒さに麻痺した状態、没我の状態である」（山本健吉）

夏草や兵《つはもの》どもが夢の跡

「平泉」での作。古城において、「国破れて山河あり、城春にして草木深し」と杜甫《とほ》の詩を思い出し、故詩を引用し、笠打ち敷きて、時のうつるまで泪《なみだ》を落したとの前書をしてこの一句を作った。まことに義経滅亡を偲《しの》んで忘れ難い印象的な句として私は好きである。

閑《しづか》さや岩にしみ入蟬《いるせみ》の声

この句の初案は「山寺や石にしみつく蟬の声」であり、後に「さびしさや岩にしみ込蟬の声」と改案され、最後にこの形に決定したという。

私はこれは素晴しい句で、芭蕉ならではのものだと感嘆する。誰でも言われてみれば、外に言いようもない表現だ、と立石寺《りつしやくじ》を訪れた評者は納得するようである。

まことに幽寂の表現が微に入って際立っている。ともかく芭蕉の詠んだ詩的境地は深く余計な穿鑿《せんさく》は無用だと思う。実に美しい完璧な句と評してよい。

荒海や佐渡によこたふ天河

何ともいえない広大な宇宙的な感慨が湧いてくる句で佐渡に行ったことのある者なら流石だと感ぜざるを得まい。

行春を近江の人とおしみける

この句は私にとって実にしみじみとした音楽的な美を感ぜしめて、口ずさむと何ともいえず楽しい。

しかし、蕉門の中には、この句は平凡で何も近江でなくてもよいといったいわば低評価の説があった。けれども去来《きょらい》が「湖水朦朧《もうろう》として春をおしむに便《たより》有べし」と言ったので、芭蕉はたいそう歓び、「去来、汝は共に風雅をかたるべきもの也」と言ったと伝えられている。近江の人という言葉に湖南の連衆との温かい連帯感がほのかに伝わってくる。

こうして、芭蕉の詩境は晩年に至り、何人も及ばない、深味と味わいを増して、最高の俳句群を形成する。以下列挙する。

秋ちかき心の寄《よる》や四畳半

秋の夜を打崩したる咄《はなし》かな
人声や此道《このみち》かへる秋の暮
此道や行人《ゆくひと》なしに秋の暮
秋深き隣は何をする人ぞ

すでに冒頭に「この秋は何で年よる雲に鳥」と「旅に病で夢は枯野をかけ廻る」の二句は挙げた。

これまで俳句のみについて述べたが、本当は俳句を連句と総合して論じなければならない。連句は芭蕉の門人を交えた生活協同体的な雰囲気の中で作成され、俳句はその冒頭に結晶体として美しさを湛《たた》えている存在であるように思われる。とすれば、芭蕉を論ずるに際して連句の価値と評価について無視することは出来ない。

連句は今日では廃《すた》れてしまった特殊な詩形であるが、その意義は探らなくてはならない。私はゲーテの生涯を調べた際に、ゲーテがシラーとの関係について、「われわれ二人は毎日のように会い語り、お互いに詩作したが、ある時には詩を共作したこともある」と述懐したのを知った。

もし、ゲーテが日本の連句を知っていたら、あるいはシラーとの連詩を創作したのではないかと想像される。

連句は芭蕉を中心とした門人達がお互いに啓発し合って作り上げた一種のシンフォニーのようなものだともいえよう。

芭蕉は一方においては世を捨てた孤独な風景詩人であったが、他方においては民衆詩人であったとの印象を連句において示している。

考え方によっては芭蕉の俳句は附句《つけく》に示されているような対話的な雰囲気を意識したものともいえよう。こう考えると芭蕉の詩作の中で連句の意義はそれなりに高いものだといえよう。

そういうことを強く意識したのだと想像されるが、露伴は晩年、『芭蕉七部集』と題して、「冬の日抄」、「春の日抄」、「曠野抄」、「ひさご抄」、「猿蓑抄《さるみの》」、「炭俵抄」、「続猿蓑抄」の七部について該博な知識とすぐれた鑑賞力を基礎にして「評釈」を創作した。これは誠に得難い労作である。また、芭蕉研究で有名な中村俊定《としさだ》氏には、『芭蕉の連句を読む』の名著がある。

芭蕉門下でその才能を「猿蓑」に縦横に発揮した逸材に凡兆《ぼんちょう》がいる。その表現の新鮮さは感覚的には師芭蕉をしのぐものがあったともいえる。

私の好きな部分をちょっと引用する。

僧やゝさむく寺にかへるか　凡兆
さる引の猿と世を経る秋の月　芭蕉

露伴の評釈によれば、「やゝ寒き秋の夕嵐に袖長の僧衣がひらひらと尾花かるかやの野末の路など行くさまなり。僧は寺に帰り猿曳は猿と世を過ごす。両者の行合ひたる、何ともおもしろし。猿の無心にして人の背上にある、ことにおもしろからずや。……味はふべし、説くべからず。味はふべきなり」とある。

芭蕉の特色は蕉門と称する多数の弟子があり、芭蕉はその中心に位し、弟子達と親しく交わり意見をかわし、連句を創作し俳句道に励んだわけである。詩の創作に当ってこういう例は少ないのではないか。柿本人麻呂《かきのもとのひとまろ》にせよ、藤原定家《ふじわらのていか》にせよ、西行にせよ、独歩の道を歩み、集団の中央に位して詩歌を創作したわけではあるまい。

外国でも、ゲーテ、シラーにせよ、キーツ、ワーズワースにせよ、周囲に芭蕉のような人間的雰囲気はなかった。その意味で芭蕉の芸術は稀有のものである。

では、かかる蕉門の中にはどんな人々がいたのか。

一般的に挙げられているのは、其角、嵐雪、去来、丈草《じょうそう》、許六《きょりく》、曾良、凡兆、園女《そのじょ》などである。

私にはこれらの人々について、ほとんど知識がない。その句もよく知らないし、特に印象を受けた俳人も少ない。ただ、後に述べるように、丈草、凡兆には例外的に印象がある。また、弟子の中で最高の位置にある其角の自撰句集『虚栗《みなしぐり》』には、

　凩よ世に拾はれぬみなし栗

の句がある。この句集に対して芭蕉はつぎのような跋文を草して弟子に対する愛情を示している。

すなわち、「虚栗とよぶこの一書には、四つの味がある。李白《りはく》や杜甫の詩精神をくみ、詩僧寒山の禅味を取《と》る。さればその体は、高邁であって意味は深遠。侘《わび》と風雅の普通と異る所以は、西行の山家にわけ入って、人のかえりみぬ虫喰い栗を拾うところにある……色恋の情もあまさず句にうたい、白楽天《はくらくてん》の詩をやさしくして、初心の人の門に入る便りとなることを心がけている」

芭蕉は蕉門の隆盛を祝福して、この広告文を草したといえる。つまり、其角を礼讃して同時に自己の抱負を述べて、自信の程を誇示したといえよう。

さらに、つけ加えると、其角は、芭蕉から嵐雪とともに江戸蕉門の双璧と称せられた俳人である。

さて、門人の句の中で私にとって忘れ難いのは丈草のつぎの句である。

　木枕《きまくら》の垢《あか》や伊吹《いぶき》にのこる雪

この句についてはつぎの記述がある。

「元禄《げんろく》八年春、木曾塚の無名庵に丈草を訪れた惟然《いぜん》が、二、三日滞在したのち、故郷美濃《みの》へ向けて出立するときに、はなむけた句である。折しも伊吹山には残雪が白く残っているのが遠望されるが、これから旅立つあなたは、この草庵でそうであったように、旅先の宿でも、さぞ、苦手な固い木枕に寝て、その木枕についた垢に辟易することだろう——だが、どうか身体には十分気をつけて旅を続けてほしいと祈るばかりだ、というのである」(『蕉門名家句選(下)』岩波文庫)

この一句、木枕の垢のイメージと伊吹山の残雪のイメージがダブって映ってくるところが絶妙である。

私は初春の頃、東海道を走っている時、たまたま関ケ原の近くで伊吹山の残雪を遠望したが、木枕の垢とは何というピッタリした表現だと感嘆し、その印象は今に至るも私の脳裏に強く刻みつけられている。芥川龍之介がこの句を絶讃したというが、私には心強い限りである。

丈草が芭蕉に高く評価された出来事がある。

うづくまる薬《くすり》のもとの寒さ哉

この句は、元禄七年十月十一日夜、死の直前の病床にあった芭蕉が、馳せ参じていた門人たちに夜伽《よとぎ》の句を勧めたときの吟である。意は、重い病状の師を案じながら、薬を煎《せん》じる鍋の傍らで身をかがめてうずくまっていると、部屋の寒さがひとしお身にしみることだというのである。

芭蕉は丈草の句をもう一度と望み、それを聞き、「出来《でか》した、丈草、いつものことながら、さび、しおり、ともに法にかなって、見事だ」としわがれた声でほめたという。

さて、凡兆には有名な話がある。

下京や雪つむ上の夜の雨

この句は最初は冠《かんむり》なし、そこで座にいた芭蕉はじめ人々がいろいろ考えをめぐらしていると芭蕉が「下京や」を置いた。凡兆は「あ」と答えて落着かなかった。芭蕉は「兆、汝の手柄に此冠を置くべし、若《も》しまさる物あらば、我二度と俳諧は作るまい」と言われた。

だから、厳密にいえば、この句は芭蕉との合作であるといえよう。私の好きな凡兆の句に、

灰捨《すて》て白梅うるむ垣ねかな

の一句がある。「白梅の咲く垣根の下に、運んできた灰をぶちまけると、軽い灰かぐらが舞い上がり、鮮やかな純白に見えていた白梅の花びらが、灰かぐらのヴェール越しに、」一瞬心なしか不透明に曇ったように見えた、というのである。光沢のある清楚な梅の花びらが、少しぼかしたようになって、かえって艶な気配を帯びてくるさまをとらえたものであ

る。(『蕉門名家句選(下)』の中の解釈)

こういう素晴らしい感性の動きを鋭くとらえる才能は凡兆ならではと感嘆にたえない。凡兆の叙景は客観的にすぐれており、ある意味では芭蕉を抜くすぐれたものがある。しかし、凡兆は人格的に欠陥があったらしく、晩年には罪に問われて獄中の人となったという。

当然ながら芭蕉とも離れたのは痛ましい。

門人の中で唯一人女性として園女の名がある。芭蕉の、

しら菊の目にたてゝ見る塵もなし

の句は園女に招かれた時に、女主人を白菊に比したものであるという。

芭蕉はもちろん本領は俳人であったが、また名文家でもあった。もっとも有名なのはいうまでもなく『奥の細道』である。序章は、「月日は百代の過客にして、行かふ年も又旅人也」に始まる。

竹西寛子《ひろこ》の口語訳をここに掲げる。

「月日は果て知らぬ旅人。

行く年来る年もまた、旅人と変わりはない。

水に舟を浮かべて一生を送る者も、馬のくつわを取って老いを迎える者も、その日その日がすなわち旅、旅がすみかの暮しである。

あの中国の詩人李白や杜甫も、わが西行や宗祇も、ともに旅の半ばで命絶えた先達であった。

かく言う自分も、いつの頃からか、風の空行くちぎれ雲に誘われて漂泊の思いやまず、心ひかれるままに遠い海辺をさすらう身とはなった。去年の秋、いったん隅田川のほとりの陋《ろう》屋《おく》に戻り、蜘蛛の巣など払って住むうちにいつか年も暮れて、やがて春、空に立ち始めた霞をながめると、今度はなんとかして、能因法師の歌でも知られるあの白河の関を越えたいものとの思いがしきりになって、まるで心狂いさせる神にでも憑《つ》かれたかのようなありさま、旅行く者をお守りくださるという道祖神に招かれている気分で、ろくに取るものも手につかない。

旅の支度には馴れているが、この度ばかりはいつもの旅ではない。股引《ももひ》きの破れはよくつくろい、笠の緒も新しくつけかえた。長旅にそなえて三里の灸《きゆう》もすえた。あれこれととのえながら、気持はすでに松島の月にとんでいるけれど、陋屋の仕末もして立たねばならぬ。さる人を決めて、住み馴れた芭蕉庵はその人に譲った。旅立ちまで、さし当っては同じ深川にある杉風《さんぷう》（杉山《すぎやま》）の別荘に移るので、

草の戸も住み替る代ぞ雛《ひな》の家

とよみ、それを発句として連ねた表八句を懐紙一枚目に認《したた》めて、記念に庵《いおり》の柱にかけてお

く。折から雛《ひな》祭の季節である。わが陋屋もとうとう人手に渡った。むさくるしい先住者の時と違って、新しいあるじには娘もあること、雛人形が飾られて、草の庵も、きっとはなやいだ住まいに変わるであろう」

名訳をもって、実に完璧というべき名文である。さて、旅行中に詠んだ句に、

一家《ひとつや》に遊女も寝たり萩《はぎ》と月

があり、珍しいので如何なる意味かと思っていたが、「遊女同宿」の件の面白いショート・エッセイとして記されている。ふたたび竹西訳をしるしたい。

「今日は、親知らず、子知らず、犬戻《もど》り、駒返《こまがえ》しなどいう、北国一の難所を越えて疲れたので、枕を引き寄せて早く寝たところ、襖《ふすま》一つ隔てた表の部屋に、若い女の声が聞こえる。どうやら二人で話し合っているらしい。年老いた男の声も交じっての話声を聞いていると、二人の女は、越後の国新潟という所の遊女であった。伊勢参宮をするというので、市振《いちぶり》の関まで男が送って来た。しかし明日はその男を故郷へ帰すので、託すべき手紙を書き、とりとめもない言伝《ことづて》などしてやるところである。『古歌にあるとおり、白波の寄せる浜辺に身をさらし、漁師の子のように落ちぶれて、夜ごと定めない契りを交わす境涯、前世の業因はどんなに悪かったのでしょう』などと話すのを聞きながら寝入ってしまった。

翌朝出立の折、われわれに向かって、『伊勢へはどのようにまいればよいのか。行方も知

らぬ旅路の憂さ、あまりにも心細くて悲しうございます。ご同行をとは申しませぬ。せめて見え隠れにも御跡を慕ってまいりとうございます。ご出家の御身の御情で、大慈のお恵みをお分かちくださり、仏道に入る縁を結ばせてくださいまし』と涙ながらに頼む。

『お気持はお察しします。お気の毒には思いますが、なにぶんにもわれわれは、あちこちで滞在する予定です。とても同行はできないので、同じ方向に行く人々のあとについてお行きなさい。伊勢の大神様の御加護で、かならず無事に着けましょう』と言い捨てて出立したが、あわれがしばらく尾を曳《ひ》いて心が重かった。

一家に遊女も寝たり萩《はぎ》と月」

遊女との偶然の同宿を曾良に語ると、彼が書き留めてくれたというのである。何と興味のあるエッセイであろう。奥の細道には句とともに、それを詠んだ折の実景が描かれていてゆっくり読むと興味深い。ただ、芭蕉の芸術論を学術論文風に記述したものはないと言えばない。

『笈の小文』には、「西行の和歌における、宗祇の連歌における、雪舟の絵における、利休が茶における、其貫道する物は一なり。しかも、風雅におけるもの、造化にしたがひて、四時を友とす。見る処、花にあらずといふ事なし。おもふ所、月にあらずといふ事なし。像《かたち》、花にあらざる時は、夷狄《いてき》にひとし。心、花にあらざる時は、鳥獣に類す。夷狄を出《いで》、鳥獣を離れて、造化にしたがひ、造化にかへれとなり」

実に激しい言葉で美意識と信念を明確に吐露している。

つまり、芭蕉の風雅の哲理は、自然との一体化を説いている。森羅万象、すべて自然の恵みによって存在するという観想は、汎《はん》神論的思想と共通した東洋の美学だといえそうだ。

確かにこの考え方は外国にはない日本人特有のアイデンティティを示す見事な価値観というべきであろう。

さらに芭蕉は絶世の文章「幻住庵記」をしたためる。まことに熟読玩味《がんみ》すべき内容である。

中山義秀《ぎしゅう》氏は余命いくばくもないことを知って、最後の三年間を専心して芭蕉を研究しつつ生活した。その中山氏は、書いている。

「先づたのむ椎の木も有夏木立

年月をへてきた自分のふつゝかな人生を、つくづくふりかへつて見ると、ある時期には一生の養ひとなる領地をもつた武士を羨み、またある時期には仏門、禅室へはひらうと考へたこともあつた。

しかし、さすらひの旅に身をさらし、花鳥に情をそゝいで、ひとまづ俳諧を一生の仕事ときめてしまつた後は、無能無才ながらこの道一筋につながれてゐる。白楽天は詩作のために五臓の精気をやぶり、杜甫は苦吟して痩せた。人には賢愚の別があり、文章には平凡非凡の差はあっても、所詮は幻の世をすみかとする上で、誰もみな変るところはない。

そこで夏の陽をさけ、実は糧となる椎の木を、まづ頼むといふ発句となる」


これが四十七歳になった芭蕉の述懐である。

芭蕉は「猿蓑」の発句を機縁として俳句には「不易と流行」の二面があることを説いた。「不易」を知らなければ、基《もとい》たちがたく、「流行」を知らなければ、風新ならず。「不易と流行」こそ俳諧の本体だというのである。

芭蕉は「侘び、寂び、しおり」といった境地から、さらに広やかで自由な、包容性のある、「軽み」の世界へと発展してゆく。「不易」と「流行」こそ俳諧の本体であると悟ったのである。

最後に、芭蕉終焉については貴重な文献として『花屋日記』があり、詳細に芭蕉の死を前にした言動がしるされているので紹介したい。

久保田万太郎《くぼたまんたろう》の訳があり、読み易い。

元禄七年九月二十六日

「旅懐」と題して
　この秋は何で年よる雲に鳥
という句をお示しになり、この句について、何くれとなく、おはなしがあった。
それにしても、なんという、おそろしい、奥底の知れない句だろう。人間わざで詠める句ではない。ただただだかしらの下るばかりである。〝雲に鳥〟という下五文字のごとき、だれがいままで、こんな一と言で、心のひびきをうちだすことのできるものがあったか……
　　　　　　　　　　　　　　　　　　　――右、惟然しるす

九月二十九日。
老師は、芝柏亭のあつまりにおいでになるはずだったが……気分がおすぐれなさらず、発句だけおとどけになった。
　秋深き隣は何をする人ぞ
その晩から、老師には腹痛がきざし、下痢がはじまり、その回数、四五たびにおよんだ
　　　　　　　　　　　　　　　　　　　――右、次郎兵衛しるす

十月七日。

……老師、このままこの世を去られるようなことがあったら、その後の俳諧は、一たいどういうことになるだろう、といいだした。……それについて、おたずねしてみることにしよ

うと、……それを申しいでた。

老師は、次郎兵衛《じろべえ》の手を借りて、床の上に起き直られ、俳諧はつねに変化して、けっして一つところにはとどまらない。が、根本は文字のすがたの、真、行、草、この三つの約束から発するのであって、畢竟《ひっきょう》、この三つから発するものが、千変し、万化するのだ。この後とも、その理をわきまえ、地をはなれてはならない。地というのは、心は杜甫の老いに、寂《さび》は西行の悟りに、しらべは業平《なりひら》のけだかさにまなんで、いつまでもこのわたしが世にあるものと思い、まちがっても世俗にまどわされてはならぬ、まだいいたいことはあるが、息がきれていえぬ、と、いかにもお苦しそうに、喘《あえ》ぎ喘《あえ》ぎ仰せられた。呑舟、お口をぬらし、また薬をさし上げて、お寝かし申し、みなみな筆をとってこれを書く。

――右、惟然しるす
けだし、芭蕉、最後の遺言ともいうべきものである。

十月九日。

旅に病で夢は枯野をかけ廻る
十月十二日。

眠るように息をおひきとりになった。ときに元禄七年、十月十二日、申の中刻。(午後五時をすぐるころ)おん年、五十一歳。

海保青陵

商いの心を説いた、
土離れの国際人

木村尚三郎

きむら・しょうさぶろう　1930年東京に生まれる。東京大学西洋史学科卒業。日本女子大学助教授、東京都立大学助教授などを経て、76年東京大学教授に就任。90年定年退官し、名誉教授。2000年静岡文化芸術大学学長。西洋史、とくにフランス史の泰斗。また、『歴史の発見』『西洋文明の原像』『文明が漂う時』『美しい農の時代』など多数の著書があり、辛口の現代文明論で指針を提示する評論家。

海保青陵

かいほ・せいりょう（1755—1817）

江戸後期の経世家。藩財政打開・富国化のため、藩内産業の開発、藩営商業・専売制の採用を説いた。江戸、青山出身。徂徠派の儒学者、宇佐美灊《しんすい》水に師事する。1771年父が尾張藩に仕官し青陵も召されたが、家督を弟に譲って曾祖父海保の姓を継いで浪人儒者となった。22歳頃丹波国篠山藩青山家儒官となるが、致仕して関東・西国を巡歴、各地で講説した。『稽古談』を初め、多くの著述を残している。

経済的不振に悩ませられ、なかなか苦境から脱却できないでいる今日の日本にとって、もっとも学ぶべき歴史上の人物は、江戸中期のユニークな経営コンサルタント、海保青陵（一七五五―一八一七）である。その著書『稽古談《けいこだん》』（一八一三年）は実に示唆《しさ》に富む。それは一口でいえば、典型的な物づくり日本人にとってもっとも不得手な、人の心をいかにして摑《つか》むかの、「商《あきな》いの心」を説いたものである。

この「商いの心」の欠如こそが、現代日本を二十一世紀に活《い》かすための、最大の難点であるといっていい。技術文明が全世界的に大勢において成熟し、世界中どこでも同じような物を同じような値段で売るようになった。細かいところで鼻の先を争うような、熾烈《しれつ》な戦いが日々繰りひろげられている。こんなときは、相手を買う気、働く気、努める気など、「その気」にさせる知恵とか技術とかが欠かせない。相手の「心を動かす」ということである。理屈では、心を動かすことはできない。

彼は、「貧乏神はらい」の例を挙げる。大阪の商家では、貧乏神が巣くっているから商売がうまくいかないということで、月末になるといつもこの「貧乏神はらい」をやる。貧乏神は焼き味噌《みそ》が好きだとされていたから、番頭は大きな焼き味噌を作り、その口をクワンと大きくあけ、これを持って家中を走り廻《まわ》る。屋敷や店、台所など家の隅々にいたるまで残らず走り廻る。すると貧乏神は鼻をぴくぴくさせ、みな焼き味噌のなかに入ってしまう。全部入ったなと思うと、焼き味噌の口をしっかりと締め、川に流してしまう。これが「貧乏神はらい」である。

昔の人はなんと非科学的、非合理的な、バカなことをしたものだ、と笑うかも知れない。しかしそんなことはない、と海保青陵はいう。こんなことは子どもだましのように見えるけれども、そうではない。「貧乏神はらい」で番頭が走り廻っている姿を従業員みんなが見ているのだ。そして、焼き味噌の匂いがいっぱいの店の中で思う。「うちの主人はこんなアホまでやって、貧乏神を追い出したいのか。そんなに貧乏が嫌いなのか。それなら私たちも手伝ってやろう。主人に協力して一生懸命働こう——」

みごとな社員教育というべきではないか。経営者として、社員の心をしっかりと摑《つか》んだのである。インターネットなどではできないことだ。

省エネ対策の話も出てくる。「行灯《あんどん》の油を大切にしましょう。不要のときは小まめに灯を消しましょう」などと、いくら番頭が声をからして口やかましく言っても、従業員はなかなか「その気」にならない。そこが大阪の商家では、番頭が灯心《とうしん》を「売った」。灯心がなければ、明かりがつかず、誰もが困ってしまう。その灯心をカネではなく、鍋炭《なべずみ》で売ったのである。古い灯心が燃えつきて、新しい灯心を従業員が請求したとき、番頭は次のように命じるのだ。

「灯心が欲しければ、鍋底につく鍋炭を持ってきなさい。鍋炭何匁《もんめ》に対して灯心一本をあげるから」

鍋炭に今お目にかかることはないが、かつて薪《たきぎ》などで煮炊きをするときは、鍋の底の外側に黒く粘ったものがビッシリとついて、掃除が大変だった。鍋炭をついたままにしておくと、熱効率が極端に悪くなり、煮炊きに時間がかかり、燃料も多消費せねばならない。かといって鍋炭を取り去るのは、大変に手間暇《てまひま》のかかる厄介《やっかい》な仕事であった。

灯心を請求した従業員は番頭の言葉を聞いて思う。難儀な鍋炭取りをなるべくしないで済ませるよう、灯心の寿命を出来るだけ長く持たせよう——。従業員は明かりの必要がなくなるたびごとに、行灯の火を自ら進んでフッと小まめに消すようになる。それでも灯心がなくなれば、やむなく鍋炭取りにとりかかり、番頭のところにそれを持っていく。

番頭としては、鍋炭を何かに使うわけではない。しかしお蔭《かげ》で、灯油が節約できた。しかも鍋の底がきれいになったから、少ない燃料で煮物もよく出来る。まさに一石二鳥の省エネアイデアであった。

海保青陵の生まれた江戸中・後期は、農民一揆《いっき》・間引き・都会で米屋を襲う米騒動が頻発《ひんぱつ》したときであった。田畑の耕作がほぼ限界に達して大開墾がストップし、人口三千万人分の米しか取れなくなってしまった、まさに農業生産の上での大不況期であった。そのような状況が、十八世紀初の八代将軍吉宗《よしむね》のころから十九世紀後半の明治維新のころまで、二百年近くつづいたのである。百姓一揆が毎年のように起り、代々の将軍が米に悩まされた、長く暗いトンネルのような時代であった。

このようなときは、商業が出番である。そして商人的思考が新たな産業を興し、経済全体を活性化させる。つまりは流通・コミュニケーション感覚が大切だということである。江戸中・後期も、そして現代もそうであるが、モノの生産が成熟段階に達し、画期的新技術や新製品が生み出されないときは、これまでの常識の枠を超えた、人の大移動・大変化が始まるからである。

十八世紀、十九世紀の日本では、お伊勢参り、四国八十八ヵ所巡りの遍路、西国三十三ヵ所巡り、立山《たてやま》登拝など、宗教と結びついた形の、いわば「身も心もの観光産業」が盛況となった。それとともに東海道五十三次をはじめ全国の主要街道が整備され、各地で宿場町が発達し、湯治場《とうじば》や色街が繁盛して、外の人びとの「出会い」「寄り合い」「千客万来」のミーティング・プレイスが生み出された。

カナダ南部の情報・金融都市トロントは、もともと土地のヒューロン・インディアンの言葉で、「出会いの場」（ミーティング・プレイス）を意味するという。十七世紀ころ、フランスの商人がインディアンと毛皮取引などをした場所、ということであるようだ。つまりは、コンベンション・センターとしてトロントは発達した。

コンベンションという言葉自体、本義《ほんぎ》はコン（ラテン語の「クム」、ともに）とベンション（ラテン語の「ヴェニーレ」、来る）とがひとつになったものであり、「ともにやってくる、出会い、寄り合い」を意味している。そして十八世紀世界最大の「寄り合い都市」となったのが、百万都市江戸であった。

女房・子どもを田舎に置いて、日本全国から江戸百万人の約半分、五十万人が町人として江戸に集まってきた。残り半分が、武士である。そして江戸に限らず、日本各地に都市が興り、旅人が日々往来し、消費経済が活発となり、周辺に新たな農産物生産と農村工業が活発となった。都市の時代、往来の時代が、江戸中・後期である。つまりは都市の繁栄が農村を支え、地元の藩経済を支えたのである。そしてそれを通して、人と物と情報の全国ネットワークが次第に形づくられ、明治近代国家を準備することとなる。

「産業」はつねに目が地元にひっついて、つねに対外的な激しい防衛戦闘性を発揮する。これに対して「商業」はつねに開放的であり、商人の目は、「他所《よそ》」と「地元」の双方に向けられ、彼我を結びつけ、ともに繁栄と幸せをもたらそうとする。本来的に「商業」は平和を志向しており、彼我が戦争状態となれば、「商業」は営むことが出来ない。

この点が、「モノづくり」の日本では、全く理解されていない。江戸時代以来今日にいたるまで、「商業」はつねに軽視され、あるいは、「生産者・消費者双方から利をかすめ取って生きる悪い人」と見做《みな》される。「死の商人」という言葉すらあり、戦争を輸出入する張本人が商人だと誤解される。本当に戦争を引き起すのは、自分のことしか考えられず、相手をつねに不当と見做す、「善良・純真な」生産者、「産業」である。

「商業」を意味するコマースcommerceという言葉は、先ほどのコンベンションconven-tionとか、あるいはコミュニケーションcommunication、コミュニティcommunityなどと同じく、ラテン語のクムcum（ともに、英語のウィズ）を頭文字に持っている。経済活動を通じ「ともに幸せになる」のが、コマースの本当の意味である。古い英語や、現在のフランス語の「コメルス」、ドイツ語の「コメルツ」には、セックスの意味もある。男と女が愛し合い、子どもが生まれてともに幸せになるように、売り手と買い手が「相対」で仲良くなり、ともに幸せをやりとりするのが、本当のコマースである。

中心市街地の空洞化がいま日本全国で指摘され、「シャッター通り」という言葉も生まれているが、その根本原因はコマース感覚の欠如に外ならない。高度成長期には新製品がつぎつぎと現れ、それを店頭に並べておきさえすれば、ときには買い物客の行列が出来て、飛ぶように売れた。

中心市街地の商店は、問屋から下りてきた商品を並べておくだけの「置き屋」にすぎず、高度成長期はそれで商売が成り立っていた。しかし画期的新製品・新技術が情報関連以外では見られなくなった今日、「置き屋」に買い物客がこなくなったのは、むしろ当然のことである。コマース感覚の欠如によるものである。

では、本当のコマースとは何か。もちろん商品知識は必要不可欠であるが、もっとも肝心なのはモノではなく「ヒトを知る」ことである。そしてヒトに幸せを与え、自分も幸せを得る、「幸せのやりとり」こそが、コマースの極意であるといっていい。

たとえばイタリアで靴屋に入る。店先で見たお気に入りの靴が、パッと出てくる。足のサイズなどいろいろ測らなくとも、店員は客の足許《あしもと》を一瞥《いちべつ》しただけで、ちゃんと足にピッタリのサイズのものを持ってくる。経験と勘、修練の賜物《たまもの》といっていい。客がその靴を買えば、靴屋は次に奥からハンドバッグを出してくる。「このお靴にこのハンドバッグはお似合いです——」

クラシックな靴にはクラシックなハンドバッグが、モダンな靴にはモダンなハンドバッグが奨《すす》められ、色も同じとあって、客はつい、これも買ってしまう。しかし話はまだ終わらない。靴屋は最後に、店の奥から帽子を取り出す。「このお靴とこのハンドバッグには、このお帽子がピッタリです——」

そのとき靴屋はしかし、たんに物を三点売ったのではなく、お客の背丈とか髪の色や眼《め》の色などを勘案《かんあん》した上で、その人に合う美しさを提供している。三点を購入した客は、店に入ってきたときとは別人の美しさで店を後にするのであり、ニコニコと幸せである。店側も三点売れてニコニコであり、この幸せをやりとりする経済行為が、コマースである。ここに、価格破壊はない。メーカーのように、モノに目がひっついている「モノ好き」には出来ないことである。

メーカーの場合は、これだけ努力し、これだけ丹精《たんせい》して作ったモノなのに売れないのは、客が悪い、客に眼が無いせいだ、あるいは世の中が悪いと思い込む。買う側がいま何を求めているかという、買う側の幸せを考えることはない。このメーカーの発想に同調しているのが、空洞化中心市街地の商店主たちである。要するに買う側の人間研究を怠り、「モノ好き」ではあっても「ヒト好き」ではないということである。

海保青陵はいう。学問というものも、昔のことに詳しいだけでは駄目だ。今日ただいまのことに詳しいのが、よい学問というものである、と。その現実感覚をもって彼の『稽古談』を読むとき、今日の経済不況下に教えられるところはじつに大きい。

彼もまた、「モノづくり」の国の日本人が、商売を軽んじることを強く批判する。オランダでは「国王ガ商ヒヲスルト云ツテ」、武士たちはドッと笑うが、何が可笑《おか》しいか。武士だって俸給《ほうきゅう》を米で受け取り、これを札差《ふださし》に売って金にかえるという商売をやっているではないか。武士が物を売るのは恥ずべきことと考えているのはとんでもない了見違いであり、カネを町家から借りて返さないほうが、よっぽどの大恥辱と思うべきである、と。

オランダ船リーフデ号が大分・臼杵《うすき》湾入口の佐志生《さしう》に史上はじめて漂着したのは、西暦一六〇〇年四月二十九日のことであった。今年西暦二〇〇〇年は、日蘭《にちらん》交流四百年に当たり、各種のイベントが日本の各地で行われている。オランダ人は簡素な生活を旨《むね》とし、節約に心掛ける、清潔好きで几帳面《きちょうめん》な国民性を持つ。この点では日本人と大いに共通するが、ただ一点私たちと大違いなのは、彼らが海洋民族であり、商業民族だということである。

日本は四方を海に「囲まれている」と、私たちは日常的に何気なく口にする。しかし本当に海洋民族なら、当然に四方を海に「開かれている」という筈《はず》である。囲まれていたのでは、海洋民族のように海の向うと海のこちらを、海を通して結び合わせることなど、まるで出来ない。

事実、私たちは大洋に名をつけることもしなかった。外洋には無関心だったからであり、幕末までは遠洋航海用の、竜骨（キール）のある船も持たなかった。板と板とを張り合わせた舟があるばかりで、沿岸を這《は》いつくばるように航行していたのである。だから沿岸の難所には鹿島灘《かしまなだ》、日向灘《ひゅうがなだ》のように名前をつけたが、外洋に名前をつけることはなかった。太平洋はマゼラン、日本海はロシアの提督クルーゼンシテルンが一八一五年に作った海図による命名である。

外洋に無関心な海洋民族などあろうはずはなく、日本人は「海洋民族」という思い込みに生きる、その実、海ではなく陸に執着する、非海洋民族の最たるものといっていい。オランダ人が十七、十八世紀の二百年にわたって、喜望峰《きぼうほう》の東からマゼラン海峡の西にいたるまで、全海域をカバーする東インド会社の活躍を見たのとは月とすっぽん、雲泥の差があるといわねばならない。

オランダでは国王が商いをするといってドッと笑う江戸時代の武士たちは、今も変らぬ非海洋民族、非国際人の姿であるといっていい。つまりは相手の気持の分らぬ、コミュニケーション感覚を欠いた、思い込み、ひとりよがりに生きる、結果として往々にしてハタ迷惑な、「モノ好き」人間の典型だということである。

海保青陵は、このコミュニケーション感覚の欠如、思い込みを戒める。藩政府から金子《きんす》の調達を命じられ、「はは、畏《かしこ》まりました」と即答して、大阪の銀主の許《もと》にすぐに乗り出す「即答男」は、成功するわけがない。銀主の腹中も知らずに大阪を愚かと見くびり、自分を知恵ある者と見るから、即答するのだ。相手の調査を何もせず、やみくもに大阪で資金調達をしようとする即答男は、失敗確実のヤミクモ人間、滅茶苦茶《めちゃくちゃ》人間である、と青陵は断じる。商人の国大阪に対する武士の国江戸の構図は、江戸時代から、はっきりしており、今日に及んでいる。伝統の力とは、じつに恐ろしいものだ。

しかしながら青陵の時代も現代も、土着性の高い、「一所懸命」の生産者が大勢において元気を失い、未来に向け限りない進歩、発展を確信しうる時代ではなくなった。戦国の世では誰もが一介の百姓からひとかどの大将になることを夢見ていたし、明治時代には明日の強国日本を目指して「国家百年の大計」が立てられた。そして戦後の高度成長期には、日本中が「日本は世界一」の国と信じて、「アメリカを励ます会」まで生まれた。

『ジャパン・アズ・ナンバーワン』の書がアメリカ人のエズラ・F・ヴォーゲル氏によって書かれ、邦訳が出版されて爆発的に読まれたのは、昭和五十四（一九七九）年のことである。

このような、未来志向型の時代が終り、「進歩と発展」を口にしなくなった現代では、海保青陵の時代と同じく、明日によりよく生きようとする「時間感覚」が後退し、代って今日をよりよく生きようとする、「空間感覚」が働くことになる。明日に対して期待と不安がないまぜになるぶん、今日の他地域・他国に興味・関心を強く抱くのであり、そのようなとき人は、動く。

つまりは「旅に出る」のであり、一九九九年一年間だけでなんと六億三千五百万人という、史上空前の国際観光客数に達している。地球総人口六十億人のじつに一割以上が毎年外国旅行に出ているのであり、この数字が二〇一〇年には十億、二〇二〇年には十六億に伸びる、二十一世紀最大の産業は「旅行産業」であると予測するのは、スペイン・マドリッドに本部を持つ世界観光機関（WTO）である。大移動・大交流の旅人感覚、コミュニケーション感覚に生きるのが、十八、十九世紀の江戸時代であったし、同時に二十一世紀の姿である。

それが、海保青陵の姿とピタリ重なる。彼は三十五歳からあと、「凡ソ東海道ヲ往来ニテハ十ペン通レリ。木曽《きそ》ヲ二ヘン、北陸道ヲ一ペン通レリ。滞《とどこお》リテアソベルトコロハ三、四十ケ所。山へ登リテ見タルコト大小数百也」と、現代人顔負けの旅を重ねている。彼は旅しつつ日本各地・各藩の経営コンサルタントとして活躍し、同時に旅で得たさまざまな知見を、彼の学問と著作に生かしている（源了圓「先駆的啓蒙思想家　蟠桃《ばんとう》と青陵」、日本の名著シリーズ23、『山片《やまがた》蟠桃・海保青陵』所収、中央公論社、参照）。

旅しつつ土地土地の日常生活に触れ、自分の土地にあっても旅感覚でくらす――散歩がその一表現である――、いわば「旅宿の時代」が、十八、十九世紀の「前近代」と、二十一世紀の「後近代」に共通する特色である。いや、これまで視座の中心に据えられていた十九、二十世紀の近代こそが、前後の二つの時代にはさまれた、むしろ稀有《けう》な、異常の時代といったほうがいい。

「進歩と発展」を喪失した先行き不透明なこの時代、石のカテドラルのような壮大にして堅固な構築物としての大思想とかイデオロギーは生まれ難い。たとえ誰かがそのようなものを創《つく》り出したとしても、追随する人は現れない。理性による大がかりな未来設計を誰も信じない時代だからであり、大哲学不在の時代だからである。理性による設計はつねに現実によって裏切られ、経済政策もなかなか旨《うま》くいかない。理性が「成功しない時代」なのが、この時代の基本的特徴である。

このようなときに大切なのは、鋭い現実感覚に支えられた、青陵のような具体的実学であり、人との関《かか》わりにおいて幸福度を増し、元気を出させようとする商い感覚である。そのための、青陵に見られるようなきめ細かなディテイル重視の感覚こそが求められるのであり、かつての時代に見られたような、原理・原則を振りかざすときではない。

青陵はいう、一度に「クワット取レル金ハ、大金ニハナラヌモノ也」。その証拠に、茶道具屋・古道具屋・骨董《こっとう》屋（唐物屋）の類《たぐい》に、大金持ちはいない。反対に米屋とか呉服屋は利の薄い商売であるが、照っても降っても利を積むことが出来るから、資産家になれる。大阪の大銀主は、いたって細い利をたくさんに積んだ結果である——。

かつて馬鑑定の名人伯楽《はくらく》は、嫌な弟子には千里の馬を鑑定する法を教え、愛する弟子には小荷駄馬《こにだば》の鑑定法を教えた。理由は、千里の馬は十年とか百年に一頭出るか出ないかであるから、鑑定の謝礼はいっこうに入らない。これに対し小荷駄馬のほうは、日に十頭分も二十頭分もの鑑定料が入り、結果として大きな産をなすことができる――。

このようにディテイルの積み重ねを重視する具体策こそが、大哲学不在の時代を生きる知恵である。海保青陵に、私たちはそのいい範を見てとることができる。先行き不透明で教科書も海図もないときには、まさに『稽古談』の冒頭に彼が述べるように、稽古すなわち古《いにしえ》を考えて今日に生かすことが求められるからである。

十四、十五世紀のイタリア、十六世紀の西ヨーロッパでは、そのような意味での過去の「掘り起し」のことを、ルネサンスと呼んだ。ギリシア・ローマの生き方、物の考え方を「掘り起し」てその当時に生かしたのであり、「人間研究」(ヒューマニズム)のために掘り起された最上クラスの稽古本を、クラシック(古典)と呼んだ。

二十一世紀はまさに新しい人間研究、ヒューマニズムが求められる第二の掘り起し、セカンド・ルネサンスのときである。青陵の『稽古談』は、文明転換期の現代にこそ読まれるべき、人間研究の新しい古典であるといっていい。「掘り起し」を私なりに表現するなら、「振り返れば、未来」ということになる。なおわが国では単なる活性化の意味で、「都市ルネサンス」「農業ルネサンス」といった表現が時おり用いられるが、誤用である。

くれぐれも留意すべきは、一般に忘れられている過去の「掘り起し」に、鋭い現実感覚が加えられるからこそ、過去が現代に生きる。それは、たんなる伝統の遵守《じゅしゅ》でもなければ、過去の継承でもなく、骨董屋的な過去の賛美とか過去への愛ということでもない。古ければいいというものではないことを、青陵は酒屋の例を挙げて説明する。

青陵が上州の箕輪《みのわ》というところに旅したとき、ほんのちょっ[illegible]り学[illegible]「大ヤボ学者」の酒屋の家に逗留《とうりゅう》した。ところがそこで出される酒が火くさくて大変に不味《まず》い。酒を大釜《おおがま》に入れて直接火にかけるような従来の方法ではなく、酒を入れた陶器を湯をたぎらせた大釜に入れる、伊丹《いたみ》風の湯煎《ゆせん》方式に変えねば駄目だ、と彼はアドバイスする。

しかし主人は反論する。いえ私の家は先祖代々このやり方で酒を造ってきたのですから、改めるには及びません。青陵はさらにいう、あなたの先祖は先祖で、その時代に合わせて酒を作ったのでしょうに、と。このようなヤボ学者の、現実の変化に眼を向けぬ頑《かたく》なな態度が、店を駄目にしていく。いわゆる老舗《しにせ》の悲哀というのがそれだ。

店は古ければそれでよいというものではない。古さをバネにして今日に活かし、新しい伝統を作ろうとする店なり企業なりが、転換期に際して、大きく新しい発展をさらに遂げていく。伝統と屋号の名前だけにしがみつくのでは、確実に衰退の道を転げ落ちていく。

この酒造りのところで、青陵は箕輪の西、松井田の上、永浜の、木暮の酒なるものを紹介している。ここでは酒蔵の下の、いわゆる腰巻の部分をあけ、金網を張って通気をよくし、空気がこもって酒の味が変るのを防いでいる。これも伊丹方式であり、当時、伊丹から味と香りのいい新しい酒造りの方法が急速に拡《ひろ》まっていったことがよく分る。

不安な時代への転換期には、人びとの五感、とりわけ嗅覚《きゅうかく》と触覚が発達する。先を見ようとしても見えないから、眼はあまり働かない。青陵が『稽古談』のなかで、「目の光の短い為政者」を難じ、「大目をひらく」ことを提言するのも、そのせいである。

しかしその大目がひらかれるのは成長期、進歩と発展の時代のことである。だから、農業上の技術革新が展開されて大開墾が進んだ躍進の十二世紀ヨーロッパでは、目を大きく見開いたロマネスク彫刻が出現した。明治人もまた大目をひらいて、百年先を見通す「国家百年の大計」を立てた。進歩発展の時代は、「目の時代」であった。

ところが「今日は昨日のつづき、明日は今日のつづき」という成熟の時代には、目の光が短くなり、ジャーナリズムもそれこそ「その日ぐらし」となって、いかに情報通信手段が発達しても明日は見えない。マスコミは半日前のことは詳しく報道し、解説するが、目前に迫った二十一世紀がどのような時代なのかについては、ピタリと口を閉ざして語らない。「一寸先は闇《やみ》」という政治家のセリフが、マスコミにも拡がっている。目の光が短くなった証拠である。今の時代、依然として目にだけ頼ろうとし、インターネットにすべてを委《ゆだ》ねようとする人は、間違いなく未来をそれこそ見誤るだろう。

青陵のように日々旅をして、目以上に足を働かせ、目以外の鼻や口、耳や皮膚感覚を研ぎ澄ますことの出来る人や企業、地域だけが、二十一世紀を主体的に担い、拓《ひら》くことになる。不安な時代に嗅覚、味覚、触覚が鋭くなることは、最近の若い人を中心とする冷酒ブームにもよく現れている。第三の酒造り革命が、いま起きているのだ。

不安の時代には、酒だけではなく「くらしといのち」に関わるさまざまな商品が猛然と各地・各所から輩出して、激しい競争になる。根を健胃薬に用いる黄蓮《おうれん》は、もともと加賀の独占だったのが、最近は丹波《たんば》でも黄蓮を栽培するようになり、値がぐっと下がるようになってきた。古例だけを守って、上品に「ウッカリヒョン」と油断していたら、つぎつぎと先手を取られてしまう、と青陵は警告する。油断をする、「抜け目」があってはならぬというのである。

油断せず、「抜け目」を防ぐには、たえず現実を見つめ、感じ取らねばならない。大店《おおだな》になったからといって、格式上、居間で食事を取るようになったのでは駄目だ。本当の金持ちは、つねに「台所ノ見ユル処《トコロ》ニテ」飯を食う。居間で食事をしたのでは、たとえ格式は上っても、現実にうとくなる、と青陵は注意する。いつも自らの原点を忘れず見つめよ、ということである。

「今ノ世何《いず》レノ国ニテモ、唯《ただ》、倹約々々ト云ヘドモ」と、現代とそっくりなことが書かれている。ただ倹約といっても、台所の見えるところで食事をするような、肝心かなめの「本源ニユキテ、根本ヨリ正サネバ、」旨く行かないという青陵の指摘は、欧米のエコノミーの感覚にも通じ合うところがある。たとえば十の生活をしたいときに七しか収入がない場合、食費も被服費もレジャー費もすべて七に落とすのは、本当のエコノミーではない。

エコノミーとはもともと、「知恵をもって家を治める」ことである。自分の家の幸せにとって何がもっとも大切かを見極め、そこにはちゃんと予算を取り、ほかの部分をバサッと切って落とす。そこには、不幸感はない。たとえば日々の食事が一家の幸せにとってもっとも大切と思えば、たとえ食費が上っても十二分に手当てし、家族旅行や被服費などは大胆にカットしてしまう。反対に年に一回の家族旅行が幸せの本源と思う家では、その費用はたっぷり確保し、日常生活は簡素に徹する。

音楽を愛好し、家族での合奏を幸せとする家族は、楽器の調達や補修にカネをかけるぶん、たとえ食パンをかじるだけの生活をしていても、不幸感はないはずである。何が重点を置くべき本源か分らないということが、現代最大の不幸である。研究部門が命のはずの企業で、節約・省エネの名のもとに、研究部門の冷暖房も他部門同様に止めてしまったとすれば、その企業は死んでしまう。

戦時中の日本で、一部優秀な大学院生を「特別研究生」として兵役には就かせず、大学のなかに温存し、研究をつづけさせていた政策は、東条英機《とうじょうひでき》内閣唯一の功績といわれる。それこそがまさに「本源」重視のエコノミーであり、彼ら「特研生」が戦後日本の復興と高度経済成長に果した役割は、甚大であった。

魚の目に水が見えないように、京都人には京都が分らない。江戸に行って逗留してみてはじめて、京都の長所も短所も分ると、青陵は別の書物『前識談』で述べる。本当にその通りだ。

いかに鴨《かも》が大好きでも、自分が鴨になってしまったのでは食われるばかりではないか、と同書でいうのである。この点青陵は、「土離れの人」「旅宿の人」であった。どの土地、どの事物にも「ネバリタル、ヒッツキタル心」を寄せず、「ズット目ヲ天ヘアゲテ」「大目ヲキカセ」、「ヌケ目」がなかったからこそ、現代に通じる優れた提言をなすことが出来た。仮名まじりの文章はじつに分りやすく、現代文に直す必要もあまりないのは驚きである。

挙げる事例も具体的で、じつに分りやすい。使用人が棕櫚《しゅろ》箒《ぼうき》で店の前などをはくとき、箒を杖《つえ》について長話をするのは、時間の無駄になるばかりか、箒も傷《いた》む。そこで彼は大阪・今橋の井筒屋の例を挙げて、箒の柄を短かくせよと提言する。そうすれば箒を杖には出来ず、仕事がはかどり、箒も長持ちするというのであり、心憎いばかりの分りやすさである。

「下々ノアマヘルコト、今ノ世ホド甚《はなはだ》シキハアルマジ。下々ノユルヤカニ奢侈《しゃし》ナルコト、今ノ世ホド甚シキハアルマジ。下々ノコゴトヲ云ウコト、今ノ世ホド仰山ナルコトアルマジ。下々ノ権ノアルコト、今ノ世ホド強キコトアルマジ。下々ノ知恵アリテ計策ヲ働クコト、今ノ世ホドカシコキコトアルマジ」。

『稽古談』が書かれたのは文化十（一八一三）年のことである。二百年近くも前のことが現代とあまりにもそっくりなのは、不気味ですらある。

それほど、「前近代」と「後近代」の現代とは共通するということであろうか。あるいはそれほど、青陵の目は、「大目」だったということであろうか。長州の蠟《ろう》・紙、芸州の紙、豊後の煙草《たばこ》・鉛その他国境を超えた「産物廻し」をすることによって各国を富ませようとする青陵の商いの心、そして「親ハ苦ヲスル、子ハ楽ヲスル、孫ハ乞食ヲスル」という彼の大予言を、くり返しかみしめるべきときがきていると思う。

『稽古談』その他、土離れの商売人、開かれた国際人の海保青陵の著作は、原文を岩波書店、日本思想大系44、『本多利明・海保青陵』（塚谷晃弘・蔵並省自校注、一九七〇年）で、現代文訳を先掲の中央公論社、日本の名著23、『山片蟠桃・海保青陵』（源了圓編訳、一九七一年）で読むことができる。

良寛

水のように、風のように

新井 満

あらい・まん 1946年新潟市に生まれる。上智大学法学部卒業。70年電通入社。映像プロデューサーとして環境ビデオを開発し、200タイトル以上の作品を制作。また故・森敦氏と出会い、「組曲・月山」を作曲、コンサートを開いたのを機縁にシンガー・ソングライターとして幾多の作詞作曲を手がけた。長野冬期五輪ではイメージ監督を務めるなど、多彩な才能を発揮。87年『ヴェクサシオン』で野間文芸新人賞受賞。88年『尋ね人の時間』で芥川賞受賞。

良寛

りょうかん（1758—1831）

江戸後期の禅僧・歌人。俗名は山本栄蔵。号は大愚。越後の人。出家して諸国行脚ののち、郷里に住み托鉢生活を続けた。万葉調の和歌や、禅によって到達した気品の高い漢詩・書を残す。弟子貞心尼編の歌集『蓮の露』など。

人生も五十年以上生きてくると、喜ばしく嬉しいことに出会う回数も多くなる一方、苦しく悲しいことに出会う回数も増えてくる。傷ついて泣きたくなることもある。さて、そういう時、読者諸兄はどうされますか。眼前に迫ってくる困難に、どう対処されますか。

私の場合、どうするかというと、水を想うことにしている。

〝苦しい時には、水を想え〟

というわけだ。頭の中のスクリーンに深山幽谷《しんざんゆうこく》と太古から自生する森の風景をイメージしてみる。今、一本の大木の枝の葉先からしたたりおちた一滴の水は、仲間の水をあつめてせせらぎとなり、谷川となって渓谷を流れくだり、しだいにその流域を広げながら最後には蕩々《とうとう》たる大河となって海にそそぐ。そのような水の遥かな旅を想い描いているうちに、あれほど思いわずらっていた苦しみも、いつのまにか消えているのである。

あるいは、風を想うこともある。

〝悲しい時には、風を想え〟

というわけだ。風の姿を見た人は、一人もいない。しかし、風はどこにでもいる。あなたのすぐ傍《そば》にもきっといる。悲しい時には、ついうつむいてしまうものだ。足元に広がる黒色の地面を見て、よけい鬱屈《うっくつ》してしまうものだ。そういう時は思いきって、空を仰《あお》いでみる。青く晴れわたった空の高みを悠然《ゆうぜん》と吹きわたる風のことを想い描いてみる。するとたいがいの憂《う》さは晴れてくる。あれこれと思いわずらい悲しんでいたことが、なんだか急にばかばかしく思われてきて、いつのまにか晴れ晴れとした気持になっている。

苦しい時、悲しい時には、水を想い、風を想う……。そのようにつとめてきた私が、さらに一歩を進めて、水のように生きたい、風のように生きたいと考え始めたのも無理からぬことであったと思う。しかし、これはうまく行かなかった。どう逆立ちしたとしても、水や風のようになんか生きられるわけがないのである。人間なのだから。水や風ではなく、人間として生まれた以上、人間として生き、そして死んでゆく。それ以外に方法はないのである。

ではどうしたら良いのか？　どうしたら、水や風の方に、たとえ一歩でも近づくことができるのだろう？　困った。とても困った……。何か、良いお手本はないものだろうか。

そういう時に、必ず想い浮かんでくるのが、なぜか良寛のことなのである。

〈そうだ、良寛がいたよなあ……〉

いっそ、良寛のように生きてみるというのはどうだろう……。それがきわめてむずかしいことは百も承知の上で、

〈よし、良寛のように生きてみよう〉

と、あえて考えてみる。あの良寛だって、人間だったのだ。水や風ではなかったのだ。もしそうであるならば、良寛のように生きることも、全く不可能というわけでもなかろう。自

分で自分の心に、そう言いきかせるのである。

○

では、良寛のように生きるとは、いったいどういうことなのだろう。とても簡単な言い方をすると、こういうことになる。権力や名誉や地位や出世や財産……、そういうものを全て断念することである。

ところが人間は、そういうものが大好きなのである。欲しいと思わぬ人間は、まずいない。それどころか、もっともっと欲しいと思う。それを手に入れるために、他人と競争して競り勝ちたいとこい願い、思いわずらう。良寛のように生きるとは、そのような執着を捨て去ることなのである。人間の心を縛って身動きをとれなくしている、そのような〝こだわり〟を全て捨て去ることなのである。

捨て去ることによって、こだわりから解放され自由になった時、はじめて人間は気持が晴れやかになるのではなかろうか。まるで風のように……。そうして無理をせずにたんたんと日々を生きてゆけるようになるのではなかろうか。まるで水のように……。これは奇妙な話かもしれないが、良寛のように生きようとして、あらゆるこだわりから自由になった時、人間はいつのまにか風のように、水のように生きている自分を発見しておどろくのである。

○

それにしても良寛とは不思議な人物だと思う。後世の人々が仰天《ぎようてん》するような何かを成したり、構築したりしたわけでは決してない。それどころかむしろ、めぼしいことを何もしなかったところに良寛の良寛たる所以《ゆえん》があって、文字通り水や風のように生きた七十四年の生涯が、私たちの胸を打つのである。

全国良寛会が主催する〝良寛サミット〟は年々さかんになり、その参加者は増える一方だという。また本年は新潟市で、良寛没後百七十年祭〝国際シンポジウム〟が開かれるという。ロシア、米国、中国、フランス、日本の各国から良寛研究家が集まり「世界は今、良寛に何を学ぶか」というテーマで論議がかわされるという。良寛の〝人〟と〝生き方〟に心魅《ひ》かれるのは、今や日本人ばかりではないのである。

なぜだろう。なぜ、私たち現代人はこれほどまでに良寛のことが気になるのだろう。

良寛（一七五八―一八三一）は、越後《えちご》の出雲崎《いずもざき》で生まれた。今なら新潟県人ということになる。そうであるならば新潟県人特有の性格や生き方が、良寛の中にもきっとあるにちがいない。

ところが、一口に新潟県人と言うのはたやすいが、いろいろなタイプの新潟県人がいるのだ。どんなタイプの新潟県人がいて、そのどのタイプに良寛は属するのだろう。

人間について考えようとする時、私たちが忘れてならないのは、環境風土のことだろう。人間とは、何よりもまず〝環境の子供〟なのだ。人間にまつわる様々なことは全て、環境によって決定される。だが、動物とちがって人間は、単に環境によって決定されるだけの受動的存在ではない。逆に環境を決定し返してゆく能動的なところが、人間にはある。

決定されたり、決定し返したり……。環境と人間とのせめぎあいの中から、その地方特有の文化が生まれてくる。その地方特有の人間的性格や生き方も生まれてくる。

では、新潟県の環境風土の中で、もっとも新潟県的なるものとは何だろう。それは言うまでもなく〝雪〟である。新潟県とは、雪国なのだ。雪国であるという環境風土こそが、新潟県人の性格や生き方を情けようしゃもなく決定してきたと言って良いと思う。あるいはその決定をはね返そうと反発することによって、固有の性格や生き方が生まれてきた。

雪とのせめぎあいの中から生まれてきた新潟県人、三つのタイプを、次に書く。

①堪忍型《かんにんがた》

塩沢《しおざわ》と言えば、越後の中でもとりわけ豪雪地帯《ごうせっちたい》として名高いところである。何しろ一年の半分以上を三メートル近い雪にとざされて暮らさなければならない。江戸時代後期の人、鈴木牧之《ぼくし》はこの塩沢に生まれた縮《ちぢみ》商人であった。

雪はふつう、白く、ふんわりと軽く美しいものと思われている。しかし、雪国に住む人々は、雪が決してそういうものでないことをよく知っている。雪は降りつもるうちにずっしりと重くなり、屋根から雪おろしをしなければ、家はつぶれてしまうのだ。白く輝いていた雪も根雪になると灰色になり、いつしかどす黒く汚れてしまう。牧之は考えた。江戸に住む人々が抱いている雪に対する美しい誤解を解きたい。そして「我が里の名をあまねく世に及ぼさん」と願い、執筆にとりかかったのは、彼がまだ二十代の頃であった。

牧之の苦労はなみたいていのものではなかった。昼は商売にはげみ、余暇を見つけては文章をつづった。〝堪忍〟の二文字。これが彼の座右《ざゆう》の銘《めい》であった。そうして後年、世界的名著と言われるようになる雪国ドキュメント『北越雪譜《ほくえつせっぷ》』が出版されたのは、天保《てんぽう》八（一八三七）年のことだった。その時、牧之は六十八歳。執筆を決意してから、なんと四十年もの歳月が流れ過ぎていた。何度もあきらめかけながらも希望を失わず、苦節四十年の末に本懐《ほんかい》をとげる……。牧之に代表されるねばりづよい新潟県人的性格と生き方を〝堪忍〟型と呼びたいと思う。

⑪大風呂敷《おおぶろしき》型

鈴木牧之は七十三歳で亡くなるまで雪国にとどまり、あの名著をあらわしたが、一方、雪国から飛び出した坂口安吾《あんご》は、東京で『堕落論《だらくろん》』をあらわした。そうして「戦争に負けたから堕《お》ちるのではないのだ。人間だから堕ちるのであり、生きているから堕ちるだけだ」「生きよ堕ちよ、その正当な手順の外に、真に人間を救い得る便利な近道が有り得るだろうか」などと叫んだ。また『日本文化私観』というエッセイには「法隆寺《ほうりゅうじ》も平等院も焼けてしまっていっこうに困らない。必要ならば法隆寺をとり壊して停車場をつくるがいい」と威勢よく書いた。さらに最晩年の安吾が雑誌に連載した文章のタイトルは『安吾新日本地理』であり、『安吾新日本風土記《ふどき》』であった。

また、新潟県は佐渡島の出身である北一輝《きたいっき》は、上京すると『日本改造法案大綱』をあらわし、ご存知の田中角栄は、上京すると『日本列島改造論』をぶちあげた。

もうおわかりであろう。雪国にとどまって寒さにふるえながらひたすら耐え忍ぶのも新潟県人なら、それとは全く対照的に、雪国から飛びだしたとたん、一変して、今度は突然大風呂敷を広げ、天下国家を論じ始める。これもまた新潟県人なのである。

かく言う私も、新潟県に生まれながら、あまりの寒さにどうしてもがまんがならず、とうとう高校卒業と同時に故郷から逃げ出したのだった。そうして、どういうわけかシンガー・ソングライターになったり、環境ビデオなど作りながら小説を書いたり、長野冬季オリンピック大会ではイメージ監督などしながら、時に求められると「ものごとを正しく見るために〝宇宙媒介的《ばいかいてき》自《じ》己《こ》遠望《えんぼう》〟の視点が必要ではないでしょうか」などと書いたりしゃべったりしている。大風呂敷型・新潟県人の典型と言うべきであろう。

⑪天上《てんじょう》　大風《おおかぜ》型

生まれ育った雪国を一度は離れるのだが、再び戻ってくる〝Uターン型〟とでも言おうか。堪忍型と大風呂敷型の両面を持っていて、しかもそのいずれでもない。両方を超越《ちょうえつ》した性格と生き方であるので、これはもう天上大風型と言うより仕方がないのである。

十数年ぶりに帰郷した良寛は、日本海から吹きつけてくる雪まじりの浜風に凍《こご》えながら、こんな歌をよむ。

越《こし》に来て
まだ越なれぬ　われなれや

うたて寒さの
肌にせちなる

良寛は、再び厳寒の冬と対峙《たいじ》しなければならない。それはいかにも苦しくつらいことである。しかし、だからこそ春の到来を誰よりも早く識《し》るのも良寛なのである。いよいよ明日が立春だと思うと、良寛は嬉しくて嬉しくてたまらない。胸がさわいで眠ることもできない。

なにとなく
心さやぎて　いねられず
あしたは春の
はじめとおもへば

頭上には、灰色の雪雲が分厚くたれさがっている。気のめいる風景ではある。だが、イマジネーションの翼を大きくはばたかせて想い描いてみよう。もしかすると、あの雪雲の上には、もう一つ別の空が広がっているのではないか。それは、見事に晴れ上がった青い空で、そこには白い雲が浮かんでいるのかもしれない。気持良さそうに風も吹きわたっているのかもしれない。雪雲の遥《はる》か天上に、すみわたった青空と大風をイメージしながら、日々を生きようとする面が、新潟県人にはたしかにあるのだ。達観、あるいは大観の性格と生き方と言っても良い。良寛の他に、このタイプの新潟県人として相馬《そうま》御風《ぎょふう》、会津《あいづ》八一《やいち》、西脇《にしわき》順三郎《じゅんざぶろう》といった詩人や歌人の名をあげても良いかもしれない。

○

天上大風型の人間に、良寛はなぜ、そしてどのようにしてなったのだろう。それにはもちろん、理由がある。その理由を知るために、良寛の生涯を鳥瞰《ちょうかん》してみたいと思う。七十四歳まで生きた良寛の生涯は、次の三つの時期に大きく分けて考えることができそうである。

幼少年時代（一歳〜二十一歳）

あまりにも純粋であったが故に、絶望することになる二十一年間である。

修行時代（二十一歳〜三十九歳）

故郷を離れ、備中《びっちゅう》（今の岡山県）玉島《たましま》の円通寺《えんつうじ》で修行したり、諸国を行脚《あんぎゃ》する。理想追求の果てに挫折するのだが、同時に、見るべきものは全て見尽くしたと言えるようになる十八年間である。

草庵《そうあん》転住時代（三十九歳〜七十四歳）

帰郷したのち、一ヵ所に定住せず、様々な場所に転々と移り住みながら死を迎えるまでの三十五年間である。良寛の生活は、清貧であり、その心境は諦観《ていかん》にみちたものであった。そのような日常から数多くの漢詩、短歌、俳句が生まれた。今、私たちが抱く良寛像を決定した時期である。

○

良寛の生涯を以上のように鳥瞰すると、あたかも三幕物の人生劇でも見るような気分になってくる。即ち、

第一幕（序）幼少年時代　舞台は越後
第二幕（破）修行時代　舞台は岡山など日本各地
第三幕（急）草庵転住時代　再び越後

おそらく読者諸兄がもっとも大きな興味をもたれるのは、第三幕であろう。言うまでもないことだが、第一幕と第二幕は、第三幕のためにあるのだ。ほとんどおちこぼれと言っても良い、一介の修行僧・良寛は、どのようにしてあの良寛になったのか。第三幕を観ることによって、いよいよ良寛の真相に迫らなければならない。

私たちの心をひきつけてやまない〝良寛の世界〟を、次の三つの観点から考えてみたいと思う。

(I)公的生活者としての良寛の世界

良寛の職業とは何だったのか。

(II)私的生活者としての良寛の世界

その独特のライフスタイルは、死ぬまで変わることはなかった。

(III)良寛の心の世界

とりわけ良寛のこころざしとは、如何なるものであったのか。

おわかりであろうか。良寛を大きくとり囲む社会的環境から、じょじょに焦点をしぼってゆき、やがてその内面にわけ入り、良寛という精神世界の核に迫ろうというわけである。結果、それぞれの世界は、次のように分析できそうである。

(I)良寛は、托鉢《たくはつ》行脚の人であった

何よりもまず良寛は、一人の僧侶であったのだ。

(II)良寛は、山中独居《さんちゅうどっきょ》の人であった

無一物《むいちぶつ》・無所有のライフスタイルを実践した良寛は、厳しい大自然の中で生きることがどういうことであるのか、よく識っていたし、身をもって理解していた。つまり、生きるというよりは、生かされているという認識である。人間以外の生きものたち（植物や動物や虫たち）に対する親しみのこもったまなざし、あるいは同病あいあわれむ共感の思いは、山中独居の生活から生まれた。

Ⅲ良寛は、衆生済度《しゅじょうさいど》の人であった

ひかえめながらも存在感のある人生をおくることによって、世の中の（自分以外の）人々を救いたい。それができないのであれば、せめて人々の心に平安をもたらしたい……。良寛は、そう願いつづけた人であった。

○

それでは外側から順番に、良寛の世界にわけ入ってみたいと思う。まず、〝良寛は、托鉢行脚の人であった〟ということについて。

良寛の職業は、僧侶である。表向きは曹洞宗《そうとうしゅう》の僧侶であったが、宗派にはこだわらなかった。良寛がかかわった宗派を思い出すままにあげてみると、真言宗《しんごんしゅう》、天台宗《てんだいしゅう》、浄土宗《じょうどしゅう》、そして晩年には浄土真宗《じょうどしんしゅう》に深く心を動かされたふしがある。島崎《しまざき》で床屋をしていた長造《ちょうぞう》が言うところの〝雑炊宗《ぞうすい》〟の一僧侶として良寛は生きたのである。

さて、修行僧・良寛の生活とは托鉢行脚の毎日であった。人々の喜捨《きしゃ》によって生活を支えたわけである。

鉄鉢《てっぱつ》に明日の米あり夕涼《ゆうすずみ》

ほどこしを受けるために持ち歩く鉄鉢の中にはありがたいことに、明朝、食べるだけの米が入っているので気分は安らかである。

雨の降る日はあわれなり良寛坊

雨の日は托鉢に出ることができないので、食べるものにもこと欠くことになる。ああ、なんと自分はあわれなものだろう……。

だが、もし良寛が望むならば、一山一寺の住職になることなど、しごくたやすいことであった。良寛に、その欲がなかったのである。いかにも良寛らしい次の逸話をやはり書いておくことにしよう。

長岡藩主・牧野《まきの》忠精《ただきよ》が国上寺《こくじょうじ》参詣のついでに五合庵を訪ねたのは文政《ぶんせい》二（一八一九）年七月、良寛が六十二歳の時であった。

「長岡藩主牧野忠精侯禅師の奇行を慕ひ、迎へ聘《へい》せんと欲して、新潟巡視の際特に駕《が》を其《その》庵に枉《ま》ぐ、村人侯駕の至るを聞き、往きて庵庭を掃《はら》ふ、禅師時に在らず、暫《しばら》くして帰り来り之《これ》を見て嘆じて曰く、今秋虫声を聴くを得ず已矣哉《やんぬるかな》と、已《すで》にして侯到る、禅師打坐《たざ》敢《あえ》て一語を発せず、侯懇《ねんご》ろに城下に迎へむことを説く、禅師徐《おもむ》ろに筆を執《と》り書して曰く、

焚くだけは風が持て来る落葉かな

侯強《し》ゆるを得ず、厚くいたはりて去られしとぞ」

（玉木礼吉・編『良寛全集』）

想像するに長岡藩主は丁重に依頼したことであろう。国上山《くがみ》から城下におりて、どうか一寺の住職になってほしいと。ふつうであるならばありがたいこの依頼に対して、良寛は俳句をもって婉曲《えんきょく》に断ったわけである。

ささやかな生活ではありますが、自然の恵みによってつづけていられるのです。これ以上のものは何もいりません。住職の地位など、自分には余計なものです……。

〝我《が》の放下《ほうげ》〟という言葉がある。〝我〟とは、こだわること。〝放下〟とは、捨て去ること。藩主がやって来ても来なくても、良寛はふだんと変わるところはなかった。良寛のように生きるとは、地位や名誉や権力や出世や財産など、あらゆるこだわりを捨て去って生きることに外ならない。

○

次に〝良寛は、山中独居の人であった〟ということについて考えてみよう。

帰郷した良寛は、住所不定の人であった。転々と移り住んだ仮の宿は、わかっているだけでも、郷本《さともと》の空庵、国上寺の五合庵、寺泊の照明寺の末寺である密蔵院、牧が花の観照寺、国上《くがみ》の本覚院《ほんがくいん》、野積《のづみ》の西生寺《さいじょうじ》、中山の西照坊、乙子《おとご》神社《じんじゃ》の側庵、そして島崎の木村家の庵《いおり》となる。

草庵でのシンプルライフは半端なものではなかった。一つの擂鉢《すりばち》で炊事洗濯をし、米をとぎ洗顔までしたと言われている。無一物無所有の生活は、清貧というよりは、極貧と言っても良かった。

しかも一人者であった。妻帯せず、子供もいなかった。良寛の〝我の放下〟は、名誉や財産にとどまらず、家族や家庭生活のあたたかさにまで及んでいたわけである。もし家庭を持ったならば、夫として父として、様々な家族関係から生まれる愛憎やしがらみの中に身をひたすことになる。そのようなこだわりからも脱却しなければならない。

生涯身を立つるに懶《ものう》く、
騰々《とうとう》天真に任《まか》す。
嚢中《のうちゅう》三升の米、
炉《ろ》辺《へん》一束の薪《たきぎ》。
誰か問はむ迷悟《めいご》の跡、
何ぞ知らむ名利《みょうり》の塵《ちり》。
夜《や》雨《う》草庵《そうあん》の裡《うち》、
双脚等閑《そうきやくとうかん》に伸ぶ。

草庵には三升の米と一束の薪があるから、暮らすのに不足はない。夜の雨音を聞きながら、両足を思うぞんぶん伸ばしてくつろぐことができる。なんとしあわせだろう……。良寛はそのように漢詩に書いた。その心に無論いつわりはなかったろうが、どうも漢詩には、ある〝かまえ〟が出る。それよりは俳句の方に、良寛のひょうひょうたる気分や暮らし方が、素直にあらわれているような気がする。

春雨や静《しずか》になでる破《や》れふくべ
鍋みがく音にまぎるる雨蛙
夏の夜やのみを数へて明かしけり
盗人にとり残されし窓の月

孤独な草庵生活は、美しい自然を観察し、季節のうつりかわりを体感することでもあった。

鶯《うぐいす》に夢さまされし朝げかな
真昼中《まひるなか》ほろりほろりと芥子《けし》の花
秋日和千羽雀の羽音かな
柴垣《しばがき》に小鳥集まる雪の朝

山中に独居する良寛のところに訪ねてくる者は少なかったであろう。しかし、鶯や芥子の花や雀や小鳥たちは、まぎれもなく訪問者であった。いや、春雨や雨蛙やのみや盗人や窓の月さえも、良寛にとってはありがたい訪問者であったのかもしれない。
時には山をおりて里の子供たちと遊ぶこともあった。

この宮の森の木下に子どもらと
遊ぶ春日になりにけらしも

良寛を招いて酒をくみかわそうとする友人や、気のおけない村人たちもいたのである。

かきつばた我《わ》れこの亭《てい》に酔ひにけり
いざさらば暑さを忘れ盆踊

山中独居の暮らしもこうしてみると、なかなか楽しそうではないか。次の文章は、良寛のたんたんたる心境をよくあらわしていると思う。

花、無心にして蝶を招き

蝶、無心にして花を尋《たず》ぬ
花開くとき、蝶来《きた》る
蝶来るとき、花開く

草庵で独居する良寛の心境は、あくまでも自由にして自在なのである。

○

最後に〝良寛は、衆生済度の人であった〟ということについて考えてみたいと思う。衆生とは、心をもつ全ての人々のことを言う。済度とは、そのような人々を苦痛から救い出し、彼岸にみちびくことを言う。

修行僧・良寛のこころざしは、衆生済度にあった。ここから、良寛独得の生き方も生まれたのではなかったか。しかし、だからといって良寛が、むやみに衆生済度を叫んだわけでは決してない。むしろその反対であった。良寛は叫ぶのではなく呟き、説教するのではなく、ただ泣いたのだった。

良寛は山中に独居し、托鉢行脚と只管打坐《しかんたざ》にはげみながら、あらゆる欲を捨て去ることによって、ひたすら澄明《ちょうめい》でにごりのない存在になろうとつとめたのであろう。そういう存在に接することによって、人々に平安の心が生まれ広まるならば、これほどありがたいことはないと考えたのである。

さて、名誉や地位や財産や家族など、あらゆるこだわりを捨て去ってもまだ捨て切れないものが私たち人間にはある。放下すべき最後の〝我《が》〟とは、いのちへのこだわりであろう。文政十一（一八二八）年十一月、三条で大地震が起こった。死者千六百人、焼失家屋千二百戸。江戸で出されたかわら版の号外には、大きく〝三条消失〟と書かれたほどであった。友人から見舞状をもらった良寛は、次のような返事を書いている。

うちつけに死なば死なずて永らへて
かかる憂き目を見るがわびしさ

いっそのこと死んでしまったらよかったのに。なまじ生きながらえてしまったので、このような惨状を見てしまったが、まことに耐えがたいことだ。強い衝撃を受けた良寛は、さらに次のように書く。

「災難に逢《あう》時節には災難に逢《あう》がよく候。死ぬる時節には死がよく候。是《これ》はこれ災難をのがるゝ妙法にて候」

死ぬ前年、七十三歳の良寛はこんな句をつくった。

倒るれば倒るるままの庭の草

次は、良寛辞世《じせい》の句と言われているもの。

散る桜残る桜も散る桜

生きること死ぬことにじたばたしない、こだわらない……。そのような良寛の死生観がよくあらわれていると思う。

摩頂《まちよう》して独《ひと》り立《た》ちけり秋の風

摩頂とは、頭をなでること。仏が弟子の頭をなでて教えたり誉めたりすること。良寛は、わびしい秋風に吹かれながら、途方に暮れている。自分の頭をしきりになでさすりながら、〈はて、どうしたものだろう……。世の人々のために、いったい自分に何ができるというのだろう……〉と、一人立ち尽くしている。

苦しい哉《かな》三界の子
知らず何《いず》れの日にか休《や》まん
遥《よう》夜《や》熟《つらつ》ら思惟《しい》し
涙下《くだ》つて収むるに能《あた》はず

世の中は不条理にみちみちている。人々の苦しみや悲しみは減るどころか、ますます増えつづけてきわまりもない。その苦しみや悲しみを何とかしたいと思うのだが、自分の力ではどうすることもできない。そういう時に良寛は、どうするか。泣くのである。ただひたすら涙を流しつづけるのである。なさけない……。なんと自分はなさけない……。だが、どうだろう。人々は、良寛が流す涙に一縷《いちる》の救いを見出したのではなかったか。つかのま、苦しみと悲しみを忘れることができたのではなかったろうか。

○

さて、これまで〝我の放下〟という観点から良寛の世界を探ってきたが、忘れてならないのは、良寛が〝我の昇華〟の人でもあったということである。昇華とは、ものごとをさらに高次な次元に一段と高めること、即ち芸術表現のことである。漢詩・短歌・俳句から書にいたるまで、良寛は折にふれて芸術表現をかさねてきた。〝我の放下〟が、良寛の心に〝平安〟をもたらしたとするならば、〝我の昇華〟がもたらしたのは、〝生きる喜びと楽しみ、いのちがふるえる感動の心〟であった。

我の放下（引き算）心の平安
我の昇華（足し算）生きる喜び

思うにこの二つは、同じ車の両輪なのである。真の幸福に至ろうとする時、必ず乗らなければならない車の両輪なのである。どちらが欠けても、車は体《てい》を成さない。したがって真の幸福に至ることもできない。良寛とは、我の引き算をしながら、同時に我の足し算をすることを忘れない人であった。まことに加減の良い人生をおくった人であった。

引き算と足し算ということを、別の言い方であらわしてみると、こうなる。

引き算　宗教的生活
足し算　芸術的生活

さらにわかりやすい言葉で言うならば、こういうことになる。

こだわりをすて
日々をたのしむ

これが良寛の生き方であった。これが良寛の世界なのであった。

良寛は、天保二（一八三一）年一月六日にこの世を去った。死期をさとった良寛は、のちに良寛の死に水をとることになる貞心尼《ていしんに》に向かって、こう呟《つぶや》いたという。

うらを見せ表《おもて》を見せて散る紅葉《もみじ》

自分にはもう隠すものは何もない。うらもおもても全てをあからさまに見せて生きてきた。思い残すことはなく、今はただ散るばかりである。良寛、末期の眼に映っていたのは何であったろう。それは梢《こずえ》からしたたりおちた清澄《せいちょう》な一滴の水であったかもしれない。あるいは天上高く吹きわたる一陣の風であったかもしれない。

西田幾多郎

本物の思想家の〝新しさ〟

中村雄二郎

なかむら・ゆうじろう　1925年東京に生まれる。東京大学哲学科卒業。51年文化放送に入社後、プロデューサーとなり、65年より明治大学教授。哲学をドラマとして捉えた演劇論を展開するなど、次々と新しい視点を提出する哲学者。旧季刊「へるめす」同人。現在、明治大学名誉教授。

西田幾多郎

にしだ・きたろう（1870—1945）

哲学者。石川県生まれ。東京帝国大学哲学科選科卒業。京都帝国大学教授。仏教哲学をはじめとする東洋思想の伝統の上にカント・ヘーゲルらの西洋哲学を摂取し、独自の西田哲学を樹立。40年文化勲章受章。著書『善の研究』『無の自覚的限定』など。

西田哲学にたどりつくまで

〈西田幾多郎〉について、私はすでに二冊の本を書いています。一つは岩波の「二〇世紀思想家文庫」の一冊として出た『西田幾多郎』（一九八三年、岩波書店）であり、もう一冊は、その続編としてまとめられた『西田哲学の脱構築』（一九八七年、岩波書店）です。そして、この二冊はさいわいに読者にも恵まれ、『西田幾多郎1、2』として、近く、「岩波現代文庫」に収録されることになっています。しかし、ここでは、それらの二冊を踏まえながら、もっと自由に、広い視野から西田哲学の、とくに〈新しさ〉を念頭に置いて、その思想のかたちを、自分の経験に依拠《いきょ》しながら、考察することにしましょう。

西田哲学は、近代日本において、多くの人たちから関心が向けられているにもかかわらず、十分読み込まれていません。むしろ、奉《たてまつ》られているというか、読者の内面とは無関係に神棚に置かれてしまっています。若い読者たちのなかには、西田の哲学に熱いまなざしを持ち続けている人たちもいないではありませんが、その大部分は、自分の眼で読み込もうとはしていません。西田の出している問題と向かい合おうとはしていない。

私の場合についていうと、西田との関係は、かなり特殊なケースであり、回りまわったあげくに西田哲学に到達したのです。最初にそのいきさつをお話ししておくことにします。

まず、多くの西田研究者が京都大学の出身であるのに対して、私の場合には、昭和二十二年に東京大学の哲学科に入り、二十五年に卒業しました。というのは、旧制高校時代に理科だったので、最初私が志望したのは〈原子物理学〉でした。第二次大戦中や戦争直後の日本では、価値がひどく混乱していました。戦争中でも、自然科学的なものは非常に客観性が高いし、時代への便乗度も少ないので、物理学が心の頼りになると考えたのです。ところが、敗戦になって、価値の混乱が起こり、こんなにも人間の心とか考え方というものが変わるものかと思ったのです。つまり私は、〈physics〉から〈metaphysics〉に希望を変えたのです。そしてそのとき選んだテーマは、フランスの思想家で『パンセ』の作者として知られるパスカルでした。なぜ私がパスカルを選んだかというと、パスカルは最初〈自然科学〉の領域で「円錐曲線試論《えんすいきょくせんしろん》」を書き、いわゆる「真空の実験」を行ない、〈計算機〉の原型を作ったりしました。その意味で〈幾何学的精神〉の持ち主でした。しかし、それだけでなく、彼は、〈幾何学的精神〉とともに〈繊細の精神〉の必要をも説いた人だったのです。

私が東京大学の哲学科に入って、ちょうどこれからパスカルを研究しようとしていた頃、岩波書店で西田の『善の研究』が売り出されました。戦後〈哲学〉に飢えていた、多くの若者たちが、岩波書店の周りを幾重にも取り巻いたのです。ところが当時の私は、西田の『善の研究』ではなく、数学者の高木貞治《ていじ》さんの『解析概論』という本の方が欲しかったのです。つまり、哲学をやり出した頃に、私は自分にとって西田幾多郎の哲学がこんなにも大きな存在になるとは思わなかったのでした。むしろ、みんなが〈西田哲学〉、〈西田哲学〉と言うので、どちらかというと、避けていたわけです。しかし、いろいろやっているうちに、どうも、自分の扱いたい問題は、西田哲学を問題としないでは先に進めないらしい、と思い始めました。そして、その中間段階に、三木清《みききよし》の『パスカルにおける人間の研究』があったのです。というより、私はかなり早い段階で三木のこの「パスカル研究」に出会い、つよい感銘を受けていたのです。

三木は、マルキシズムに近づき、西田とは思想的立場が異なっていたにもかかわらず、西田は三木をたいへん可愛がり、かつ期待していました。三木のこのパスカル研究は、第一次大戦中にドイツに留学してハイデガーに学びハイデガーの方法を駆使してパスカルを扱ったもので、当時世界のトップクラスの水準を持っていただけでなく、いま読んでも、パスカル研究として非常にすぐれたものです。

三木は『パスカルにおける人間の研究』をまとめましたが、それに対して私は少しやり方を変えて、『パスカルとその時代』という本を一九六五年に東京大学出版会から出しました。単なる〈人間論〉〈人間研究〉ではなく、パスカルの生きていた十七世紀の社会的、文化的、宗教的問題を調べ、そのなかでパスカルの思想を考えたものですが、これは明らかに三木の『パスカルにおける人間の研究』を標的にしたものでした。そのころ、私は西田の問題がそんなに自分の問題に近いとは思いませんでした。三木清には、『構想力の論理』という魅力的な表題の本があります。〈構想力〉というのは〈想像力〉のことであり、哲学的には、重要な問題を含んでいると思ったのですが、三木はこのテーマを十分にはこなしきれなかったのです。三木にはすぐれた直観力があり、問題の把握が適切で、どういうことが今の時代に重要かということがよくわかっていました。現在、三木の仕事を的確に評価するのはむずかしいのですが、私は、三木清が西田幾多郎について残した次のことばだけでも、重要な提言あるいは批評になっていると思っています。すなわち、三木は西田について、次のように言っています。

《西田哲学と根本的に対質するのでなければ、将来の日本の新しい哲学は生れくることができないやうに思はれます。これは困難な課題であるだけ重要です》。

これらのことばは、友人坂田徳男《のりお》宛の手紙中にあるものですが、ここで彼は、実に重要なこと、ほとんど〈決定的なこと〉を言っていると私は思うのです。三木清の『構想力の論理』は、事実、当時の若い社会科学者たちに大きな影響を与えました。後で知ったことですが、たとえば経済史の大塚久雄《おおつかひさお》さんとか、政治学の丸山真男《まるやままさお》さんとか、のちにそれぞれの分野で大立者《おおだてもの》になった方々につよい影響を与えたと言われています。

私も『構想力の論理』には早くから着眼したのですが、なかなかうまくピントが合わせられなかった。何度も挑戦したのですが、うまくいっていません。苦心して、こなそうとやってみたのですが、どうもうまくいかなかった。

〈新しい術語〉を生むこと

ところで、しばらく前から私は〈リズム〉ということを重視していて、最近では、〈哲学〉とはつまるところ、〈好奇心〉と〈対話〉と〈リズム〉からなる、とまで言い切っているのですが、三木の『構想力の論理』は、どうも私のリズムに合わないらしいのです。思考のリズムが合わないと、うまくメッセージが伝わってこないことになります。

三木清の問題提起はどれも面白いが、リズムがうまく合わなくてもどかしかった。そして、そのうち、三木の背後に西田幾多郎がいることがだんだんわかってきました。私の場合、こうして、ようやく一九九八年になって、『述語的世界と制度』(岩波書店)という本を書き上げました。これは、『パスカルとその時代』から三十三年後になって、西田哲学との対決を企てたものなのです。ごく初期に私は『パスカルとその時代』とともに『近代日本における制度と思想』（一九六七年、未来社）を書いたのですが、この『近代日本における制度と思想』の方は、西田幾多郎の魔力に対する〈悪魔払《ばら》い〉の役割をもっています。

私が西田幾多郎の哲学について最初にまとまったものを書いたのは、岩波の「二〇世紀思想家文庫」の一冊『西田幾多郎』だったのです。私が『西田幾多郎』を書いたいきさつですが、最初依頼されたのは実はほかならぬ『九鬼周造《くきしゅうぞう》』だったのです。当時その編集部にいた親しい人から、《中村さんは九鬼周造でしょうね》と言われました。たしかに芸術や美意識に感度の高い九鬼周造と私とは、問題関心の点で重なっているところがあります。ところが、九鬼とも私は思考のリズムが合わないのです。『九鬼周造著作集』の月報にも書きましたが、九鬼には、『「いき」の構造』という著書もあり、〈作品としての哲学〉を狙っていることには大いに共感できるのですが、思考のリズムが合わないので、お断りしたのです。とにかく、この『述語的世界と制度』は、三十一年ぶりに初期の著書（『近代日本における制度と思想』）の問題に立ち戻ったのです。もっとも、〈制度〉の問題は、『制度と情念と』（一九七二年、中央公論社）のなかでも扱いましたが、私の見るところ、西田幾多郎の哲学は、〈制度〉以外の問題では稀に見る深さと鋭さがあるけれども、こと〈制度〉の問題となると、ひどく他愛のないところがあるのです。そして、私が永《なが》らく気になってきたのはほかならぬ〈天皇制〉を中心とする広義の〈制度〉問題だったのです。

〈制度〉といえば、一九六〇年代末に私はちょうどパリにいて、〈五月革命〉に立ち会いました。そのときまさに〈制度〉と〈情念〉が激突したのです。ふつう〈制度〉の問題は、もっぱら法律学や政治学で扱われるのですが、私は、法学部の専門課程の教師だったので、法律的な制度論の不十分さもわかっており、〈制度〉と〈情念〉とを対峙《たいじ》させることの必要をつよく感じることになったのです。

私が多くの西田哲学の研究書に接していたとき、（もちろん、西田哲学について書いたいろいろな本は、それぞれの著者の思いが込められているわけですが）私はそれらを見て、もう少し違った読み方ができるのではないか、と思ったのです。西田ほどのひとになると、自分の用語法を持っています。そして、それがつまずきにもなるのです。西田の用語法の代表的なものに、たとえば〈絶対矛盾的自己同一〉だとか、〈行為的直観〉だとか、〈逆対応〉だとか、いろいろあります。それらはちょっと聞いただけでは、また一読しただけでは、わからないような術語です。あとになってみれば、また、よく理解してみれば、それぞれに含蓄に富んだ用語なのです。最初は、西田のそれらの言葉を使って彼の思想を理解しようとしたのですが、到底だめでした。そこで、私は、新しい哲学とか思想とかを生み出すということは、単なる論理操作ではなく、〈新しい術語〉を生み出すことではないか、と思うようになったのです。これは、ある意味で、過去の西田研究に対する私のプロテストあるいは問題提起の一つなのです。同じ言葉を使って解説するのは、西田が苦心して書かれたものをただ短くしたり、薄めたりするだけのことになるからです。

話が少し飛躍しますが、かつて神田にあった頃の「日仏会館」に講演を頼まれて行ったところ、お礼にLPのレコードを貰ったのです。そのレコードはなにかと思ったら、ベルクソンのレコードでした。とは言っても、ベルクソン自身がしゃべっているのではなくて、〈ベルクソンの哲学〉をコメディ・フランセーズの俳優が朗読しているのです。これには驚きました。現代の日本ではそういうことはちょっと考えられない。そういう意味で、〈哲学〉はただ理論としてであるのではなく、そこにあることばの〈息づかい〉まで、〈表現〉の働きを持つのです。

〈情念〉と〈制度〉から〈言語〉へ

こういうわけで、一九八〇年代のはじめに岩波から出ることになった「二〇世紀思想家文庫」の一冊に私が「〈西田幾多郎〉を書くことにした」と言ったら、みんなびっくりしていました。なにしろ、それまで私は、〈西田哲学〉について、なんらまとまったことを書いたことがなかったのです。しかし、急に考え出したのではなくて、数年位前からどのようにチャレンジしたらいいだろうか、と想を練っていたのです。また、フランスでの講演で〈西田の哲学〉を扱っていたのです。

「問題群としての西田幾多郎」というのが、その講演の表題ですが、このように〈問題群〉などとうたったのは、西田の場合、前期、中期、後期という通常のやり方では、大事なところが捉えられないと思ったからなのです。この「問題群としての西田幾多郎」の日本語として文章化されたものは、『西田哲学の脱構築』の中に収められています。

西田の特徴の一つは、考えたものを整理して書くのではなくて、〈考えながら〉書いていることです。つまり、そこですでに実践をやっているのです。だから、前に書かれたものによって西田の考えはこうだろうと思って纏《まと》めようとしても、次の著作を読むと、問題がずれていってしまっていることがとても多い。ときによっては、表題に書いてあることが次の著作に出てくることさえあるのです。

これはとてもたいへんだと思いました。歴史的に、〈前期〉、〈中期〉、〈後期〉というような普通のやり方ではうまくいかないのです。そこで、私が考えたのが、〈問題群〉という捉え方でした。「問題群」というのはヨーロッパのことばでいえば〈プロブレマティック〉なのですけれど、これは、〈問題意識〉とも訳されるように、大きな問題の集まりなのです。どうして、そんなことを考えたかというと、西田と一応関係なしに、私が〈共通感覚〉というのを問題にしてきたからなのです。どういういきさつで〈共通感覚〉を問題にしてきたかというところなのです。

哲学の分野で私が最初に主題化したものとして、「情念論」というのがあります。「情念論」などというと、なにか私自身が〈情念的〉人間に思われがちであり、事実、そういう誤解をずいぶん受けてきました。これはひどい誤解なので、はっきり申しておきますが、〈情念〉論というのは、情念を対象化して問題にする態度であり、このことは、デカルトやスピノザのことを考えてみればわかります。情念論をやっているのは、デカルトにしろスピノザにしろ、はっきりした合理主義者なのです。〈情念的〉な人間は、〈情念〉に流されることはあっても、情念論を論じることはできません。

そして、前にも述べた通り一九六七年に在学研究でフランスに出掛けた際に出会った「五月革命」というのが、まさに〈制度〉と〈情念〉の激突だったのです。だからといって、なにもその段階で私は自説を押しすすめることに自信を持ったわけではありませんが、ただ、問題の筋を押さえていけば、大まかな予見は不可能ではないことに気がつきました。

私は外から見るといろいろなことに手を出しているように見えるらしいのですが、実は、きわめて限られたことしかやっていません。自分のなかにある図式なり、考え方と関係あるものしかやっていないのです。そして、〈制度〉とか〈情念〉とか言っていたところ、その先に〈言語〉という問題が出てきました。ただし、言語に対しては、私は警戒ぎみでした。「言語的転換」という問題は、早くから論理実証主義者などの間で問題にされてきましたが、私は、軽々にはそれにのるまいと腹を決めていました。論理実証主義者たちの捉え方は、いかにも非言語的だと思われたからなのです。過激な論理実証主義者によると、哲学の言語の使用は曖昧だから、《一義化して明確にしろ》とまで言われていたのです。言語の曖昧さがもっともらしい〈哲学の問題〉を生んだのだから、《言語を明確にしさえすれば、〈哲学の問題〉は消えてしまう》とまで過激なことを、一部の人たちは言っていました。しかし私は、そういう言語論は到底与《くみ》することができなかったのです。たとえば、哲学の言語を数学の記号のようにしたり、論理式で表わそうとしたりしても、解決にはなりません。普通われわれが使っている〈自然言語〉には多義性があり、しばしば、その〈多義性〉が槍玉に挙げられます。しかし、それを然《しか》るべき文脈のなかで書いたり、語ったりすると、非常に厳密なことが言えるのです。そして、その点こそ、〈言語〉のすぐれた働きであり、言語の持つ特性ではないかと思うのです。それからまた、〈言語〉には、ひとを狂おしくするところがあります。言語をじっと見つめていると、自分の心の底を眺めているような気持になるのです。「西田」でも「一」でも「二」でもいいのですが、はじめになにげなしに「西田」と書いて、それをじっと見つめて、《一体この字はなんなのだろうか》と思って見ていると、とても変な気になるのです。言語というものは、それをじっと眺めていると、自分の〈心の底〉を眺めているような不思議な気持になります。

ソシュールという有名な言語学者がいました。現在の言語論は、ある意味でほとんどそのソシュールから発していると言ってもいいくらいなのですが、ソシュールは、晩年になって、狂気すれすれのところにいきました。そして、アナグラム（文字の組み換え）に凝って、ギリシア、ローマの詩句の組み換えのなかに、神秘的な響きの秘密を探り出そうとしたのです。

西田哲学と〈共通感覚〉

いまそんな話を持ち出したのは、私自身が、言語のことを考えていて、〈言語の森〉に迷い込みそうになった経験があるからなのです。〈言語の森〉に迷い込みそうになった、つまり、頭がおかしくなりそうになった経験があるからなのです。さいわい知人に精神科のお医者さんとか、臨床心理学の専門家とかいろいろいたので、《このごろ、言語について考えていて頭がおかしくなったのではないか》とたずねたのです。すると、《自分でそんなことを言っているようだったら、大丈夫ですよ》と言ってくれたのです。もし、病院にでも入れられていたら、チェーホフの『六号室』の主人公のようになって、ずっと閉じ込められてしまったかもしれないと、思っています。

私がそのような〈言語の森〉を抜け出せたのは、〈共通感覚〉という考え方を見出せたからなのです。〈共通感覚〉は、容易にわかるように、英語では「コモンセンス」です。しかし、ここでいう〈共通感覚〉は、「コモンセンス」の訳ではないのです。むしろ、〈コモンセンス〉の方が、〈共通感覚〉（コイネー・アイステーシス）の訳なのです。この〈コイネー・アイステーシス〉は、もともと、ギリシア哲学のアリストテレスの『霊魂論』（デ・アニマ）のなかにあったものです。すなわち、人間には視覚、聴覚、嗅覚、味覚、触覚という五つの基本感覚があるのですが、それらはただばらばらに働いているのではなくて、実はそれらを統合する〈根源的な感覚〉がある、とアリストテレスは言っているのです。このことを知って私は、凄《すご》いことだと思ったのです。どうしてそのことが自分の問題になったのか、というと、一方に論理があり、他方に感情や情念があるとすると、パスカルのいう〈幾何学的精神〉と〈繊細の精神〉のいずれも重要だということはわかりますが、両者がただばらばらであっては困るのです。なんとか、両者を繋《つな》げなければなりません。これは実は、二十世紀から二十一世紀に至る現代の大きな課題です。現代では、〈科学〉と〈芸術〉との関連が見えにくくなって、人間も、二種類の人間がいるような感じです。そのような両者を結びつける働きこそ、〈哲学〉に求めたいというのが、私の永い間の夢であり願望だったのです。

私は、ばらばらなことをやっているようでいて、結構一貫したことをやってきているのです。それは特別に意識してやってきたというよりも、自分の中での必然性に固執してくると、意外なテーマが意外なテーマに結びついてくるのです。

アリストテレスでは、〈共通感覚〉は、感情と理性の中間に位置づけられています。それは必ずしも積極的概念ではなく、かなり否定的な意味も含んでいます。しかし、デカルトになると、相当違ってきて、〈想像力〉は、人を誤らせるものだ、として排除しています。そこで、〈理性〉と〈感情〉の中間にあるものはなんなのか、それを押さえる必要がでてくるのです。私見によれば、〈言語（自然言語）〉こそ、〈共通感覚〉のレベルのものなのです。言語はたしかに一面理性的ですが、純粋に理性的だと〈論理記号〉になってしまう。だから、必ずある含みを持っており、われわれが使っている〈自然言語〉というものは、期せずして両方のものを含んでいます。そのために、言語を適切に使うのはたいへんむずかしいのです。だからこそ、〈哲学〉の領域では、ある時期、曖昧な部分、感情的な部分、あるいは、〈繊細の精神〉がものをいう部分を排除して、ひたすら〈明確化〉しようとしたのです。しかし、いくら明確になっても、現実を離れてしまっては意味がありません。そこで私は、アリストテレス流の〈共通感覚〉を生かして、〈言語〉というレベルを〈ロゴス〉と〈パトス〉とが結びつく場面として捉えなおしたのです。面白いのは、西田幾多郎自身が早い時期から〈共通感覚〉を問題にしているのです。ところが、これまでの西田研究や西田論では、誰もそれを指摘していなかったのです。ただ、西谷啓治《にしたにけいじ》の『アリストテレス論考』（一九四八年、弘文堂）だけは、西田と独立して〈共通感覚〉を大きく扱っています。その本に収録された諸論文中、とくに第一章「アリストテレスの感性論」は、一九三〇年代初めに京大の『哲学研究』に載ったものですから、当然西田は読んでいたものと思われますし、そこから西田が要点を摑《つか》んでいたものと思われます。とにかく、西田と西谷啓治との間には、〈共通感覚〉の問題が共有されていたのです。

このようにして、私は〈共通感覚〉の問題と出会うことによって、おのずと西田の世界に深入りしていったのです。

自分のことを離れて日本の哲学界での西田哲学の受け入れられ方にふれておくと、そこには一種の二極分解があります。昭和一桁《けた》の比較的早い生まれの方と、非常に若い方は関心度が高いのですが、その中間は抜け落ちています。まず、昭和初期から第二次大戦中にかけて西田哲学が多くの日本の若者にアッピールしたことは事実です。しかしまた、第二次大戦後になると、たとえば西田の弟子の田辺元《たなべはじめ》などが、『懺悔道《ざんげどう》としての哲学』（一九四六年、岩波書店）を書いてきびしい自己批判を行なうことになります。日本人は自分たちのやったことは間違いだったと、〈懺悔〉することが多い。自分がある思想なり哲学なりに惹《ひ》かれたとき、どういうところに自分が惹かれたかを点検するのはいいのですが、結果論として、西田哲学は、単に〈右翼〉だったとか反動的な〈観念論〉だったとか言うのは、時代便乗にすぎると思うのです。マルクス主義者たちは当然〈西田哲学〉を裁き、批判しましたが、そのなかで、おのれを守りつつ批判の立場を貫いた人として忘れられてはならないのは、名古屋大学の助教授から関西大学の教授になった竹内良知《よしとも》です。竹内の書いているものを読むと、イデオロギー的には、〈西田哲学批判〉を貫いているのですが、いわば〈やんちゃな息子が親に盾ついて〉いるような様子で、到底、〈克服〉などしていないのです。その竹内良知には、『西田幾多郎』（一九七〇年）という初期の著作を中心にした評伝があります。いまそれを読んでみると、不思議なかたちで〈オマージュ〉を捧げていることがわかります。

もし戦中の哲学を批判するなら、西田たちを批判すべきではなく、それに惹かれた自分こそを批判すべきなのです。それも〈懺悔道〉などと言わないで、それを乗り越える質の高いメッセージを残すようにすべきなのです。

〈西田哲学〉を批判すること

では、文芸評論家の小林秀雄による〈西田哲学〉批判にふれておきましょう。私のとらえ方は、同じ日本語の使い手として、両者の間にどのような異同があるか、どのような問題があるか、ということです。かつて私は『西田哲学の脱構築』（一九八七年）のなかで、小林のいう「社会化された私」と「小林の西田批判」について書いたことがあります。私が手がかりにしたのは、いわゆる〈専門〉の違うこの二人がいずれも、〈経験〉と〈自我〉を徹底して追究してきたことです。その点で、この二人には、意外に共通するところもあるのです。もちろん違いもあります。違いの一つとしては、十九世紀末にはじめてそれらと取り組んだ西田の場合と違って、一九二〇年代にはじめてそれらと取り組んだ小林の場合には、専門の違いもあって、問題がずいぶんソフィストケートされたかたちで扱われていることです。

小林秀雄は、初期の代表的エッセー『私小説論』（一九三五年）のなかで、日本の私小説つまり、実生活に関する告白や経験談のなかで、洗練が〈私〉を純化させる在り様を、フランス自然主義爛熟期のモーリス・バレス、アンドレ・ジッド、マルセル・プルーストなどの〈私〉と対比しながら、批判して、次のように述べています。

《彼らのこの仕事（人間性の再建）のために行なった研究が誤らなかったのは、彼らの〈私〉がそのときすでに、十分に〈社会化した私〉だったからである》。また彼は次のようにも言っています。

《日本の私小説家たちが信じたのは〈私小説〉と〈私生活〉だけであった。それに対して、ジッドにとって〈私〉を信じるとは、私のうちの実験室（自意識というものが、どれほどの懐疑、複雑さ、混乱、豊かさに耐えられるものかを試みる実験室）だけを信じることである。わが国の私小説家たちが私を信じ私生活を信じてなんの不安も感じなかったのは、私の世界がそのまま社会の姿だったのであって、私の封建的残滓《ざんし》と社会の封建的残滓の微妙な一致の上に私小説が爛熟していったのである。ところが、ジッドの場合はそれとは違う。彼は〈私の姿に憑《つ》かれた〉というより、〈私〉の問題に憑かれたのであった》。

　ここに出てくる〈社会化した私〉、〈私の問題〉というのは、西田の〈真の自己〉にくらべてはるかに屈折し、ソフィストケートされたところで問題がとらえられていますし、日本の私小説家たちが信じたのは、〈私生活〉と〈私小説〉だけだったというのは、彼らの〈私〉のとらえ方をよく示しています。そして、小林がここで述べた〈社会化された私〉というのは、当時日本において盛んだったマルクス主義との関係もあって人びとの関心をつよく惹いたものの、当時の人びとの考え方の眼目は、社会のなかでの〈個人の位置〉に向けられていたのでした。

小林が日本の哲学や学者に言及している文章は多くありません。その彼が、珍しく西田幾多郎の哲学に言及している。「学者と官僚」（一九三九年）という文章のなかでです。小林いわく。学問の世界を文学の世界とくらべると、学者たちの独善が容易に改たまらないのは、彼らが文学者たちとちがって〈健全な無遠慮な読者〉を持っていなかったからである。《文学者は文学の陰に自分を隠すことができぬ。読者がゐるからだ、見物がゐるからだ》、と。ところが、《学者たちは学説の裏に身を隠す。彼らの信条は、思想のために、なるたけ損をしてはならぬといふ事だ。しかし、真に自分自身の思想を抱き、それをひたすら観念の世界で表現しようとした学者は、〈見物と読者〉の欠如のため、どういうところに追いつめられたか。例へば西田幾多郎氏なぞがその典型である》。

こうして小林秀雄は彼独特の角度から、西田幾多郎の哲学のもつ問題性を取り上げていきます。

《氏は恐らく日本の或は東洋の伝統思想を、どう西洋風のシステムに編み上げるべきかについて本当に骨身を削つた。（……）さういふ仕事で氏がデッド・ロックをいくつも乗り越えてきたことには間違ひあるまいと思ふ。だが、この哲学者はデッド・ロックの発明も、その征服も、自分一人の手でやらなければならなかつた。まことに西田にとつての不幸は、デカルトにとつて〈良識を備へたフランス人〉、ニーチェにとつての〈ドイツ国民と呼ばれる俗人〉のやうな手ごわい読者がゐなかつたことである》。

こうして小林は言うのです。《この他人といふものの抵抗を全く感じ得ない西田氏の孤独が、氏の奇怪なシステム、日本語で書かれて居らず、勿論外国語でも書かれてゐないといふ奇怪なシステムを創り上げてしまつた。（……）これは、確かに本当の思想家の魂を持つた人が演じた悲劇だつたやうに僕には思へる》

つまり、ここで、小林は、西田を〈本物の思想家〉として認めながらも、〈健全な無遠慮な読者〉を欠いていたため、外国語でも日本語でもない文章で書かれた〈奇怪なシステム〉をつくり上げたとしているわけです。

ところで、〈経験〉と〈自己〉とに問題を絞って西田幾多郎と小林秀雄の考え方、問題への接近方法を見てくると、二人の間にはかなり深い連関があります。その主要な連関を押さえておくことにしましょう。

（一）西田も小林も、生涯にわたって経験と自己とを問題にしつづけたばかりでなく、二人とも、それらがそれぞれ〈歴史〉と〈身体〉に収斂《しゅうれん》していきました。ただし、西田ではそれらは〈歴史的身体〉として、直接に結合されたのに対して、小林では、歴史と身体とはともに自己との繋がりで現われ、それらは思い出によって結びつくことになります。

（二）西田の場合も小林の場合も、その思考はなによりも〈経験の直接性〉に依拠して行なわれています。したがって、両者はともに〈内面性の現象学〉の性格を持っています。ただし、西田では、その経験は内的な経験の直接性に依拠したままで、歴史的世界をもとり込もうとしました。そのため、弁証法が導き入れられ、〈矛盾的自己同一〉というようなことも言われるようになったのです。それに対して、小林では、内的な経験の直接性に依拠して緊密な美的世界が形作られたほか、現実生活については、日常生活の具体性に基づく〈常識〉が重視されました。

（三）西田も小林も、〈真の自己〉の果てに〈自己が無になる〉とか、〈無私〉とかいうことが究極的なあり方として考えられ、その点で両者は共通しています。

ただし、西田の場合には、そのような自己のあり方が〈場所の考え方を介して概念化され、相対的無の場所〉や〈絶対無の場所〉としてとらえられました。それに対して、小林では、無私は基本的には〈意識〉のレベルに置かれながらも、それをものを〈謎〉と感じとる仕方で開かれているのです。

最後に、西田の面目を示すあるエピソードを紹介しておきましょう。

西田の好奇心のつよさが、その哲学を豊かにする上に大いに役だっていることは、周知の通りですが、私がびっくりしたのは、一九三六（昭和十一）年に、彼が弟子の下村寅太郎《しもむらとらたろう》宛の手紙で、D・H・ロレンスの『チャタレー夫人の恋人』を送ってほしいと書いていたことです。『チャタレー夫人の恋人』と言っても、現在ではそれほど〈あぶない〉本ではなくなりましたが、昭和十一年といえば、日中戦争の始まる前の、「二・二六事件」の起こった年ですから、この手の〈いかがわしい〉あるいは〈危険な〉本に対する当局の取り締まりはもちろん、世の人びとの目のきびしさは、たいへんなものだったのです。

しかも西田は、『チャタレー夫人の恋人』の原書が到着すると、下村に返事を書き、そのなかで、こう述べています。《チャッタレー難有（ありがとう）御座いました。人間のbed-rock（岩床）を露出した様なこの書に動かされました。sincere（真摯）な本です》と。

時代が時代であっただけに、おどろくべき探究心です。

小林一三

その思想と生涯

辻井　喬

つじい・たかし　1927年東京に生まれる。東京大学経済学部卒業。本名、堤清二としての経済活動はもちろんのこと、詩人・小説家としても広く活躍し、多くの作品を発表する。61年『異邦人』で室生犀星賞受賞。87年『いつもと同じ春』で平林たい子文学賞受賞。90年『ようなき人の』で第15回地球賞受賞。93年詩集『群青、わが黙示』で高見順賞受賞。94年『虹の岬』で谷崎潤一郎賞受賞。

小林一三

こばやし・いちぞう（1873―1957）

実業家・政治家。山梨県に生まれる。慶應義塾大学卒業。関西財界の重鎮。箕面有馬電気軌道（現・阪急電鉄）・少女唱歌隊（現・宝塚歌劇団）・宝塚劇場・東宝映画などを創立し、商工相・国務相を歴任。

第一に生きるがための人間

小林一三は一八七三年（明治六年）山梨県韮崎《にらさき》の豪農の家に生れ、ずっと大阪で仕事をし、三井銀行の行員から設立途上の私鉄（箕面《みのお》有馬電気軌鉄道）を引受け、後に阪急電鉄や映画演劇の東宝を作り、宝塚少女歌劇を創案した人である。

私は彼に会ったことがない。東京の新宿にコマ劇場ができた時、そのオープニングの式で遠くから小柄な姿を見たことがあるだけである。

よく知られていることだが、彼は太平洋戦争が近づいていた昭和十五年、近衛《このえ》文麿《ふみまろ》に請われて、第二次近衛内閣の商工大臣に就任している。彼を大臣に推薦したのはやや意外なことだが、当時の商工次官であった岸信介《きしのぶすけ》である。

やがてこの二人は烈《はげ》しく対立するようになったのだが、近衛首相から大臣になって欲しいという要請を受けた革新官僚岸信介は、

「私の商工相就任は抜身の刀を振りまわすの感がある」（岸信介断想録）

と考え、

「むしろ余は商工次官の職に止まり、誰か適当なる財界人を大臣に仰ぐ方が万事都合宜しか

るべく――」

と首相に答えたのであった。

当時、四十二歳だった岸は、ヒットラードイツの国家統制政策に触発されて、日本の戦争遂行力を強化するための抜本的な産業統制政策構想を描いていて、それを〝円滑〟に実行するとなると、いつの時代も自由競争を標榜《ひょうぼう》する財界が反対に廻るだろうと考え、小林一三を看板にしながら腕を振おうとしたのであった。

そのためには、自分たちの革新産業政策に理解のある財界人を大臣に推薦し、彼を隠れ蓑《みの》に活用し、改革を一挙に実現してしまおうと計画したのである。それは岸信介らしい自信と狡智《こうち》な計算に裏付けられた構想であったが、岸を尊敬する商工省内部の若手官僚たちの討議のなかに浮上してきたのが小林一三の名前だったのである。

小林一三を、単純に自由市場経済の旗手のように認識している人々にとって、この経緯は理解しにくいに違いない。しかし彼は東京電燈の役員であった時、「電力統制は必要」との主張を掲げて過当競争排除の論陣を張ったのであった。

電力という公益事業の再建に取組むようになってから、小林一三の経営思想に新しい要素が加わったように思われる。それには〝昭和維新の歌〟などが人口に膾炙《かいしゃ》していた時代の空気も背景になっていたかもしれない。

「勿論、経済の合理化には賛成だが、もっぱら資本主義援護に重きを置くと『人間』を軽視する結果になる」

と小林一三は書く。思想転換の軸になったのが「人間」という観念であったことがこの主張には明瞭に示されている。

「今までは『人間』を犠牲にして『資本』の繁栄を目的としたけれど、これからはまず第一に生きるがための人間を、即ち生活問題を考えて経済政策の舵《かじ》を取らなければ駄目である」(昭和五年三月・大阪朝日新聞社編・景気はいつ立直るか)

とも彼は言っている。

こうした考えになりつつあった小林一三に、昭和七年の五月十五日に起った右翼の犬養《いぬかい》首相暗殺事件は大きな衝撃を与えた。自分の人間観・世界観から、むしろ時流に批判的立場を保つことを身上とした彼には新しいより強固な思想上の武器が必要であったのだが、それを我が国の経営風土のなかに見付けることは困難であった。本来相容《い》れない右翼の理論と行動を、自分の勉強不足から充分に批判できない窮屈を彼は味わっていた。

しかし彼のこのような内面の葛藤にかかわりなく彼に対する「庶民の気持が分る指導者」という評判は高くなる一方であった。時代が悪くなればなるほど小林一三への期待は高くなっていったのであった。こうした環境のなかでの小林商工大臣の登場であったのだが、岸信介の誤算は彼が財界指導者の一般的特性である鷹揚《おうよう》さと表裏一体のいい加減さを持っていなかったことであった。新しい大臣は、自分の判断、考え方を明示し、次官以下がそれに従うことを要求した。小林一三の方も、商工省に入って官僚体質というものをはじめて皮膚感覚として体験し、自分の誤算に気付いたのかもしれない。

二人の対立は日を追って烈《はげ》しくなっていった。そんな時、小林一三が経済人との会合で

「経済新体制の考え方はアカだ」

と話したことが岸信介に伝えられた。岸は

「一町人の小林として何を放言せらるるも余の問ふ所ではないけれども、いやしくも国務大臣たる小林氏のこの言葉は聞き棄てにならぬ」

と応酬したのである。

〝常識〟のある人ならば、在任中は役人といい関係を作って、無事に役割を果そうとするのだけれども、小林一三はそうするにはあまりに個性と独創性に富んでいたのである。その思想的原点はやはり自由主義であった。後年、岸信介は

「小林さんは自由主義経済の最も徹底したもの」

と当時を振返って、自らの誤算の追認をも含めて述懐している。一方、小林一三は『大臣落第記』を書いているけれども、岸信介とのやりとりについては「わが事にあらず」という

ような素気《そっけ》ない叙述に終始している。

小林一三が東京電燈の再建を考えた際に、エネルギーのような産業については自由市場経済の原理だけでは駄目だと考えた事と、「経済新体制の考え方はアカ」と批判した事とのあいだには矛盾がないと少くとも彼は考えていたのだと思う。敗戦直後にも小林一三は、

「大いに水力発電を奨励すべし」

というような意見を堂々と述べていて、それは敗戦前・昭和初期の主張と同じなのであるから。ただし、小林一三によれば、自由競争原理の制限は必ず自由主義者の手によって行われなければならないのであった。

その点で小林一三の考えは昨今の政策科学専門家が、経済の運営主体を抜きにした主張をして何の問題意識も感じていないかのように見えるのとは本質的に異っていたように思われる。ということは、彼が徹底したリアリストであり実務家であったことを証明している事柄ではないだろうか。

岸信介との戦いの際、小林一三が経済運営の主体の人間的資質について言及しなかったのは、そんなことを言えば、我田引水としか受取られないのを、彼は若い頃からの苦労の体験のなかで知っていたからである。ジャーナリズムはいつの世でもその程度の水準でしか物事を判断しないのを彼は充分に知っていた。「統制」が官僚の手によって実行に移される時、

それが臨時的な措置ではなくなってしまう危険を伴うことをも、小林一三は知っていたに違いない。

彼は昭和十年の十一月にはじめてソビエトを訪れ、東京電燈の役員としてドニエプル工業地域を視察し、発電事業と共にアルミニウム製造について研究している。おそらく小林一三は貯蓄することができない電気エネルギーを、電力多消費型産業と同居させることで事業として安定ベースをどう作るかと考えていたのであったろう。その時の旅行記『私の見たソビエト・ロシア』は歯に衣《きぬ》を着せぬ筆致で、ソビエトの内情を批判的に記している。小林一三全集編集委員会の解説によれば、

——翁はこの国については特に深い興味を持たれたらしく、十一月十五日モスクワに入り三十日ベルリンに戻るまでのわずか半ヵ月の間に実に丹念に視察し、また出来るだけ多くの人に接触した——

ようである。この部分についての情報は、おそらく同行した後の阪急電鉄および東宝の社長清水雅《しみずまさし》の報告によっていると思われるが、彼の『私の見たソビエト・ロシア』は同じ年に同国を訪れたフランスのアンドレ・ジイドの『ソヴェト旅行記』に匹敵する批評眼の確かさと知の水準を見せている。別送したソビエト・ロシアについての率直な批判文の日本到着が遅れたので、清水雅は同国の官憲に没収されたのではないかと心配したという話が伝わって

いる。

小林一三の頭のなかには「外交官などの、ソビエトのことを知る立場にある人は、立場上真実を語り得ず、語り得る人は知り得ない」という考えがあり、従ってこの国の実情は自分のような自由人で、たまたま知り得た人間が書かなければ、という当為《ゾルレン》の意識があったのである。

と同時に、小林一三がこの国に「特に深い興味を持っていたらしい」という指摘は、彼が経営者としての数々の体験から自由市場経済体制には大きな欠陥があることを知っていて、新しいシステムを探していたという推測を可能にするのである。

この点は、昨今の〝原理主義〟に近い自由市場礼賛論者とは、思想的にも体験的にも比較にならないほどの深い自由主義者だったことを示していると言えよう。

商工大臣を受けたのも、同じような当為に衝《つ》き動かされてのことだったのではないか。この点では、岸信介と逆の意味で小林一三の方に官僚機構というものの粘り強さと団結力に対する過小評価があったのである。

そして、こうした足跡を通して見えてくる小林一三のリアリズムは、身近な現実との妥協、馴《な》れ合いへと人を導くようなリアリズムではなかったのである。

「若僧が道楽とはなんだ」

小林一三の思想の、このリアリティの核に触れると、彼の演劇論、エンターテインメント論の構造も自《おの》ずから明らかになってくるように思われる。

それは、芸術性も大切だが、客が入らなければビジネスとしては成立しない、というような〝常識論〟では片付けられない内容を持っていた。

小林一三の演劇論は、観客に到達しなければ芸術は在り得ないという認識論に支えられていて、算盤《そろばん》と芸術性のバランス論ではなかったのである。

阪田寛夫《ひろお》も前掲書で触れ、小林一三の経営理念の良き理解者であった清水雅も私に語ったことがあるので、かなり有名な話に、脚本家兼演出家であった青年、菊田一夫《かずお》が大道の真中で叱責されたという話がある。

当時、大衆的に人気のあった古川緑波《ろっぱ》のために菊田が「ロッパの開拓者」という、当時の政府の基本政策、満蒙開拓、五族協和、大東亜共栄圏建設、大政翼賛などの体制思想を盛り込んだ「芸術作品」を書いた。正月公演としては、古川緑波が大衆の人気を獲得したお笑い物、ギャグ物とはいささか毛色の変った芝居だった。昭和十六年といえば東条英機が太平洋戦争をはじめた年であり、〝当局〟が喜ぶことは間違いなかった。

例によって観客席の後方、大衆席でこの芝居の初日を見た小林一三は芝居がはねた後、さっそく有楽座前の路上で菊田一夫を捕まえた。

「今度の芝居はロッパの持ち味が全然出ていないじゃないか。正月だし『弥次喜多《やじきた》お化け大会』のような芝居を客は期待していただろうに」

と文句をつけた。青年菊田一夫はそういった芝居を書くたびに
「偉いもんだ。君は天才だ」

と小林一三に褒められていたのである。

菊田が
「時局柄、今回はお笑いを避けて、真面目な満洲開拓の話にしてみました。まぁ、道楽かもしれませんが」

と説明すると、小林一三の顔色が変ったと言うのである。彼は菊田一夫の年齢を聞くと
「三十五、六の若僧が道楽とはなんだ」

と、通行人が驚いて振返るような大きな声を出した。

彼のこの叱責にはいろいろな要素が含まれていたように私は思う。清水雅からこの話を聞いた時、私は小林一三の演劇観に興味を持った。

性格としても小林一三は「時局柄」という考え方が嫌いだったと思われる。というのは、彼が三井銀行の行員だった時代、そして大正三年、四年の北浜銀行事件などの経験を経て、「時局柄」を振りかざして附和雷同し、事柄の本質を見ようとしないジャーナリズムの軽佻《けいちょう》浮薄《ふはく》にうんざりしていたのであるから。外国のジャーナリズムの本質である批判精神、あえて異を唱える勇気の乏しい我が国の新聞は、規格はずれの人間である小林一三にとって常に警戒すべき存在であった。菊田一夫は、この小林一三の一番嫌いなことをやってしまったのである。それればかりではなく

「まぁ、道楽かもしれませんが」

という屈折した菊田一夫のものの言い方が彼の癇《かん》に障《さわ》った。真剣に芝居づくりをしているのなら

「どうしてもこの題材を舞台に乗せたかったのです」

と、何故正面から主張しようとしないのかという想いが、目をかけている菊田一夫に対して動いたのであったろう。小林一三は菊田が子供の頃から苦労して育ったことをよく知っていた。

彼は常々、若者の心は男女を問わず

「清く　正しく　美しく」

なければならないと考えていた。

もっとも、菊田一夫にすれば三十五歳年長の創業者の前で、「萎縮するな」と言われても、それは無理というものであったろう。知識としては、小林一三という人には正面から真直ぐに対応するに限ると知っていても、彼が身近に漂わせている存在感、鋭い眼光に出会えば、畏敬の念にたじろぐようであったのは自然のことだったろう。

小林一三の場合、十四年間勤めた三井銀行を辞めたのは、尊敬していた上司に殉じてのことであった。

若い頃から『大臣落第記』を書く後年に至るまで、彼の出処進退に打算の要素を見付けることはむずかしい。こうした方が彼にとって楽だし得だと思われるような時でも、小林一三は自分の主張を曲げず、それが力の強い者との戦いになったりする。

彼は三井銀行退職後、長い不遇時代を送らなければならなかった。世の中は日露戦争後の不況に見舞われていた。『逸翁自叙伝』のなかでも
「私の周囲の光景は、明治四十年一月、二月はほとんど悲観材料に包囲されておったのである」

と書かなければならないような事態が続いていた。

もともと、小林一三の性格はサラリーマンにむいていなかったと言えよう。あるいは、サ

ラリーマンであっても、意識は常に小林一三個人であり、自分の頭で考え、判断し、行動するという軌道からはずれたことがなかった。そして烈しい気性である。不遇にならない方がおかしいぐらい、孤立する条件は揃っていたということができよう。

彼の運は三井物産の依頼で阪鶴《はんかく》鉄道の整理を行い、ついで大阪梅田から箕面、宝塚、西宮間を走る箕面有馬電気軌道株式会社という電車の経営に参加したところからひらけてきたのであった。

「この四十年一月十九日という日は、北浜市場に反動開幕の拍子木が鳴響いた第一日であって、株式暴落の荒波が、まさに押寄せ来たらんとする時であった。ちょうどこの日に、私は大阪町人となるべく移り来ったのである。まさに奇縁というべしであろう」

と小林一三は自伝のなかで述べている。

この自叙伝は、彼が八十歳の寿を機会に、その回顧談をもとめられたのが契機となってまとめられたのだが、小林一三が往時を振り返る際の目差しが、功なり名を遂げた経済人の回想録と著しく異っていることも、注目しておいていいように思われる。

その特徴を一言で表わせば、自分をも含めてそれぞれの場面に対する客観の目差しである。そのために、小林一三が、自分が生れてからの八十年を、ひとりの主人公を中心として眺めているような印象が浮んでくる。そのなかで、小林一三は、あえて言えばひとりの登場人物に過ぎないのである。ここには自分を美化しようとする欲も、それをあえて卑下で抑えようとするわざとらしさもない。その結果は、かえって彼の存在感が際立って見えるのであるが。

こうした生き方を貫いた人であったから、芝居の場合にだけ、本当は〝芸術的〟な作品が好きだったのだが、客の入りを考えて大衆受けするものを奨励した、ということはなかったのである。

現在でもまだ残っているが、大正から昭和の中頃までの時期も、あらゆる芸術を、娯楽的なものと芸術的なものとに分類し、両者のあいだに截然《せつぜん》とした壁を設けてしまう考え方が強かった。算盤が取れるものは娯楽的なものであり、芸術的なものは採算に乗らないという意識はいつの間にか逆転して、芸術的なのだから損をするのは当然だという観念論を生んだのである。それは維新時に江戸時代の芸術を斥《しりぞ》け、西欧から輸入した芸術文化こそ高級で進んだものであるという意識が作り出したまやかしの理屈だったのだが、多くの人がその頃はこうした偏見に捕えられていたのであった。

しかし、小林一三にとっては、こうした観念論は縁がなかった。人々が喜ばないものは存在価値がないものなのであった。ここには、彼の考える大衆性と、当時の批評家的知性が考える大衆性との間に微妙な、しかし決定的に重大な差異が横たわっているように見える。だから、小林一三は本気で菊田一夫を叱責したのであった。

自分は一人だという体験

それでは、小林一三にとっての大衆性と、その源泉は、何だったのか。

彼は生れた年の夏に母親を失い、養子だった父親は生家に戻って、彼と妹は孤児として本家に引取られた。彼を引取った大叔父は、小林一三の祖父の弟である。本家は布屋《ぬのや》と呼ぶ豪商であった。

生れて間もなく孤児になったという生い立ちが、どのように小林一三の人間形成に影響したのかは推測するしかないが、夢見がちな文学青年の彼が、両親のイメージに捕われることなく異性への憧れを拡げ、浪漫の世界を自分の空想によって形成しようとしたことは間違いないのではないか。彼は三井銀行の新入行員として関西に行くのだが、

「私は大阪に着いたその第一日において、浪花美人の権威に威圧されたのである」(『逸翁自叙伝』)

と書くように、銀行マンとしてはすこぶる危かしい出発をしたのである。しかし、この危うさの本質は、彼があくまで自分流の生き方を貫く姿勢を捨てないところにあって、自分自

身を制御できないが故の危うさではなかったことは、はっきりさせておく必要がありそうである。小林一三のこうした自己流を通す生き方は、どんな権威の前に立った時でも晩年まで変らなかった。

『逸翁自叙伝』は昭和二十七年（日本の敗戦は昭和二十年である）にまとめられたのだが、そのなかに、当時、大阪商工会議所の会頭であった杉道助と一緒に地唄舞の「雪」を見た時のことが書かれている。それによると杉道助は

——彼一人でお酒を飲みつくしたごとく顔色を赤く染めて見ていた。

「杉君、わかるかい」

「わかるさ。地唄の『雪』でしょう。彼女は実によく踊りますよ」

「うまいか、まずいか、それは別問題として、君方は不幸にも、この地唄の『雪』そのものを舞う環境、またその舞を見る心持ちというか、静かな待宵《まちよい》の朧《おぼろ》月夜に、恋にひたるというか、そういう風情を味わったことがないだろう」

「踊りを見るのに、そんなむずかしい条件がいるのですか」

というような雑談をしたことがある——

という一節が、あたかもわざわざ挿入したような形で置かれているのである。

杉道助という人は心の寛い、あたりの柔らかい男で、いい意味で財界人の典型のような存

在であったが、その彼だからであろうか、小林一三は
「杉君、わかるかい」

という、まるで書生が、あまり芸術的な感度が鋭くない仲間に放つような質問をしているのである。相手が杉道助のような性格でなかったら絡まれたと誤解したかもしれず、少くとも内心「厭な奴だ」と不愉快な気分になったと思われる。

小林一三はなぜ、八十歳に近い老人になっても、こうした文学青年のような態度を保つことが出来たのだろうか。

この疑問を解く手懸りは、彼が昭和十年の九月に出版した『私のゆき方』のなかの「永遠の青春」に述べられている。それには、

——「先づ朗らかに清く正しく働くことが我が一党のモットーだ。サアついて来い、意気地ない若い奴よ」

という心持ちでその日その日を送っている私には、現在も〝青春時代〟のような空想——実は私はそれを理想だと信じて、それを決行しつつあるのである。従って私はまだ〝青春〟であるかもしれない。もし憧るる〝青春〟なるものがありとせば、現在もその一部であるかもしれない——

と書かれているのである。

また七十九歳の新春にも、小林一三は「何處《いづこ》にか青年を買はん」という一文を表わし、その中で、

――（前略）私の夢は、不思議と過去の追憶的悲劇でなくて、未来の幻影である――

と述べるのである。

歴史的な時間の流れに埋没させることなく小林一三を常に未来に向って飛翔させた条件のひとつに、幼年時代の、経済的には恵まれていた環境のなかでの孤独の体験があるのではないかと私は思う。阪田寛夫によれば、これも晩年、小林一三が過去帳に自分の家系を書いた際、その結びは

「ココニ　二代ノ孤児本家ニ養ハル」

と書かれていたという。二代というのは、小林一三ばかりでなく、彼の生母も孤児として同じ本家に引取られて成人したことを指しているのである。

私は彼の孤児としての意識は、こうした生い立ちにまつわる情況からもたらされたばかりでなく、経済人として大阪と東京で活躍した生涯を通じて、自分は一人だという体験によって補強され続けていたのではないかと思う。

生い立ちにおける孤児という条件は彼を暗い引込み思案の人間にはせず、

「社会の表裏、人情の軽薄、紙よりもうすき虚偽《きよぎ》欺瞞《ぎまん》の言論行動には、私の人生観というと

大袈裟であるが、人を頼っては駄目だ、人などあてになるものではない、自分の力だけでやれるものに全力を注ぐ、〝独行不恥影〟それよりほかに手はない、といういかなる場合でも、プラスの立場におることとである。断じてマイナスであってはならない」（『逸翁自叙伝』）という肯定的態度へと道を開いたのであり、この仕事と人世への姿勢が、彼の独創的な事業感覚、市場感覚と結合することで、逆に常に彼の孤独意識を補強する結果となったのではなかったか。言いかえれば、〝天才は孤独だ〟という言い伝えが小林一三の場合、微妙に彼の孤児体験と結びついていたと言えそうである。

それに加えて、彼が幼年時代を送った山梨県韮崎という土地の歴史も、彼の独立意識を養成したのかもしれない。

この土地は江戸へ入る街道の要として幕府の天領であり、武士が少く早くから商人の自治組織が作られていた。その点では堺の歴史と共通したものがあると思われる。

小林一三が自叙伝を、第一章「初めて海を見た時代」から書きはじめていることは、海を社会の喩えと考えれば、彼の心象風景の構造が見えてくるように思われ、かつての堺商人に共通する進取の気性がそこに覗いているように思えるのである。

幕末から明治維新を経て今日に至るまで数多くの人材を我が国は持ったが、そのなかに天領が生み出した人材という括《くく》り方が可能な人たちがいるのではないかと私は思っている。この仮説は、自由で厳密な歴史家の検証をまたなければならないけれども、天領は幕府に直結し、幾重にも張り巡らされた権力構造が存在しなかったことによって、組織統制型ではなく独創型の人間が生れやすかったと考えるのは早計だろうか。維新の時、隠岐島《おきのしま》はコンミューンを形成して統制型の松江藩と対立するのであるし、独創型経営者であって、唯一小林一三に兄事したと言える水野成夫《しげお》の生地、静岡県小笠郡も天領であった。

もうひとつの流れとしては、江戸時代の中心地でなかった地域からの人材輩出という、〝周辺文化論〟が適用できるかもしれない。

こうした土地の気風を、同じように多くの商人を輩出した近江と比較すると、間接的に小林一三の行動様式の個性的な側面を照し出すことになるかもしれないと思われる。

滋賀県も京都への入口として、幕府が重視していた地域であった。江戸幕府は腹心の大名である井伊をここに配置して常に京都の動静を監視していた。

一方は天領であり、武士が少なく、町人の自治が発達した。武士がいない限り、武力による叛乱《はんらん》はなかなか起り得ないのであったから。一方、支配権力のことさら厳重な監視下に置かれていた近江の商人たちは天衣無縫の自己主張の前に支配者を意識しなければならなかった。彼ら近江商人の屈折した抵抗精神は行商という様式に自己実現の道を見出したのではなかったか。

どちらがいいとか悪いとかいうことではなく、小林一三が逆境をものともせずに事業を展開していった過程には、風土が持っていた歴史から来る気風も肯定的に作用したのではないかと思われる。彼が事業家として私鉄や映画演劇の仕事に携り、電力会社の経営者になった際も常に大衆性ということを忘れなかったのは、彼の孤独の意識に裏打ちされていたのではないかという気が私にはする。彼は前出の『大臣落第記』のなかでも

――KU君は、私をおだてて大衆作家になれと言う。これは大衆作家として私に野心のあることを、内々知っているから、孤影悄然《こえいしょうぜん》たるこの頃の私に同情して、いささか慰むるつもりで、お世辞を言うのであるか――

と述べている。

作家とは大衆作家のことであってそれ以外ではなかったところに小林一三の面目躍如《めんもくやくじょ》たるものがあるのだけれども、どうも大臣に推薦されているらしいという報せを大連《だいれん》発吉林丸の船上で知った日の日記には

――おそらく世間は（もし存在するならば）宣伝省がいちばん適任だといふ風に誤解するだろう。世間の人達は大概その程度であると思ふ――

と書くのである。当時、彼は東電の会長の職にあった。

このように彼の書いたものや足跡を辿ってくると、そこから浮び上ってくるのは強い倫理

感と大衆性の上に立脚した独創的な経営者の姿である。彼はどんな苦況にあっても、老年になっても、未来へ目を向けていた。小林一三が敗戦をむかえたのは彼が七十二歳の時であった。老人も若者も悄然と首を垂れていたそのような時にも、彼の眼光は少しも衰えていなかったのである。

敗戦から六年経った昭和二十六年の「文藝春秋」十月号で、小林一三は水野成夫と「喰へる日本」というタイトルで対談をした。その主題に

——独立日本の生命線について新旧ふたりの怪物は何を語る？——

という添え書きが附されているのは、敗戦後も、公職追放時も彼に対する世間の誤解と評価は少しも変らなかったことを示しているのだが、そのなかで小林一三は

「まじめな整った画をかく人には、マチスの芸は出来んですよ。今の日本はマチスの画をかく人が必要なんだ。パッと摑んだものを大膽にかく人だね」

と言った後で、

「日本というものは悲観しなくていいと思った」

と、後輩の水野成夫を励ますように言っている。それに続いて、「人は信用が第一」「事業というものは根底を合理化」すべしと述べた後で、彼は電力開発についての情熱を熱っぽく話すのである。

この対談には、小林一三が敗戦という苦況のなかから、何が大事かを直観的に摑《つか》み、その大事なことをどう実現するかについて当事者のように考えている姿が現れていて、彼が常にいわゆる〝評論家的〟立場と正反対の姿勢で生きてきた人間であることが分るのである。そこで小林一三は、

「戦時体制のまだ遺っている分を思い切って全部改革するんだね」

と言い、

「日本は喰えないいんじゃない、今なお戦時の考えにすがっているから喰えないいんだ。（中略）喰う物は不足しちゃいない。ただ制度が悪いから不足しておる」

と指摘するのである。

この対談でも小林一三の倫理的自由経済論は溌剌《はつらつ》と展開されていてあますところがない。それにしても、小林一三のこうした指摘にもかかわらず、いまだに敗戦前の体制から完全には脱却できていない我が国の社会経済体制の欠陥はどこにあるのだろうか。おそらくそれは組織や法律体系の問題である以前に、小林一三的な独立独歩の発想、事大主義に捕われない自己責任感覚と思想の欠如に原因があるのではないかと思われるのである。

志賀直哉

無神論作家の宗教観

阿川弘之

あがわ・ひろゆき　1920年広島市に生まれる。東京帝国大学国文科卒業。21歳で大学を繰り上げ卒業し、兵科予備学生として海軍に入隊。２年後海軍中尉として中国漢口に赴き、海軍大尉として敗戦を迎える。46年帰国。同年生涯の師となった志賀直哉を知り、処女作「年年歳歳」を発表。以後、数々の著作を著す。評伝『志賀直哉』は毎日出版文化賞、野間文芸賞を受賞。

志賀直哉

しが・なおや（1883—1971）

小説家。宮城県に生まれる。東京帝国大学国文科中退。1910年有島武郎らと「白樺」を創刊。実業家の父と対立し、大学を中退。12年家を出て以降、尾道、大森山王、松江、京都、我孫子などを転々とする。17年父と和解。強烈な自我意識と潔癖な感性に支えられた精緻なリアリズム文学を確立、〝小説の神様〟と呼ばれた。1949年文化勲章受章。作品『大津順吉』『城の崎にて』『和解』『小僧の神様』『暗夜行路』など。

志賀先生のことは、六年前岩波書店から出した『志賀直哉』上下二巻（現在、新潮文庫所収）で語り尽してしまつた観があるので、今回、テーマを「志賀直哉と宗教」一つに絞らうと思ふ。どんな信仰を先生が持つてゐたか、仏教やキリスト教とどのやうに接し、日本の古い神々のことをどう考へてゐたか、それを具体的に叙《じよ》して行く過程で、もし、一人の傑出した日本人の「こころ」の在り方が自づと浮かび上つて来るなら、筆者にとつて望外の倖《しあわ》せである。

結論から言ふと、先生は特定の宗教を持たず、どんな宗旨にも頼らず、八十八年の生涯を了へた。そのことは、晩年の発言と、歿後御本人の意を体した葬儀の模様とに、はつきりあらはれてゐる。「病院で、白い服着た人大勢に囲まれて、あれこれやつて貰つて、死んで、築地の本願寺で盛大な葬式なんて、考へてもいやだネ」が口癖だつたし、「やるとすれば簡単に、むろん無宗教さ」が遺言のかたちで残つてをり、昭和四十六年十月、青山斎場《あおやまさいじよう》に於ける先生葬送の儀は、先生の遺志の通りに行はれた。一つだけ、東大寺の高僧上司海雲《かみつかさかいうん》、橋本聖準両師の、観音経普門品《ふもんぼん》と華厳教如心偈《によしんげ》を読み上げる場面があつたけれど、鐘も鳴らさず香も焚《た》かず、これは奈良時代の親しい友人二人が弔辞に代へたもので、それ以外、宗教色は一切無かつた。

それでは志賀直哉の一生、宗教と全く無縁だつたかと言へば、むろんそんなことは無い。満十八歳の時、勉強熱心な志賀家の書生末永馨《すえながかおる》から無理矢理すすめられて、名前もよく知らぬまま、無教会派内村鑑三《うちむらかんぞう》の夏季講習会に出席したのがきつかけとなり、以後七年間、鑑三のもとでキリストの教へに接するのは、文学史上注目すべき事実として直哉の読者の大半が知つてゐるだらう。ただ、先生自身の卒直な告白によれば、極めて「生ぬるい基督《キリスト》信徒」であつた。「物に厭《あ》きツぽくて、面白くない事にはまるで努力出来ぬ」性格で、「聖書の研究でもさつぱり勉強しなかつた」といふ。

気に入つたのは、祈りでも聖書の話でも、内村鑑三には思はせぶりな抑揚《よくよう》や、人を煽動《せんどう》するやうなセンチメンタルなところが全く無く、力のこもつた強い調子のものだつたこと、従来二、三の教会で聞いた牧師の説教とまるきりちがつてゐて、胸のすく思ひがした。どんな話だつたか内容は覚えてゐないのに、のつけから、初めて本当の教へを聞くことを得たとの感銘を受ける。

「のみならず、私は何よりも彼《か》によりも、浅黒い、総《すべ》て先生の造作《ぞうさく》の大きい、何となく恐ろしいやうで親しみ易い其顔が好きだつたのである。(中略)ベートウヴェンが欧羅巴《ヨーロッパ》第一の好男子であると云ふやうな意味で、先生は日本第一のいい顔をした人だと私は独り決め込んでゐた」

かういふ型破りな弟子でありながら、七年の間には「結局自分は伝道者になるやうな事になりさうだ」と考へてゐた時期があるし、「正しきものを憧れ、不正虚偽を憎む気持を先生によつて引き出された」のをありがたく思ひ、鑑三から多くのよき影響を受けたことは充分認めてゐた。にもかかはらず、文学の方で一人歩きの道が開きかけて来た二十五歳の時、鑑三に断つて鑑三のもとを去る。それ以後、キリスト教に近づくことは生涯二度と無かつた。小説『濁つた頭』の主人公に、「宗教といふ木は私に挿し芽にされてゐて何年といふ時を経つたけれども遂に根を下してはゐなかつたのかも知れません」と言はせてゐる。

しかし、若き日の志賀直哉には、鑑三のもとを去つたあとも、女性問題、父親との不和、創作上の産みの苦しみ、親しい友人たちとの葛藤軋轢《かつとうあつれき》等々、何かにすがつて心の平安を求めたくなるやうな煩悶焦慮《はんもんしょうりょ》の種がいくらでもあつた。「白樺《しらかば》」創刊後間も無く、麻布の父の家を出て、尾道《おのみち》や松江で独り暮しを始めるのだが、その頃から直哉の眼が、以前はあまり顧ることの無かつた東洋風の事物に向いて来る。東京と往復の途中、必ず奈良や京都の寺々、博物館に立ち寄つて、東洋の古美術と親しむやうになつた。「総ての事が自分に苦しく、煩はしく、気は焦りながら心衰へ」、自然の欲求として動よりも静を希《ねが》ひ始めた三十歳の新鋭作家の心は、それによつて不思議な安らぎと喜びを与へられる。

少年時代以来好きだつた西欧美術の背後に、濃くキリスト教の影が射してゐるのと同様、東洋の古美術には仏教思想の影響が顕著で、美術品自体が屡々《しばしば》、仏像仏画のやうに信仰の対象であつた。その為直哉が一歩進めて受戒参禅の道へ入つて行くとか、二尊院の「法然上人《ほうねんしょうにん》足曳《あしひき》の像」を見て心打たれ、浄土宗に帰依するとか、そんなことは無かつたけれど、やがて作品の中に、釈尊の教へや名僧の言行を好もしく思つてゐる気配がうかがへるやうになる。

例へば長篇『暗夜行路』の主人公、気質的に作者の分身と見られる時任謙作《ときとうけんさく》は、兄の信行から「倶胝一指頭《ぐていいっしとう》の禅」とか「南泉猫児《なんせんびょうじ》を斬る話」とか、禅の法話を聞くのが好きで、「何々、こつ然大悟《たいご》す」といふところへ来ると、泣きさうになる。「徳山托鉢《とくさんたくはつ》」の話ではほんたうに泣き出してしまふ。それでゐて、鎌倉の寺へ来ないかとの兄のすすめには従はない。謙作と同じく、直哉も、仏教に心惹かれながら無宗教無信心で通す意志はずつと変へなかつた。

さういふ志賀直哉を、後年谷川徹三《たにがわてつぞう》が、アインシュタインの言葉を引いて「レリージャス・アンビリーバー」と評した。話がいきなり五十年先へ飛んでしまふけれど、「白樺」同人皆老年にさしかかる頃、「白樺」の仲間の内、誰が一番宗教的かと柳宗悦《やなぎむねよし》に質問した人がある。円覚寺の古川堯道《ふるかわぎょうどう》老師について禅を学んだ辻雙明居士《つじそうめいこじ》で、辻の質問に「そりや志賀だ」、柳が言下に答へた。これぞ「レリージャス・アンビリーバー」の本質を突く指摘と谷川徹三は感じ取つたらしく、座談会の席上辻から聞いた此の話を紹介し、直哉に語りかけ問ひかけてゐる。

「非常に面白いと思ひましたね。柳さんがさう言ふんですからね。普通だつたら武者小路さんとかなんとか言ひさうでせう。ところが柳さんは即座に志賀だと言つた。これは志賀さんの本質の問題で、あれやこれやの小さな言葉の問題ぢやないんですけれど」

それに対し、直哉先生が次のやうに答へてゐる。

「僕は宗教の本も読まないし、さういふ勉強はした事はないが、心にさういふ要求は若い時から持つてはゐたかも知れない。それが年をとつて自然に段々強くなつた。しかもそれはキリスト教でいふ神を信ずるやうになつたとか、仏教の仏様を信仰するといふのではなく、簡単な事でいへば小さな虫なんか殺すのが大変いやになつて来たのです。昔はさういふ事は平気でやつた方ですが、六、七年前から妙にいやになつた。（中略）僕は無神論者だから宗教的といふのは変なのですが、それでも一種宗教的といつてもいいやうな気分は段々前よりも強くなつて来たと自分でも思ひます」

身近にゐて私どもが直接見聞きしたのは、居間に冬の蝿が一匹まぎれこんでゐて、外へ出られず、陽のあたるガラス戸に何度もぶつかつて飛び廻つてゐるのを、先生がつと立つて行つてガラス戸をあけ、大きな掌《てのひら》で蝿を囲ふやうにして追ひ出してしまふ光景とか、手洗ひから戻つて来て、「水洗便器の水に虫が落ちてゐるのを、そのまま流しちまふのは何だかいやだね」と言ふのを梅原龍三郎《うめはらりゆうざぶろう》が聞いて、「志賀もずゐぶん仏さまになつたもんだ」と揶揄《やゆ》する場面とかである。正面切つて信仰を語るといふやうな雰囲気とはちがつてゐた。

五十年前の、直哉の青年期に話を戻さう。尾道で自炊生活を始めてから三年目の大正三年、直哉は武者小路実篤《さねあつ》の従妹《いとこ》にあたる勘解由小路《かでのこうじ》康子《さだこ》と結婚する。此の結婚式が又、神主も牧師も呼ばず、仲人も立てず、ごく簡素な式だつたが、康子（戸籍上は康一字）は旧姓から察せられるやうに京都の古い公家の娘で、その時代その境遇の女性らしい御信心を持つてゐた。それが神社仏閣へ詣《まい》つて、賽銭箱に賽銭入れて何かを念じ拝む程度なら、直哉は見て見ぬふりしてゐたが、霊のお告げとか物の祟《たた》り、方位の吉凶、家相のよしあし、迷信めいたことになると、一切許さなかつた。

京都で新婚家庭を持つた夫婦は、多少神経衰弱気味の康子の健康恢復の為、翌大正四年、上州《じようしゆう》赤城《あかぎ》山《さん》の大洞《だいどう》に丸太小屋を建てて一《ひ》と夏を此処《ここ》で暮らす。鳥や虫や野ねずみや、山の自然に囲まれて、名作『焚火』に描かれてゐる通りの静かな日常だつたが、ある日直哉は独り鳥居峠《とりいとうげ》の頂きまで散策に出て、何体かの石仏を見つける。石垣の上へ腰かけて景色を眺めてゐたら、すぐ下の、足の届くところに石地蔵のやうな物が向ふ向いて並んでゐるのに気づいた。

仕事のことか何かでその日気の昂《たか》ぶつてゐた直哉は、石仏の幾つかを足で蹴倒し、夏蜜柑大の石をそれに打ちつけて、大洞の小屋へ帰つて来た。「石の地蔵さんを蹴倒してやつた」と聞かされ、康子はその場では何も言はなかつたらしいが、夫がさういふ、謂《い》はば罰あたりなことをしたのを、あとあと大変苦に病んでゐたやうである。

秋の初め、赤城山を下りて千葉県我孫子《あびこ》に居を定めた夫婦は、それからの四年間、思ひがけぬ悲運に見舞はれる。先づ大正五年、長女慧子《さとこ》が生後二ケ月足らずで腸捻転《ちようねんてん》の為急逝し、次、大正八年、長男直康《なおやす》がやはり生後三十七日目に丹毒で亡くなる。康子夫人の頭には当然、「祟り」といふ恐ろしい言葉が浮かんだにちがひないが、夫の迷信嫌ひを知つてゐて言ひ出せなかつた。二年後の冬、直哉が坐骨神経痛を患つて寝込み苦しんでゐる時、やうやく自分の思ひを口にする。「赤城の六合《くに》さんに頼んで鳥居峠の石地蔵を起して供養して貰ひませうよ」と。六合さんは後年スキーの英才教育で名高くなる猪谷六合雄《いがやくにお》、志賀夫婦の住む小屋を建ててくれた赤城大洞猪谷旅館の息子。「絶対それをやつちやいかん」と、直哉は反対した。痛みのひどい箇所が石仏を蹴倒した石の足首から腰にかけてだから、子供二人の死と併せてこれを祟りと考へれば、辻褄《つじつま》は合ひ過ぎるくらゐ合つてゐる。自分の坐骨神経痛は遅かれ早かれ直るのに、もしそんなことをすれば、直つた時康子が、供養したおかげで直つたと思ふにちがひない。あとはずるずるべつたり、さういふ物が家の中へ入り込んで来る。此の種のことで曖昧な気持を持つのは逆に不仕合せを背負ひこむもと、拒否の姿勢をよほどはつきりさせて置かなくてはいけないといふ考へ方であつた。

霊魂の不滅も信じなかつた。「霊魂不滅といふ事は生きてゐる人間の死に対する本能的な恐怖から出た希望がさういふ形をとつたに過ぎないと思ふ」との述懐が、随筆『身辺記』の中に見出せる。「霊魂とは何かといへば、人間の生命のフィジカルでないもう一つのものだ。これは人間に限つたものでなく、あらゆる動物にもあり、少くは植物にもあるかも知れない」、それが何千万年前からすべて不滅で残つてゐて、今後も永久に残りつづけ、無数に存在するとしたら、「煩しさに堪へられない」し、「ガラクタの霊魂がさう無闇と溜つて行く事は何の意味もなさぬ」、残るのはかつて此の世に出た立派な精神であつて、「立派なもの程永く残ると思つてゐる。仏陀《ぶつだ》の精神の如きは恐らく不滅といつていいかも知れない」云々《うんぬん》。

ただ、此処で一つ書き添へておかねばならぬのは、こんにち超常現象といふ言葉で呼ばれてゐるものを、直哉が必ずしも否定しなかつたことであらう。

戦後、電話の未だ不自由だつた頃、「これからお伺ひします」と前以《もつ》ての連絡を取らずに、熱海《あたみ》の志賀山荘を私が訪ねた。先生在宅かどうかより、断り無しに来られちや困ると叱られるかも知れない、その方を心配しながら山道を登つて行つたら、「ああ、けふ君が来ると思つた」、先生はむしろ待つてゐた様子で迎へ入れてくれた。「いつ、何故《なぜ》さうお思ひになつたのですか」と聞くと、一時間ほど前、ちやうど私が列車の中で、暫く会はない先生のことを考へてゐた時刻、

「僕は時々かういふことがある。町を歩いてゐて、此の道をもう少し行けば誰に会ふナと、その人のことが頭に浮かぶ。さうすると必ず会ふネ。けふも、何故か知らないが、君が来ると思つてゐた。そろそろ来る頃だといふ風に考へてあれするんぢやない、はつきり、来ると思ふんだ」

人間には、迷信の「お告げ」とは別のさういふ予知能力があり、自分は原始人かある種の野生動物に似てそれの強い方だと言ひたげであつた。

人と人、人と動物との関係で、これ以外にもこれと似た不思議な偶然を、直哉は生涯何回も経験してをり、晩年、仏語の「盲亀浮木《もうきふぼく》」を題にした小品の中で「一体それはなんだらう」と書いてゐる。


ところで、「不滅なのはかつて此の世にあらはれた立派な精神」と言ふその精神を、志賀家の家系の上に求めるとすれば、直哉が道義的な面で直接大きな影響を受けた父方の祖父志賀直道《なおみち》の人柄に行きあたることとならう。祖父は戊辰《ぼしん》の役《えき》にも出陣した相馬中村藩《そうまなかむらはん》の重職

で、ありきたりの表現だが、古武士のやうな風格を備へてゐた。直哉は事情あつて、此の祖父と、祖母留女《るめ》の手で育てられる。親子の情愛よりぢいさんばあさんと孫の間の情愛の方が、ずつと深かつた。直道は家督《かとく》を息子直温《なおはる》（直哉の父）に譲つてからも、明治三十九年八十歳で亡くなるまで、志賀家の中心人物で、家族全員の尊敬のまとであつた。

その人の神仏信仰、その人の代に志賀家で行はれてゐた宗教的儀式はどんなものだつたか。朝起きて身を清めると、祖父はまづ縁側に立ち、東へ向つて太陽を拝んだ。それから神棚と仏壇に拝礼する。毎日、朝食前にこれだけのことを必ずやつた。一方、祖母留女の居室には、天照皇大神《てんしょうこうだいじん》の掛軸が掛けてあつた。孫の直哉に何かめでたいことがあると、留女は神棚へお神酒《みき》を上げて此の軸に感謝した。これを以て見るに、日本古来の――、と言ふより、エジプトを始め世界各地の古代民族の持つてゐた太陽神崇拝の伝統が、明治二十年代三十年代の東京の士族の家庭で、未だきちんと守られてゐたらしい。

少年期の直哉がそれを見習つて、尊敬する祖父と一緒に朝の太陽を拝むとか、大好きな祖母と並んで天照皇大神の掛軸に手を合せるとか、さういふことはどうも一度も無かつたやうだが、逆に、祖父母の守る古い原始的な信仰と習俗とを批判否定した形跡も見あたらない。否定せぬまま、格別意識せぬまま、これは一種宗教的な情操の胚芽となつて、のちのちまで直哉の血の奥にひそみつづけるのではなからうか。

佐伯彰一《さえきしょういち》が評論集『神道のこころ』の中で、「志賀直哉の神道的感受性」に照明を当て、「西洋化したエゴチスト、徹底した個人主義者のドラマと受けとられがちだった志賀作品の底にひそむ民族的古層を見落すなかれ」といふ趣旨の一文を書いたことがある。その「古層」のやうなものが如実に姿をあらはすのは、祖父の死から三十一年後に完結した「暗夜行路」後篇の終りの部分、大山《だいせん》中腹の朝明けの場面であらう。主人公謙作は、山登りの途中身体の具合が悪くなり、連れに取り残されて独り、路ばたの萱《かや》の茂みの中へ坐《すわ》り込む。疲れ切つてゐるが、それが不思議な陶酔感となつて感ぜられ、あたりは全くの静寂で、「自分の精神も肉体も、今、此大きな自然の中に溶込んで行く」、「自分が一歩、永遠に通ずる路に踏出した」やうな気がし、「若し死ぬなら此儘死んでも少しも憾むところはない」と思ふ。それから間もなく、山頂に湧き上るやうな橙色の曙光《しょこう》が昇つて来る。あたりが急に明るくなり始め、謙作は下界の景色に、自分の今ゐる此の大山がくつきり影を映してゐることに気づく。朝の太陽が映し出すその影は、「停止することなく、恰度《ちょうど》地引網のやうに手繰られて来た。地を嘗めて過ぎる雲の影にも似てゐた。中国一の高山で、輪郭に張切つた強い線を持つ此山の影を、その儘、平地に眺められるのを稀有《けう》の事とし、それから謙作は或《あ》る感動を受けた」

無神論者志賀直哉の全作品中、おそらく最も明確に、宗教的諦観法悦《ていかんほうえつ》の境地を描出した文章で、それがあたかも太陽神の存在を肯定するかの如く、日の出の曙光の美しさと結びついてゐる。もつとも、だからと言つて、志賀家の宗旨が本来古神道だつたわけではなく、一族の葬儀が神式で行はれたことも無い。祖父直道は晩年、仏書、殊に禅学の書物の方に親しんでゐて、芝青松寺の和尚北野《きたの》玄峰《げんぽう》を招き、相馬家の人たちと共に法話を聞いたりしてゐる。その頃、直哉の生母銀はすでに亡くなり、父直温の後妻浩《こう》が志賀の家へ入つてゐた。直哉にとつて義母にあたる浩《こう》は、求道の志の篤《あつ》かつた人で、北野玄峰の話も聞きに行つたし、のち、内村鑑三門下の浅野猶三郎《なおさぶろう》に聖書の講義をして貰ふやうになり、バイブルも持つてゐたから、娘たち（直哉の腹ちがひの妹たち）はよく、「うちぢや神様と仏様とイエス様が同居していらつしやるのね」と言つて笑つたものださうである。

家の者皆の、日常生活上の道義的規範としては、その三つよりむしろ儒教の方が支配的であつた。祖父の寝室に、幕末の儒者が書いた司馬温公の、原文は漢文だが、

「金ヲ積ンデ以テ子孫ニ遺スモ子孫未ダ必ズシモ能ク守ラズ。書ヲ積ンデ以テ子孫ニ遺スモ子孫未ダ必ズシモ能ク読マズ。如《し》カズ、陰徳ヲ冥冥《メイメイ》ノウチニ積ンデ、以テ子孫長久ノ計《ハカ》リゴトト為《ナ》スニ」

と読み下せる軸が掛けてあつた。

祖父は無口な人で何も説明しなかつたけれど、直哉はこれを見る度、「積金」が父に対しての、「積書」が自分に対しての、暗黙の戒めだと思つたといふ。実業家として大を成した

父直温は志賀家の資産を増やすことにばかり汲々としてゐたし、自分は丸善からろくに読みもしない本を沢山取り寄せてゐた。

友人と月見に出たまま無断外泊、三日間家に帰らず、金が無くなつたから至急送金してほしいと申し送つて、珍しくも祖父に手紙で叱責されたことがある。その手紙にもやはり、「父母在《イ》マセバ遠ク遊バズ、遊ブコト必ズ方《ホウ》在リ」といふ論語の言葉が引用してあつた。


「志賀直哉と宗教」をテーマに此処まで書いて、山を越したつもりで読み返してみれば、話が家庭を持つてからのことになつたり、晩年へ飛んだり、少青年期へ戻つたり、かなりごたごたしてゐる。それを一度整理し直すと、既述の通り、内村鑑三のもとを去つたあと、直哉は生涯特定の宗教を持たなかつた。どちらかと言へば、宗教に無関心な六十年の作家生活であつた。「レリージャス・アンビリーバー」とか『白樺』同人中最も宗教的なのは志賀だ」とか「志賀直哉の神道的感受性」とか、いづれも外部からの評価で、自ら進んで宗教について書いたり語つたりしたものは非常に数が少い。少い中の一つが「天理教機関雑誌への返事」である。

奈良に住んでゐた五十代の頃、天理教壇発行「みちのとも」の要請に応じて直哉はこれを寄稿した。旅先の旅館で天理教の教師をしてゐる人と会ひ、話を聞いて、あまりいい印象を受けなかつたらしいことが、最初に記されてゐる。「その教師の話は徹頭徹尾、教を信じた為めに病気がなほつたといふ実例をならべただけで、教そのもののありがたさは少しも分らなかつた」と言ひ、「肉体の苦痛に霊験があるといふ事に力点を置いて伝道することは、其の教が如何《いか》にも低級なものであるやうな印象を与へる」と言ひ、後半は次のやうな四百字ほどの言葉でしめくくつてある。

「宗教の本当のありがたさは吾々《われわれ》が假令《たとえ》如何なる不幸に出会つても、そしてそのまま死ぬとしても、尚、心の平和を失ふ事なく、安心してゐられるといふ点にあるべきだと思ふ。殉教者が肉体的には非常な苦痛を受けつつ、精神的には最後まで毅然として、それに克服されることなく立つてゐる。かういふ力を与へてくれるものだけが本統の宗教であると私は考へる。（中略）天理教の教理に就いて少しも知らない点で批判らしいことは私には出来ないが、病気を癒すといふ点を重く見て、それで教を弘《ひろ》めるといふ一事は便利であるかも知れないが教としては甚《はなは》だ危険であると思ふ。人間の弱点を窺《うかが》ふ事は同時にその宗教自身の弱点になるやうに思はれる」

長崎の二十六聖人を連想してゐるかのやうな書き方だが、殉教者たちの深い信仰も、それが狂信の様相を帯びて来ると、直哉は嫌つた。

「自分が信じてゐる事を絶対だと思ふ事」がどれだけ他《ひと》に迷惑をかけたか、「宗教でも、自分が凝《こ》ると、他《ほか》を信じてゐる者は、皆《みんな》異端者だと云ふ事になる。さういふ狂信は、人間を不幸にする。共産主義はその最もいい例だ」

といふ談話が残つてゐる。

「形のある神を自分は信じない。そんなものはあり得ない。それは神といふ言葉の意味にも依《よ》るけれども、僕はまあ無神論者だ。無神論といふ事が、所謂《いわゆる》神の言葉として伝へられてゐる道徳を否定するといふ意味ならば、必ずしもさうではないのだけれども」

無神論で合理主義、少し極端なくらゐの迷信嫌ひだつたから、人が普通、縁起が悪いといやがるやうなことを、平気で言つたりしたりした。熱海住まひの頃、康子夫人のと自分のと、骨壺を大小二つ、浜田庄司《はまだしようじ》に焼いてもらひ、平素砂糖壺にして、食卓の上へ出して使つてゐた。

パストゥール研究所の所長をつとめたメチニコフは、初代所長パストゥールとちがひ、フランス人でないので、死後パンテオンには葬られない。「先生の遺骨はどうしませう」弟子に訊《たず》ねられて、メチニコフが「その辺の本の上に載せて置いてくれ」と答へたので、その骨壺は今も図書室の棚の本の上に置いてあるといふ、此のエピソードなども、大変お気に入りであつた。

自分自身の葬儀に関しては、初めの方で書いた通り、「やるなら簡単に、むろん無宗教さ」

と遺言のやうな言葉を残してゐるのだが、最晩年になると、それすらやめにしたい意向を見せた。五十五年来の友人梅原龍三郎が、

「葬式といふのは人に迷惑かけるだけの実につまらん儀式で、僕ァ死んだら新聞に、梅原良三郎《りょう》儀先般亡くなりました、御弔問御供花一切御無用《ごちょうもんごきょうかいっせつ》と出して、それでおしまひにしようと思つてゐる」

と言ふのを聞いて、

「そいつァいい、君がやつたら僕も是非やらう」

妙な賛成の仕方をし、梅原画伯を苦笑させたこともある。

直哉の葬儀は、遺族と我々門下の者と、相談の末、結局青山で営んだこと、これ亦前述の通りだが、此の式に、出られないはずだつた八十六歳の武者小路実篤が、孫娘につき添はれて突然あらはれ、原稿無しで、長い告別の辞を述べた。

直哉は、自分が大きな影響を受けた人として、以前から師内村鑑三、祖父志賀直道、友武者小路実篤の三人を挙げてゐた。お互ひ「白樺」を代表する作家で、若き日、信条の相違から喧嘩《けんか》し合つたこともあるその友の、天衣無縫の別れの言葉は、列席の川端康成《かわばたやすなり》に深い感銘を与へたらしい。翌月「新潮」掲載の追悼文中に、

「まことに立派で、宗教の境に到るやうでもあつて、『無宗教の宗教』の講話とも聞けた」

と、嘆賞の言葉を書いてゐる。

一方、死の二年前、直哉が最後に発表した文章、志賀直哉の絶筆とされてゐるものに、「ナイルの水の一滴」がある。これが、武者小路実篤の告別の辞と、あたかも相呼応するかの如く、「無宗教の宗教随想」の趣を呈してゐるのは、不思議な暗合といふべきであらう。

「人間が出来て何千万年になるか知らないが、その間に数えきれない人間が生れ、生き、死んで行った。私もその一人として生れ、今生きているのだが、例えて云えば悠々《ゆうゆう》流れるナイルの水の一滴のようなもので、その一滴は後にも前にもこの私だけで、何万年遡っても私はいず、何万年経っても再び生れては来ないのだ。しかも尚その私は依然として大河の水の一滴に過ぎない。それで差支《さしつか》えないのだ」

右がその全文だが、聖アウグスティヌスの語録に、これとよく似た言葉があるさうで、そのことを私に教へてくれたのが、実は「日本のこころ」刊行会代表筆頭の鈴木治雄氏である。鈴木氏に見せてもらつたアウグスティヌス語録の日本語訳は次の通り。

「奔流が雨水を集め、あふれ、怒号し、流れ、流れることによって下流に導かれ、その過程を終わるがごとく、滅びゆく者の道筋はすべてそのようである。人は生まれ、生き、そして死ぬ。一人の人が死ぬかと思えば他の人が生まれ、あちらが死に、また他の者が生まれる。次々に生まれ、次々に去ってとどまることが無い」

志賀先生はこれを読んでゐたらうか。全集を繰つてみると、昭和八年の随筆「手帖から」の中に、「あの烈しいオオガスチン」といふ言ひ方で、一度だけ名前が出て来る。だから、聖アウグスティヌスのことを知つてはゐた。ただし、「あの烈しいオオガスチン云々」は、アナトール・フランス作「エピキュラスの園」の一節の引用として出て来るのである。先生の読書傾向から考へて、その語録までは、恐らく読んでゐなかつた。もし、昔読んだ聖アウグスティヌスの言葉に触発されて「ナイルの水の一滴」を書いたのなら、潔癖症の先生が一と言もそれに触れぬといふことはあり得ないと思ふ。

とすれば、初期キリスト教会の教父と無神論者の現代日本人作家とが、人間の生と死に関し、約千五百年の歳月をへだてて偶然同じ感想を述べてゐるわけで、読者の「志賀直哉と宗教」考察の手がかりに、そのことを記し残して此の稿の結びとしたい。

芥川龍之介

東方の人

齋藤愼爾

さいとう・しんじ　1939年京城に生まれる。山形大学国文科中退。63年深夜叢書社設立。出版業のかたわら評論、随筆、小説などを執筆。俳人としても知られ、句集『夏への扉』『秋庭歌』『冬の智慧』『春の羇旅』『齋藤愼爾全句集』がある。

芥川龍之介

あくたがわ・りゅうのすけ（1892—1927）

小説家。大正期の市民文学を代表。東京生まれ。東京帝国大学卒業。別号澄江堂主人。第三次・第四次『新思潮』同人。夏目漱石に師事。35歳で自殺。作品は『羅生門』『鼻』『地獄変』『玄鶴山房』『河童』『歯車』など。

〝青春の文学者〟

芥川龍之介は『澄江堂雑記《ちょうこうどう》』のなかで「後世」と題して掌編を綴っている。

「時々私は廿年の後《のち》、或は五十年の後、或は更に百年の後、私の存在さへ知らない時代が来ると云ふ事を想像する。その時私の作品集は、堆《うずだか》い埃《ほこり》に埋もれて、神田あたりの古本屋の棚の隅に、空《むな》しく読者を待つてゐる事であらう。いや、事によつたらどこかの図書館に、たつた一冊残つた儘、無残な紙魚《しみ》の餌となつて、文字《もじ》さへ読めないやうに破れ果てゝゐるかも知れない。しかし——

私はしかしと思ふ。

しかし誰かゞ偶然私の作品集を見つけ出して、その中の短い一篇を、或は其一篇の中の何行かを読むと云ふ事がないであらうか。更に虫の好い望みを云へば、その一篇なり何行かなりが、私の知らない未来の読者に、多少にもせよ美しい夢を見せるといふ事がないであらうか」

「後世」が執筆された大正八（一九一九）年は、芥川が結婚した翌年にあたり、嘱託教官をしていた海軍機関学校を辞し、田端の自宅へ帰って旺盛な作家活動を始めた年である。『地獄変』『奉教人《ほうきようにん》の死』『蜘蛛《くも》の糸』など彫心鏤骨《ちょうしんるこつ》の名作を矢つぎ早に発表、新進作家の花形として、文学史に不抜の位置を占めようとしていた、最も多幸な時期である。我鬼窟《がきくつ》と名づけ(のち澄江堂と称す)られた自宅には、小島政二郎《こじませいじろう》、瀧井孝作《たきいこうさく》など、彼を尊敬する若い文学者たち、友人の室生犀星《むろうさいせい》や堀辰雄《ほりたつお》らが頻繁に訪れ、さながら漱石山房の木曜会の観を呈したといわれている。多くの崇拝者にかこまれ、芥川は「空には丁度彼の真上に星が一つ輝いてゐた」(『或阿呆《あるあほう》の一生』)との思いを味わっていたかもしれない。「後世」のモノローグには謙譲と含羞とが混交しているとはいえ、青年らしい客気《かっき》、自負が押し出されているのも事実である。

とはいっても芥川は自分の作品が後世、二十年、五十年の後どころか没後七十二年になる今日、尊敬していた師漱石、鷗外とともに、わが国のみならずアメリカ、ドイツ、ロシアといった欧米諸国ばかりか、中国、韓国などアジアの国々で愛読され、カフカと並ぶ生の不条理の追求者として高い評価を得ているということまでは予期することはできなかったかもしれない。漱石によって『鼻』が激賞され、第一作品集『羅生門《らしょうもん》』で文壇に颯爽《さっそう》とデビュー、ついで『戯作三昧《げさくざんまい》』『地獄変』を発表して、作家としての地位を確立するなど順風に帆の出航ではあったが、当初から芥川ほど毀誉褒貶《きよほうへん》の批評をあびせられた作家もいなかったのである。

萩原朔太郎《はぎわらさくたろう》の「芥川龍之介の小断想」という文は、その辺の事情を簡にして要を得てスケッチしている。同時代人の眼の所在を窺《うかが》うことにもなるので少し引いてみよう。

「或る人は彼の文学を典型的の近代小説と評し、他の人はそれを一種のエツセイにすぎないといふ。一方では彼を詩人と称し、彼の作品を散文詩だといふ人があるに対して、一方では反対に、詩的情操なんか少しもなく、素質的に詩を持たなかつた文学者だといふ人もある。或る人は彼を天才と呼び、或る人は単なる秀才に過ぎないといふ。前者は彼を聡明な知性人で、すぐれた頭脳を持つた思想家だといふに対し、後者は単なるペダンチストで、思想なんか少しもなく、生意気な中学生といふ程度の、幼稚な頭脳者に過ぎないといふ。さらに或る人々は、彼の作品を主観の熱烈な告白であり、真のヒユーマン・ドキユメントであると評し、他の人々は反対に、全然自我の生活を書かないヂレツタントで、人生の皮肉的傍観者に過ぎないと誹謗する」

さらにまた或る人々は……と多くの矛盾した毀誉褒貶の批評は続くのだが、朔太郎の結論は「明治大正時代の作家の中で、最も多くの『問題を持つた作家』は、おそらく芥川龍之介であるだらう」に尽きる。芥川が後世における自分の評価に気弱になるのもむべなるかなというべきか。

さて辰年、辰月、辰日、辰刻《たつのこく》に生まれ（明治二十五年三月一日）たため龍之介と名づけられた芥川が睡眠薬自殺を遂げて、二〇〇〇年七月二十日で七十三年になる。芥川の人気は依然として衰えてはいない。その作品は教材の定番である。

教科書への登場は戦前の中等学校国語教科書から始まっている。国立教育研究所附属教育図書館・財団法人教科書研究センター共著による『中学校国語教科書内容索引――昭和二四―六一年度』（上下二巻、一九八六年）にあたった山住正己《やまずみまさみ》氏によれば、検定教科書制度発足の一九四九年から四十年近い間に刊行、使用された中学校国語教科書（二十七社、六百十冊。四冊が所在不明）のうち、芥川作品を採録した十五社が『トロッコ』、十二社が『杜子春』、六社が『蜘蛛の糸』を共通教材としている（『トロッコ』より多いのは魯迅の『故郷』と漱石の『坊っちゃん』『吾輩は猫である』）。ほかに『白』『戯作三昧』が五社、『鼻』『舞踏会』『蜜柑《みかん》』『三つの宝』が二社か一社。高校教科書では、『羅生門』（あるいは『藪の中』）がもっとも多く、ついで漱石の『こゝろ』、中島敦の『山月記』となっている（「国語教科書における芥川作品」『図書』一九九五年十月号）。

大部分の日本人にとって、芥川は最初に出会う作家であり、芥川を読むことは通過儀礼ともなっているのではあるまいか。

しかしこのことは芥川にとって必ずしもプラスとして作用しているとはいえないかもしれない。教科書というものは学校を卒業すると同時に投擲《とうてき》され、以後、顧《かえり》みられることのないものである。中学・高校を卒業すると、芥川その人をも「卒業してしまった」気になってしまう。受験までの猶予期間つきの中学生・高校生が高価な全集を揃えて全作品に惑溺《わくでき》するということもまず考えられない。「文学青年」でも、漱石・鷗外を持ち出すならまだしも、中学時代に「卒業した」芥川では青臭さを表明するようでためらわれる……、そんな心理的抑制が働く。

これは「文学青年」の側に問題があることはいうまでもないが、ある意味では芥川という作家の本質、その一端を照射しているという見方もできるかもしれない。それは一言でいえば、芥川は〝青春の文学者〟だということである。

「人生は一行のボオドレエルにも若《し》かない」

私が芥川作品と出会ったのは、御多分にもれず中学の教科書で、『杜子春』であった。教科書で漱石（『坊っちゃん』）や鷗外（『寒山拾得』）も知ったが、教材となった作品だけでいえば傾斜の度は芥川が圧倒的であった。高校に進んでからも『羅生門』『地獄変』『侏儒《しゆじゆ》の言葉』『戯作三昧』などを図書館から借り出して読むなど、芥川熱はさめなかった。芥川の『侏儒の言葉』のなかのアフォリズムの幾つかは諳《そら》んずることができた。知識欲の旺盛な少年にはそれは知的な言語ゲームであった。短い字数で彫琢《ちょうたく》された叡智《えいち》、真理、ウィットは拳々服膺《けんけんふくよう》するには最適の清涼剤だったのである。

芥川という人物が作品にもまして魅力的であった。担任の教師から、芥川が一高を二番の学業成績で卒業し、東京帝大英文科も同じく二番で卒業したと聞かされた時は教室中に驚歎の声があがった。進学を目ざす受験子にとって一高、東大は憧れの塔であったから。だから教師がさらに話を継ぎ、その階梯《かいてい》を登りつめたエリートの芥川が三十五歳で自殺したことを告げたときの私たちの動転。

芥川のことを自分のことのように考えるようになったのは、後述するが六〇年安保闘争に遭遇した学生になってからだが、中学・高校時代は「芥川なるもの」の気圏《きけん》に安息していたことは間違いない。芥川に関するさまざまな意匠、たとえば芸術至上主義、天才、機智、諷《ふう》刺《し》、諧謔《かいぎゃく》、皮肉からペシミズム、頽廃《たいはい》、倦怠、虚無まで、非凡なるヒーローの勲章に思え、その一種捕捉しがたい悽愴《せいそう》の鬼気を感じさせるポートレイトとともに鑽仰《さんぎょう》したのである。

「青春はやりきれないことの重なる地獄の季節だ」とはある詩人の言葉だが、青春前期を生きるモラトリアム人間は、ある意味ではみな芥川のような生の構図を描くものではないか。自我というものを見出しえずに焦躁し、魂の動揺と彷徨《ほうこう》を強いられる辛い覚醒の刻。芥川が自殺の動機と記した「ぼんやりした不安」は、この期の少年たちに共通のものとして存在した。芥川の呟《つぶや》く「人生は一行のボオドレエルにも若かない」という幻想をまるごと生きているのが、ほかならぬ青春というものではないか。

「それは或本屋の二階だつた。二十歳の彼は書棚にかけた西洋風の梯子に登り、新らしい本を探してゐた。モオパスサン、ボオドレエル、ストリントベリイ、イブセン、シヨウ、トルストイ、……。

そのうちに日の暮は迫り出した（略）彼はとうとう根気も尽き、西洋風の梯子を下りようとした。すると傘のない電燈が一つ、丁度彼の額の上に突然ぽかりと火をともした。彼は梯子の上に佇んだまま、本の間に動いてゐる店員や客を見下した。彼等は妙に小さかつた。のみならず如何にも見すぼらしかつた。

『人生は一行のボオドレエルにも若《し》かない。』

彼は暫く梯子の上からかう云ふ彼等を見渡してゐた。……」（『或阿呆の一生』）

「人生は一行のボオドレエルにも若かない」というエピグラムが呟かれる前景に、「妙に小さく見すぼらしい本屋の店員や客」が点綴《てんてい》されていることに留意したい。芥川という一個の作家の境涯と時代の精神風景とを考えるとき、このシークエンスはまことに象徴的である。いうまでもなく「見すぼらしい本屋の店員や客」はこの社会の生活者をさす。それを「西洋風の梯子」（知識）の高見から「見下し」ている芥川。「彼は人生を知る為に街頭の行人を眺めなかつた。寧ろ行人を眺める為に本の中の人生を知らうとした」（『大導寺《だいどうじ》信輔《しんすけ》の半生』）とともに、芥川の位相は定まっているのである。

芥川作品に教科書で出会ったとき、私が芥川より夢中になっていたのは雑誌「少年倶楽部」であり、同誌に連載の後、単行本になった種々の少年熱血冒険小説である。吉川英治《よしかわえいじ》『神州天馬俠』、大佛次郎《おさらぎじろう》『角兵衛獅子』、佐々木邦《ささきくに》『苦心の学友』、高垣眸《たかがきひとみ》『豹の眼』、『快傑黒頭巾』、なかでも『あゝ玉杯に花うけて』をはじめとする佐藤紅緑《さとうこうろく》には、自分と等身大の主人公が活躍する物語だけに寝食を忘れるほど耽読したのであった。紅緑の単行本は半世紀を経た今もすらすらと口をついて出る。『一直線』『紅顔美談』『少年讃歌』『夾竹桃《きょうちくとう》の花咲けば』などは、いまでも実家の押入れの中にあるはずだ。

一作といえば、やはり『あゝ玉杯に花うけて』であろう。向学心に燃える貧しい少年、粗暴だが純粋な心をもつ少年、友情、正義、努力、立身出世、艱難《かんなん》汝を玉にするといったテーマが集中している。主人公が一高・東大を経て官吏になる——これが当時の殆んどの少年たちの夢だったのである。タイトルとなった「あゝ玉杯に花うけて」は、一高の寮歌の一部からとられている。

芥川は明治四十四（一九一一）年に一高の寄宿寮（中寮三番）に入り、一年間の寮生活を送っている。「彼の好きな、一高の寮歌が二つ三つあった。彼はよく昂然としてそれを歌った」と恒藤恭《つねとうきょう》が回想している。芥川が歌ったのは「あゝ玉杯に」であったか。一高寮歌は「アムール川の流血や」「春爛漫の花の色」「緑もぞ濃き柏葉の」などがあり、私には剛健な漢語脈と和語脈の調和した「春爛漫の」が芥川好みのようにも思われるが、明治より大正期へかけて単に一高の寮歌の枠をこえて、若い青年の間に大流行し国民歌にもなった「あゝ玉杯に」を引くことが、ある時代の精神風景を感得するよすがにもなると考える。正しい表記は「嗚呼玉杯に花うけて」で、明治三十五年二月の一高第十二回記念祭に東寮寮歌として発表された。作詞者の矢野勘治《かんじ》、作曲の楠正一ともに一高生で、矢野は正岡子規系の歌人として寮内に名がきこえていたという。

「嗚呼玉杯に花うけて／緑酒に月の影やどし／治安の夢に耽《ふけ》りたる／栄華の巷《ちまた》低く見て／向が岡にそそり立つ／五寮の健児意気高し」

エリートたる学生たちは、玉杯に花をうけて、緑酒に月を浮かべ生を蕩尽《とうじん》する庶民を卑小な俗物として一蹴し、そういう俗世間から隔絶した「向が岡」から「低く見て」自らの孤高を誇ったのである。だがそうした学生もやがて社会＝栄華の巷に巣立って行くことにより、一介の生活者となる自分を自覚していくことになるのだが、芥川は終生、「ボオドレエルの一行」的なものをめざし、その信条に殉じたのであった。

学生・知識人というものは、「知識」（幻想・観念）に生きるということで、いつの時代でもそうした生き方しかできないのではないかとの反論があるかもしれない。たしかに芥川の生きた時代の知識人、文学者だけが特殊であったわけではない。渡辺京二氏は「近代の日本は、その百年の歴史のうちに、様ざまな蕩児《とうじ》の帰郷の光景を織りなして来たのではなかったか」と『蕩児の帰郷』の冒頭を書き出している。熊本県北部の小地方から上京した若い友人に触れて、「知識に向けて上昇しようとする近代日本人は、あまさずこの〝蕩児〟だったのではあるまいか。彼らは、故郷に老いて行く親たちの辛苦によって、親たちの見知らぬ〈近代〉へ旅立つ自分を鋭く自覚していた。柳田国男が云っている。明治の青年はなぜ、紅燈の巷に遊ぶ誘惑を斥《さ》けて勉強したか。故郷の家で糸車を廻しながら学資を送り続けてくれる年老いた母の姿が、追おうとしてもまぶたから去らなかったからだと」

近代の揺籃《ようらん》期にあって「知識に向けて上昇」「立身出世主義」「故郷に錦を飾る」というスローガンは、西欧列強と覇を競うべく近代化を急ピッチで進める国策とも合致していた。東京府立第三中学校の五年間を通して芥川の級を担当した英語の教師、広瀬雄《ゆう》は入学当初、一年生全員に入学の第一印象を書かせたところ、その中に毛筆の心憎いほどの文章があった。文章の最後を「『男児立志出郷関、学若不成死不還』を口ずさんで校門を出た」と結んだその筆者はとみると「芥川龍之介」であったと、回想している（「芥川龍之介君の思出」）。

私は高度経済成長が始まる時代に地方から上京し、学生生活を送ったが、芥川が口ずさんだ漢詩を自身、座右の銘にしていた。

「男児志を立てて郷関を出ず／学若《も》し成らずんば死すとも還らず／骨を埋むる豈《あに》墳墓の地のみならんや／人間到る処青山あり」

芥川は江東小学校・府立三中・一高・東大と順調に進学し、その間つねに秀才として突出していた。その彼が「学若不成死不還」と口ずさんだとはそぞろ微笑を誘われるが、その生涯を「知識」という「人工の翼」で鎧《よろ》い、イカロスのごとく一挙に飛翔しようとしたその志の発心を早くもそこに認めるとなれば複雑な感慨をなしとしない。

知識人は如何に生きる（死す）べきか

昭和二（一九二七）年七月二十四日の曙、芥川は田端の自宅でヴェロナールおよびジャールの致死量をあおいで自殺する。三十五年と四ヵ月余の短い生涯であった。『歯車』『或阿呆の一生』『西方の人』などの遺稿が残されていた。自殺の動機を『或旧友へ送る手記』は「何か僕の将来に対する唯ぼんやりした不安」であると録している。新聞各紙は破格の扱いでその死を報じた。いわば一世の哀悼をかったのである。膨大な数にのぼる文献から、最も根柢的な衝撃の痕跡をとどめるものとして、私は井上良雄《よしお》『芥川龍之介と志賀直哉』を躊《ちゅう》躇《ちよ》なく挙げる。井上は芥川が自殺してから五年たって、その衝撃を反芻《はんすう》してみせたのであった。

「五年前、芥川龍之介氏の死が報ぜられた時の激しい衝動を、今日も尚われわれは忘れない。その衝動の激しさは、決して芥川氏の死がわれわれにとつて予想外であつたが為ではなかつた。むしろ芥川氏の自殺は、いかなる自然死よりも自然なものとわれわれには思はれた。芥川氏の死がいかにも自然なものと思はれるといふこの事実に、われわれは愕然としたのだ。死がいかに堪へ難くわれわれの身近に逼つてゐるかといふことを、明瞭に知つたのはこの時である。最早、問題は有島武郎氏の死の場合の様に『人ごと』ではなかつた。それは、われわれ自身の死の問題であつたのだ。当時この芥川氏の死を契機として、若い作家たちの間に根底的な動揺が行はれたことは当然である。片岡鉄兵氏は芥川龍之介論を講演して、急速に左翼へ転向していつた。横光利一氏は芥川氏の死が自分に一転期を劃したと、人に語つたと聞いてゐる。少くも今日真実に生きようとする作家に対して、芥川氏の死は絶対に何等かの解決を要求する問題として投げ出されたのだ。如何にかして芥川氏の死を越え得る者のみが、今日以後自殺の誘惑なしに生きることが出来る。例へばわれわれは今日、最早恬然として主知主義などといふものに関つてゐることは出来ない。既に芥川氏が死を以て証明したものは、われわれの知性の無力以外のものではなかつたのだ」

昭和七（一九三二）年三月に発表された文だが、二千年紀を迎えた今日現在書かれたといっても不思議ではない新鮮な問題提起が行なわれているといっても過言ではあるまい。「芥川の死を私たちは内在的に超克しえたか」と問うてみれば、それはただちに今日の私たちの緊急事であることが了解されよう。明治以来、芥川の前後に自殺した作家をアトランダムに列挙すると、北村透谷《きたむらとうこく》、川上眉山《かわかみびざん》、生田春月《いくたしゆんげつ》、牧野信一《まきのしんいち》、田中英光《たなかひでみつ》、原民喜《はらたみき》、久保栄《くぼさかえ》、火野葦平《ひのあしへい》、有島武郎《ありしまたけお》、太宰治《だざいおさむ》、三島由紀夫《みしまゆきお》、川端康成《かわばたやすなり》、江藤淳《えとうじゆん》となる。思想的な死、文学的な死、時代的な死とさまざまである。井上論文は敢えていえば、これら日本作家の自殺史を彼の設問ひとつで括《くく》ることが可能といっていいほどの衝迫に満ちている。その設問とは「知識人は如何《いか》に生きる（死す）べきか」というものである。芥川はこの問いを担う象徴的な存在として屹立《きつりつ》している。

ところで私などは芥川を大正時代を代表する作家と考えることに何の疑いももってこなかったが、文学史家の間では、必ずしも定説というものではないらしい。松本清張の『昭和史発掘』第二巻に「芥川龍之介の死」の項がある。当然、松本は芥川を昭和の作家ととらえている。ほかにも昭和文学史の最初に登場するのが芥川であり、また僅《わず》か二年で昭和文学史から立ち去る作家も芥川であることを根拠に、近年、芥川を昭和の作家に位置づける傾向がある。昭和時代の作家にたぐり寄せたくなるほど、芥川は研究の対象として今日的問題を孕《はら》んでいるということかもしれない。私は芥川の文学者としての生涯が僅か十年で、主要作品がほぼ大正期に集中していることから、大正の作家でいいと考える。それは「芥川龍之介は、大正期という一時代の文学精神を一身に具現した文学者」（臼井《うすい》吉見《よしみ》）や「その伝承的完成と出発する何物もない点で、まさに大正の象徴的人物」（佐藤《さとう》春夫《はるお》）という説を受用したいがためではなく、単純に僅か十五年で終熄《しゅうそく》した大正時代に、一閃《いっせん》の火花のようにはかなく消え去った芥川のアナロジーを見たいからである。

関東大震災があり、治安維持法が公布され、金融恐慌、不況のどん底、巷には失業者が満ち、とファシズムへと急転直下、転落していく社会状況を祖述するより、私が勝手に胸裡に描く大正時代のイメージがある。芥川の育った向島界隈からの連想からのもので、幸田文の『おとうと』がそれだ。不良少年と呼ばれ夭折《ようせつ》した弟と姉の対話がある。

「ねえさん、こんな景色考へたことない？　自分が丘の上にゐて、その丘は雲の下なんだよ。うす寒い風が吹いてるんだよ。眼の下には港があって船と人とがごた〳〵してる。入江がぐうつと食いこんでいて、海は平ら。あちらの岬に人家がならんで見えて、うしろは少し高い山。海は岬の外へずうつと見えてゐる。陽は自分のゐる丘だけに暗くてあとはどこもいゝ天気なんだ。平凡だよね、平和だよね。どこにも感激するやうな事件といふものはない。でもね、さういふ景色うつすらと哀しくない？　え、ねえさん。おれ、そのうつすらと哀しいのがやりきれないんだ。ひどい哀しさなんかまだいゝや、少し哀しいのがいつも浸《し》みついちやつてるんだよ、おれに。癪に障らあ、しみつたれてゝ。――」

総じて「大正っ子」の胸の底には、この「哀しみ」が共通してひそんでいるのではないか。芥川なら、たとえば『六の宮の姫君』の、姫君が乞食の上人に呟く臨終の場面だ。「あれ、あそこに火の燃える車が。……金色の蓮華が見えまする。天蓋《てんがい》のやうに大きい蓮華が。……蓮華はもう見えませぬ。跡には唯暗い中に、風ばかり吹いて居りまする。……何も、――何も見えませぬ、暗い中に風ばかり、――冷たい風ばかり吹いて参りまする」。『地獄変』の絵師良秀が描いたら、大正から昭和初期にかけての心象図は右の絵図とならないであろうか。

そしてそれは今に続く地獄絵図である。昭和史は芥川の死に「知性の敗北」をみた井上良雄がキリスト教神学の一研究家としてのみ振舞い、筆を折り沈黙し、一高入学以来、芥川が生涯、敬愛した親友恒藤恭が京大教授となるも、昭和八（一九三三）年、京大事件（滝川事件）で退官したことを伝えている。井上も恒藤も「強いられた死」というものではないか。

中産下層階級出身の宿命

私はようやくにして芥川の死について語る段階にきたようである。今日、芥川を蘇生させるということは、日本近代における知性の命運を透視することを意味する。知性の悲劇を生きた芥川を自己の問題として定位することにほかならない。取りあげるのは前出の画期的な井上論文である。梶木剛《かじきごう》氏に倣《なら》って、これを芥川問題に関わって〈戦前〉に張られた第一ベースキャンプと規定したい。〈戦後〉に張られた第二のベースキャンプは、鬼才井上良雄に触れながら、昭和三十三（一九五八）年に「芥川龍之介の死」を発表した吉本隆明《よしもとたかあき》氏である。そして芥川を鎮魂するために〈現在〉に張られた第三ベースキャンプは、ほかならぬ梶木剛氏である。梶木氏は井上・吉本理論の延長上に「芥川龍之介の位相をめぐって」を構想し、『井上良雄評論集』の編者をも務めている。汗牛充棟《かんぎゅうじゅうとう》の芥川研究は、この三人の論稿で足ると信じる。

その前に宮本顕治《みやもとけんじ》氏の『敗北の文学』を瞥見《べっけん》しておこう。周知のように、この論文は「改造」の懸賞募集で一等当選となり、次点が小林秀雄の『様々なる意匠』であったことで評判になったものである。宮本論文の眼目は芥川の「階級的土壌を我々は踏み越えて往かなければならない」というマルキシズムの立場から、芥川をプチブルとし、その死をブルジョア芸術の行き詰まり、破綻と裁断するものであった。宮本顕治氏は後の日本共産党委員長である。

吉本論文は先行するすべての文献を一挙に破砕する。「わたしたちの世代は、片岡鉄兵《かたおかてっぺい》の行方も、横光利一《よこみつりいち》の行方もすでに見とどけてしまっている。そればかりか、大山、青野、宮本らを指導的な先達とするマルクス主義的政治、文学運動の行方もみとどけてしまった。芥川龍之介の死が、ブルジョアジーの崩壊期における誠実な実践的自己破壊にほかならなかったとするならば、芥川の死こそ、まさにいくらか早まりすぎた自己否定にすぎなかったのではないか」と先行世代のすべてに訣別を告知する。

「わたしたちの世代」と吉本氏がいうのは、「死の国の世代」たる戦中派をさす。埴谷雄高《はにやゆたか》氏が「墓場から出てきた人。最後に来た人」と形容する吉本氏は、「否定されたプチ・ブルジョア芸術家芥川も、否定したマルクス主義政治家や批評家も、誠実な主観をもって芥川の死に動揺を感じたインテリゲンチャ文学者も、すべて時代の一区劃で演じられたドラマの登場人物にしかすぎなかったのではないか」と断ずる。芥川の死を「純然たる文学的な、また文学作品的な死であって、人間的、現実的な死ではなかった。したがって、時代思想的な死ではなかった。『架空線の火花』を、とらえようとして、すでに、それをとらええなくなった失墜した作家の文学的自然死であった」と糺《ただ》すなど苛烈を極める。氏が引くのは『澄江堂《ちょうこうどう》遺珠《いしゅ》』のなかの一篇の詩だ。

汝と住むべくは下町の
水どろは青き溝づたひ
汝が洗湯の往き来には
昼もなきづる蚊を聞かむ

「この詩には、芥川のあらゆるチョッキを脱ぎすてた本音がある。芥川が、どんなにこの本卦《ほんけ》がえりの願望をかくしていたか、を理解することができる。（略）

芥川龍之介は、中産下層階級という自己の出身に生涯かかずらった作家である。この出身階級の内幕は、まず何よりも芥川にとって自己嫌悪を伴った嫌悪すべき対象であったため、抜群の知的教養をもってこの出身を否定して飛揚《ひよう》しようとこころみた。彼の中期の知的構成を具《そな》えた物語の原動機は、まったく自己の出身階級にたいする劣勢感であったことを忘れてはならない。かれにとって、この劣勢感は、自己階級に対する罪意識を伴ったため、出身をわすれて大インテリゲンチャになりすますことができなかった。また、かれにとって、自己の出身階級は、自己嫌悪の対象であったために『汝と住むべくは下町の』という世界に作品的に安住することもできなかったのである。芥川は、おそらく中産下層階級出身のインテリゲンチャたる宿命を、生涯ドラマとして演じて終った作家であった。彼の生涯は、『汝と住むべくは下町の』という下層階級的平安を、潜在的に念願しながら、『知識という巨大な富』をバネにしてこの平安な境涯から脱出しようとして形式的構成を特徴とする作品形成におもむき、ついに、その努力にたえかねたとき、もとの平安にかえりえないで死を択んだ生涯であった」

芥川が生存していた時代も含めて、これほど苛酷な芥川批判はなかった。否、これほど優しく深い洞察に満ちた芥川理解があったろうか。筆写していて私は涙落つるを禁じえない。梶木剛氏は吉本論文に「自分の生活の仕方そのものにまで関わる肉体的な痛撃」を受けたといい、以下「〈知識〉が悲劇の根源だ、というパラドキシカルな命題。いったい、いかなる思想がこういう命題を導きうるのか？　体験的な点検からみても、ブルジョア価値体系は勿論のこと、スターリニズム価値体系においても〈知識〉はすべて善として全肯定されるのがきまりであった。断罪されるべきは、無知であったにほかならぬ。ところが、ここの吉本は、そういう思想こそ悪である、という前提に立っている。つまり吉本はここでブルジョア体系とスターリニズム体系とを重ね合わせてそれを一挙に否定にかける全く独特の位相に立っているのである。只今現在の瞬間において、これを革命的といわずに何を革命的といいうるか」（「芥川龍之介論」）と続ける。

昭和四十五（一九七〇）年、「安保世代」梶木剛氏の三十三歳時の論稿である。同じ世代というのにその隔絶した高所をかく明示され、「知識という富」（サルトル）の収穫に汲々してきた私が己が座標軸を薙《な》ぎ払われたような衝撃を受けたことはいうまでもない。今は梶木氏とともに暗い美しさに満ちた吉本論文のフーガのクライマックスに耳を傾けよう。

「芥川を極度につきつめられた造型的な努力へ駆り立てたのは、中産下層という出身にたいする自己嫌悪にほかならず、いってみればここに芥川の作家的宿命があった。造型的努力の持続は、出身圏への安息感を拒否することに外ならなかったため、まず、芥川の神経を破壊せずにはおかなかった。彼がはっきりと自己の造型的努力に疲労を自覚したとき、自己の安定した社会意識圏にまで、いいかえれば処女作『老年』、『ひょっとこ』の世界にまで回帰することができたならば、徳田秋声《しゅうせい》がそうであるように、谷崎潤一郎がそうであるように、永井荷風がそうであるように、室生犀星や佐藤春夫がそうであるように、生きながらえたはずだ。そのとき芥川は『汝と住むべくは下町の』の世界に、円熟した晩年の作品形成を行なったであろうことは疑いを容れない。しかしそのためには、『或阿呆の一生』の冒頭の一節には、『人生は一行のボオドレエルにも若《し》かない』というエピグラムのかわりに『ボオドレエルの百行は人生の一こまにも若かない』という生活者的諦念がかきとめられねばならなかったのである。芥川はこの道を択ばなかった。わたしは、彼の回帰をおしとどめたのは出身階級にたいする自己嫌悪、神経的な虚栄にみちた自虐であったと信ずる」

同じく下町に生まれ、育ち、現在も下町を生活圏としている吉本氏に下町という原風土に対してのコンプレックスはない。すでに少年期に「……生れ、婚姻し、子を生み、育て、老いた無数のひとたちを畏れよう。あのひとたちの貧しい食卓。暗い信仰。生活や嫉妬やの諍ひ。呑気な息子の鼻歌……。

そんな夕ぐれにどうか幸ひがあってくれるように……。

それから学者やおあつらへ向きの芸術家や賑やかで饒舌な権威者たち。どうかこんな寂かな夕ぐれだけは君達の胸くその悪いお喋言をやめてくれるように……」(『初期ノート』)と録している。大衆の原像を己が思想に繰り込もうとする吉本氏の面目躍如《めんもくやくじょ》である。

吉本論文は「芥川の人工の翼を、出身コムプレックスの反語的表象とみずに、主知的衣裳をきせた当時の文学的情況は、彼にブルジョア的衣裳を無理におしきせた文学的情況と相まって、芥川の自殺を促進させる役割を演じた」と戦慄的な告発で擱筆《かくひつ》する。私はこの箇所にふるえるような自己処罰を覚えないわけにはいかない。他者を理解することは、かほどにまで困難なことなのか。よかれと思って差しのべた善意といえど、相手を傷つけているかもしれず、時に死の淵へ追いやるということも、この現実の人間関係にはある……。
「芥川的なるもの」を吉本氏が如何にして超克《ちょうこく》したかは、すでに明らかであろう。私たちが破滅を回避しようとするなら、知識と大衆的現実（生活）の往還《おうかん》のなかに己れを叩き込む位相を探る以外にない。知識を志向する（往相）一方性は自然過程で別に誇るべきものではなく、逆に知識から現実への着地（還相）—〈非知〉こそが重要であること。「知識人存在は、その往相とともに、飛翔する天上から大衆的現実に向って無限に帰還する還相のアポリアを包摂せねばならぬ」というわが梶木氏のみる芥川の死の規定はとどのつまり「還相のアポリアのなかにおける戦死」ということになる。従って二十一世紀の現在、芥川は「西方の人」クリストならぬ「東方の人」として負の十字架を背負った、即ち〈知〉の還相の困難性のなかで斃《たお》れなければならなかった指標として蘇生する。

芥川の作品のうちで、一番の傑作を宇野浩二《うのこうじ》と室生犀星が『玄鶴山房《げんかくさんぼう》』を、葛西善蔵《かさいぜんぞう》と広《ひろ》津《つ》和郎《かずお》と川端康成が『歯車』、正宗白鳥《まさむねはくちょう》が『地獄変』と『一塊の土』、志賀直哉《しがなおや》が『一塊の土』、佐藤春夫と久米正雄《くめまさお》、瀧井孝作《たきいこうさく》が『蜃気楼』、谷崎潤一郎《たにざきじゅんいちろう》と日夏耿之介《ひなつこうのすけ》は『羅生門』に収められた初期の短篇を挙げ、それぞれの文学観を開示している。私は高校時代に震撼させられた掌編『尾生の信』と『わが散文詩』を今も愛惜している。『尾生の信』は私の女性観を多分生涯呪縛しつづけるだろう。橋の下に佇んで約束した女の来るのを待つ尾生。時は刻々と移り、橋の下の洲は水嵩をしだいに増して、尾生を浸して行く。が、女は未だに来ない。水は胸、首から口、鼻と浸し、やがて尾生は溺死する。水に没するまで女を信じきっていた尾生の無償の愛、苦悶が時空を超えて私を衝つ。「愚直」という言葉のいわれとなったというが、私は終生、この愚直な尾生を忘れまいと思う。

『わが散文詩』の六篇では「秋夜」が秀れているが、ここでは今も諳《そら》んじている「玄関」を引こう。現在、一巻本の全集や文庫本には収録されていないので、是非、味読してもらいたい。

玄関

わたしは夜寒の裏通りに、あかあかと障子へ火の映った、或家の玄関を知つてゐる。玄関を、——が、その蝦夷松の格子戸の中へは一遍も足を入れたことはない。まして障子に塞がれた向うは全然未知の世界である。

しかしわたしは知つてゐる。その玄関の奥の芝居を。涙さへ催させる人生の喜劇を。

去年の夏、其処にあつた老人の下駄は何処へ行つたか？

あの古い女の下駄とあの小さい女の子の下駄と——あれは何時も老人の下駄と履脱《くつぬ》ぎの石にあつたものである。

しかし去年の秋の末には、もうあの靴や薩摩下駄が何処からか其処へはひつて来た。いや、履き物ばかりではない。幾度もわたしを不快にした、あの一本の細巻きの洋傘《かさ》！　わたしは今でも覚えてゐる。あの小さい女の子の下駄には、それだけ又同情も深かつたことを。

最後にあの乳母車！　あれはつひ四五日前から、格子戸の中にあるやうになつた。見給へ、男女の履き物の間におしやぶりも一つ落ちてゐるのを。

わたしは夜寒の裏通りに、あかあかと障子へ火の映つた、或家の玄関を知つてゐる。丁度まだ読まない本の目次だけざつと知つてゐるやうに。

川端康成

湯沢と巴里とストックホルム

岸 惠子

きし・けいこ　横浜生まれ。映画女優、作家。1957年、医学博士から映画監督になったイヴ・シァンピと結婚のため渡仏。以来パリ在住。夫から強い影響を受け、ジャーナリスト、作家として活躍の幅を広げる。主演女優賞をはじめ数多くの賞を受賞。96年から、国連人口基金親善大使。映画「おとうと」「怪談」「君の名は」「亡命記」「女の園」「雪国」「細雪」など多数。著書に『巴里の空はあかね雲』『砂の界へ』『ベラルーシの林檎』『30年の物語』がある。

川端康成

かわばた・やすなり（1899―1972）

小説家。大阪に生まれる。東京帝国大学卒業。『文芸時代』創刊に参加、新感覚派、の代表作家となる。戦後は日本美の伝統を継ぐ姿勢を強くする。1954年『山の音』で第７回野間文芸賞受賞。61年文化勲章受章。68年ノーベル文学賞受賞。その４年後、自殺。作品『伊豆の踊り子』『雪国』『眠れる美女』など。

鋭く寡黙で、炎の燃えているこの眼に見つめられたのは、高校一年か二年のとき……。

という書き出しではじまる短かい文章と一緒に、一枚のモノクロ写真のコピーが綴じてある。

ある雑誌に頼まれて書いた八百字にも充たない短文で、原稿の依頼書に添えられてきたこの写真は、一つの顔のクローズアップなのだった。キャメラはやや俯瞰《ふかん》ぎみの位置に据えられ、ほぼ同じ角度、顔の左、斜め上からの照明《ライティング》がこの人物の奥にひそむ魔性を映し出しているように私には思えた。

ワンサイドの照明にあやつられて、暗い蔭の中で右の眼がうっすらとした閃光《せんこう》を放ち、右側の頬は削《そ》げるように黒々としたモノクロームの中に沈んでいる。

かたやライトを浴びた広い額と左頬にはさまざまな秘密っぽさが皺《しわ》の間に嵩《かさ》んでいる。左の眼はじっと一点を凝視。

この写真をはじめて見たとき、私はある衝撃を受けた。十年ひと昔、という基準に従えば、その昔が五つも入ってしまう遠い過去に受けた衝撃を憶い出し、改めて悟ったのだった。

この眼なのだ。この眼が私を女優にしたのだ、と。

現在は豪華に改築されている四谷にある料亭、「福田家」の五十年前の姿が瞼《まぶた》に浮ぶ。その由緒あり気な玄関に立った私はただ気圧《けお》されて身がすくんだ。

のちに文芸プロダクション、「にんじんくらぶ」の代表になって、「乾いた花」「人間の条件」「怪談」など数々の名映画をプロデュースした若槻繁《わかつきしげる》という人に連れられて、学生という身分にしてみればまことに場違いな料亭の長い廊下を、雲の中を泳ぐような後悔まじりの気持ちで歩いた。

若槻繁は、二、三回ほどしか逢ったことのない、縁のうすかった父方の従姉《いとこ》の夫で、そのときは「ひまわり」という雑誌の編集長をしていた。

太平洋戦争末期の一九四四年一月二十九日、「中央公論」と「改造」の編集者九人が、検挙された。その後も三十人以上もの言論知識人が次々と検挙され、改造社にいた彼、若槻繁も投獄されていたらしい。世に言う「横浜事件」である。背中に拷問の傷跡が残っていると聞いたが、本人はそれらについていっさい語らなかったのでほんとうのことを私は知らない。

その父親ほども年の違う彼が、どんな成りゆきで、私が中学三年から高校一年にかけての春休みに書いた、綴方の域を出ない、キザで稚拙で歯の浮くようにみっともない小説を読むことになったのかもう憶えていない。

ともかくその日、私はこよりで綴じたその短篇小説をかかえて（来なければよかった。なぜ来てしまったの！）と心の中で叫びながら、素知らぬ顔で料亭の女性と談笑しながら廊下をゆく従姉の夫を恨めしく睨《にら》んでいた。

初夏だったと思う。かなり暑い日だったのに「福田家」はひんやりと涼しく、奥まった離れに通じる細い渡り廊下は黒光りがするほど磨きこまれていた。

五十年という歳月に距《へだ》てられた今でも、黒々と鏡のように光っていたあの細い廊下が鮮やかに眼に浮んでくる。その鏡の中にあの眼がある。

渡り廊下の私は立っていたので、畢竟《ひっきょう》この写真のキャメラ位置より、もっと高いところから艶のある豊かな頭髪を眺めることになった。

開け放たれた簾戸《すだれど》の向う、離れ座敷の真ん中に大きな書物机があり、和服姿で端然と座っていたその人物、作家、川端康成氏は眼をあげた。下から掬《すく》いあげるように私を見たその眼を、深い湖のようだと私は思った。

ただ静かなのではなく、水が溢れて流れ出すような力が底のほうに蠢《うごめ》いている湖。その湖が「雪国」の島村や「花のワルツ」の松葉杖をついた舞踊家と重なった。

「鎌倉文庫」で師弟関係であったらしい若槻繁と大作家が何を話していたのかもちろん記憶にない。緊張のあまりしゃちほこばっている高校生をしばらく蚊帳《かや》の外に置いてリラックスさせよう、という大人の配慮が感じられた。自分を完全に無視している二人の会話を上の空で聞きながら、少しずつ体の力が抜けてゆくのを感じ、蘇った反射神経が、私に、あのみっともない小説を匿《かく》せ、と言っていることに気づいた。

私は何年何組、岸恵子とまで明記してあるこよりで綴じた四百字詰めの原稿を座布団の下に滑り込ませた。

時々私に視線を走らせていた作家の眼が、その時、真正面からじっと私を見つめていた。なんということ！　小説家になりたいなど、なんというたわけの虫に私は冒されていたことか、なんと身の程知らずに、今、ここにいることか！

作家とは、こういう眼をしている人のみに許される天職なのだ、と思った。私は出されていた桜茶を取った。手が顫《ふる》えていた。茶碗が手から滑り落ち、お茶は私の膝もとからスカートへ、そして畳へと流れていった。

そのときのことを、私はこんな風に書いたことがある。

——私は裾の広いクレープデシンの白いワンピースを着ていた。無地ではなく、青紫のあじさいの柄が散っていて、その青紫のあじさいの上に、こぼれた桜茶の花びらがうす紅いろに滲《にじ》んでいった。

この日、私は女優になることに決めた。——

唐突に、なぜ女優が出てくるのか、前文と同じように拙著『ベラルーシの林檎』の中で、私はこのあたりの自分の成り立ちをごく短く書いた。

私の子供時代は、ばくぜんと、今思えばかなり恵まれた環境の中で過ぎてゆき、ある日突然、日本は真珠湾を攻撃した。また別のある日、私は松の木にしがみつき顫えながら我が家が直撃弾を受けて、お化けのように不様に燃え上がり、膨れ上がって炸裂し、雲ひとつない五月晴れの青空に砕け散って消えてゆくのを見たのだった。昭和二十年五月二十九日の横浜大空襲であった。

私はその日、子供をやめた。

子供をやめた私は、空腹をかかえながら、いつしか青臭い文学少女になっていた。北畠八穂《やほ》の『津軽の野面』に、ふるえるほど感動した。内容は憶えていないが、

――凍《し》み雪は、うすら青んでりりりりと鳴る

という書き出しではじまる文章のうつくしさに、日本人に生まれ、日本語をはなす人間であることをしあわせと思った。

そのうちに川端康成の「花のワルツ」を読んだ。――凍み雪は、……のような音の聴こえ

てくる文章には出逢わなかったが、主人公たちのあやしい魅力にとりつかれた。

洋行帰りの天才舞踊家は、横浜港に着いた客船から人眼を忍んでこっそりと降りる。舞踊家は松葉杖をついていた。その青年を追う一人の乙女には大胆と繊細、傲慢と野蛮の嬌艶《きょうえん》が似合う虚無的で酷薄な美しさがあった。乙女は林を抜けた小路で、靴を脱ぎとばした裸足のまま大きくジャンプをし、激しい旋回《ピルエット》を踊って倒れる。

それを見ていた舞踊家も松葉杖を棄て、足をひきずりながら奇妙な踊りを踊る。小説の中の二人には透明で非現実的な官能美があった。ふと踊り子になってみたいと思った。思ったことは実行する子になっていた。


敗戦からの復興はまだ遠かったが、新橋の「小牧バレエ団」に週三回通った。横浜から新橋まで、学校を終えると飛び乗る東海道線での大遠征であった。

そんなある日、校則を破って私はジャン・コクトオの「美女と野獣」を見てしまったのである。私はひどく動揺した。

「美女《ベル》」がお城の廊下を流れるように歩いてゆくと、壁の燭台がベルの足下を照らすように動く。燭台をにぎっているのはスタチューなのに、人間の腕のように自由に伸びてゆく。

私は少しめまいがした。

別の胸像の眼がベルを追うように視線を動かしてゆく。私は少し蒼ざめた。

ジャン・マレー扮する「野獣」の登場となって、私は気が遠くなってゆくのを感じた。

こうして私は「美女と野獣」を五回観た。

これが映画の不思議をみたいちばんはじめのことである。

この不思議には底知れない魅力があった。どうしても突き止めてみたい謎の魅力であった。

手当たり次第に読み耽った小説の世界とは別の魅力でぐいぐいと私の心に根をはっていった。

それから十二、三年経ったパリで、ジャン・コクトオ最後の演出となった「影絵（濡れ衣の妻）」の主役に、コクトオさん自身から請われて初舞台を踏むことになる運命を、このときの私は予想だにしなかった。

私は二つの魔物に翻弄されながら、中学生最後の春休みに小説もどきものを書いた……。

その小説もどきは座布団の下で鳴りをひそめ、私は川端康成氏の鋭いまなざしの中で、畳にこぼれた桜の花びら茶を、フレヤースカートで丁寧に拭《ふ》いた。

○

時は流れ、私は再び川端康成氏の前に座ることになる。場所は「福田家」ではなく、鎌倉にある作家の御自宅であった。

小説家志望の青臭い文学少女としてではなく、「雪国」の駒子《こまこ》を演じる一人の女優としてであった。

作家を囲んでいたのは、プロデューサーの佐藤一郎さん、豊田四郎監督、島村を演じる池《いけ》部《べ》良《りょう》さんと私の四人。映画化するに当っての原作者訪問と御挨拶だった。

その時の模様を、池部良さんが洒脱な文章と池部流脚色を混えて平成九年八月二十七日付日本経済新聞、「私の履歴書」の連載二十六回目にこんな風に書いている。

――「小説に現れる島村は無為徒食の人としか、お書きになっておられないと思うのです。甚だ卒爾ですが、島村という男は、どのような人物と思えばよろしいんでしょうか。例えば職業とか」――

と、池部さんが作家に訊いている。それに対して応える作家川端康成氏の描写がいかにも池部流で、はじめは吹き出していたが、おわりに近い件で「嘘ッ」と声が出てしまった。

　吹き出した件はこうである。

――先生は僕の方には見向きもせず、だが即座に「ああ、島村、ですか。ところであなたは何とおっしゃいましたか」と言われた。佐藤プロデューサーが「良ちゃん、いえ池部良です」と言ったら「そうでしたね。池田さんね。まあ、島村は、無為徒食としか頭に出て来ませんでした。とにかく、ああいう、よく分からない男がいないと、駒子がああでもない、こうでもないときやきやしません。池田さんのご自由な島村を作って、お演りになって下さい」とおっしゃった。――

これぞ池部良節の真骨頂なのだ。川端康成先生が訪ねて来た島村役の俳優、しかも当代大繁盛・東宝の看板スターである池部良の名を御存知なかった筈はない。池田さんと抜け抜けと間違える粗忽《そこつ》さも持ってはいらっしゃらない。けれど、なにがなし可笑《おか》しい気分で納得させられてしまうのは、研《と》ぎすまされた鋭い感覚が織りなす、独自の世界の中で、川端文学は、時折、ふいっとすべてを超越し、突き放し、冷ややかなニヒリズムを漂わせることがある、と私は思うからなのだ。

　池部さんを池田さんと言ってしまったのは、作家がそうした時間帯の中にその時いた、と池部さんは思ったのだろうか、そんなはずはない。池部さんが私と同じ川端康成観をもっているとは思えない……とすると前記の引用文に直結する次のくだりはただのおふざけなのか。

――折角の、先生のお答えに浮かぬ顔をして、ふと先生の前のテーブルに目を遣ったら、先生は、岸惠子君の鶏ガラみたいな肉付きの悪い手を、両手に挟み、彼女の手の甲を、ゆっくり、優しくお撫でになっていた。

岸君は、どんな顔をして、お撫でを任せていたかは、見えなかったが、川端先生と、よく似ている西洋の魔女のような顔付きの豊田監督が、咳《せき》払いを二つもして、「池部さん、お暇せえへんか」と言ったら、先生は「ゆっくりしていらっしゃい」とおっしゃった。――

なかなか可笑しみに富んだステキな文章だけど、これは嘘である。川端先生は鶏ガラみたいに肉付きの悪い私の手を両手に挟んだりしなかった。手の甲を、ゆっくりと優しくお撫でにもならなかった。川端先生は、私に指一本ふれなかった。そんなみっともないざっかけなさは川端文学の美学に悖《もと》ることなのだ。挨拶に出向いた「雪国」の駒子を演じる女優の手を撫でたりする作家は、絶対に、「眠れる美女」を書きはしない。

書き手はおもしろおかしくするために事実をほんの少しスライドさせてイマジネーションの中に選び抜いたウソを混ぜて調理することはある。私にだってある。池部良さんはその達人であり、半分眉唾《まゆつば》と思っても、魅力ある筆運びについ惹《ひ》きつけられてしまう。けれど川端康成さんがなし得ない「お撫で」シーンは我慢できなくて思わず電話機に手が伸びた。

「良ちゃんッ、ヒトをコケにするのも作り話も休み休みにして下さい。コケとコケの間にせめて『眠れる美女』ぐらいはお読みになる休み時間を取って下さいッ……」けれど私は、そのまま受話器を置いた。賢明であったと思う。何故なら近い将来、またおもしろおかしい池部良節を読むような予感がしたから。

――ある日、だしを取ってもあまり美味しいスープは期待できない、肉付きの悪い鶏ガラの岸恵子君から電話があり、川端文学の美学に悖るとやらで、カケスのような声でイチャモンをつけられた――という具合に。

○

こんもりとした雪の中に拡《ひろ》がっていた越後湯沢。雪の連山に囲まれて、あたたかそうにその懐にうずくまっていた木造建ての高半《たかはん》旅館。温泉の湧く風呂場はずっと離れた場所にあり、そこへ行く木造りの長い渡り廊下はぎしぎし軋み、吹雪よけの屋根がついていた。川端康成さんが「雪国」を書いた旅館である。さながら「福田家」の離れ座敷へ導く廊下のように、黒光りがするほど磨き込まれた階段を登ると、その部屋は二階にある。

先生御愛用のその部屋の、モダンアートと見紛《みまが》うほどの軒先の、巨大な姿で垂れ下がるつららの群れ。

まだ大人の女にはなりきっていない顔に、眦《まなじり》だけをキッと立てて、駒子に扮《ふん》した私は、窓という窓をみんな開ける。さっと音の立つほどの痛さで冷気と霊気が流れ込み、三味線を持つ手が凍える。二つのれいい気をふり払うように、着物の前身頃をぱしっとはたいて私は座る。

「あのころの恵子さんの顔、鬼気迫るって感じがあった」と後年付き人だった女性が私に言った。そうなのだ。私の心の底にも、胸の奥にも青い鬼火《フー・フォレ》が燃えていたのだった。

スタッフも旅館の人もまだ寝しずまっている火の気のない部屋の真ン中、開け放した窓に拡がる、まだうす墨いろの夜が残っている雪の山々に向って正座し、三味線を抱えた遠いあの日々。

指先に血豆をつくり、何時間正座をしていても不思議としびれのきれなかったあの遠い日々、私の中にふつふつと燃えるような鬼火が棲《す》みついていたのだった。

三味線の持ち方も知らなかった私が、六ヵ月の猛稽古の末に弾いた、勧進帳大薩摩《かんじんちょうだいさつま》は、音色はともかく、姿かたちと気魄《きはく》だけは、かなりなものであった筈。私はそのことに賭けていた。

抱きしめるようにして演じ続けた駒子、その駒子が勧進帳大薩摩を弾く。弾き終った駒子、演じ切った駒子は、ある日一人の女優に戻り、更に一人の女に還《かえ》る。女に還った私は、未知に向けて、すべてを捨てて旅立つのだ。私の日本、命のようにいとおしい私の映画、両親や友人や、特に六ヵ月間、夢と苦難を共にした豊田監督や、池部良さん。それらすべての去り難いものへ、万感の想いをこめてバチをはじく。たいそうな気構えとはうらはらに、時折調子が狂う三味線の音色は、よろめきながら窓の向うの雪の連山に吸い込まれてゆく。

それは、毎朝、たったひとりでなす別れの儀式なのだった。捨て難いものを捨てて未知へと旅立つ、一人の日本の女の禊《みそぎ》なのだった。

「雪国」を最後に、日本を去り、映画を去り、フランスへ渡ることを、この時点で私は両親と、若槻繁以外の誰にも話していなかった。

六年間という短かった女優生活の中で、「雪国」の駒子ほど、激しく私を打ちのめし、絶望に突き落とし、またあるときは恋にも似たやるせない、ひりひりとした感情で私を充《み》たしてくれた人物は他にいない。

撮影当初、私演ずる駒子が、豊田監督のお気に召さなかった。

「雪国」の第一カット、テイク1、2、3とNGが延々と続いて、私は硬直した躰《からだ》と、ずたずたに傷んだ心で身動きが出来なくなっていった。

それはごく簡単なシーンだった。湯沢の町に流れる幅の広いうつくしい川の河原であった。

浅瀬をひろって、島村が駒子をおぶって川越えをする。春がこぼれ咲くような嫋々《じょうじょう》としたシーンである。石ころだらけの河原に長い移動車が敷かれ、私をおぶった池部さんが何回となく水に入る。雪山から流れ落ちた冷い水が池部さんの白い足の上をさざめきながら動いてゆく。

「カーット」鋭い声でまたNGだと私は悟る。

初日のことではあり、東宝での初仕事、はじめてのスタッフ。「早春」で共演したとはいえ、まだなじんでいない池部さんへの気兼ねなどで私は躰が自分のもののようではなかった。

豊田監督は、ふいっと横を向いてしまう。島村におぶさった私が駒子ではないというのである。

せりふもなく、ただおぶさっただけの姿が駒子ではなく、温泉芸者にもなっていない。強いて言えば新橋の芸者だ、と監督に言われて私は呆然とした。途方に暮れた私を、尻っぱしょりをした島村の池部さんが、ひどくいなせな姿で腕組みをしながら見ていた。

そのまた向うの川べりに原作者である川端康成先生が、例の、湖のように深く、激しい眼をじっとこらしてこの息の詰まる状況を見つめていらした。

(先生、私は小説家になることをあきらめ、今また、一世一代の駒子役までもなし得ずに、日本を去らなければならないのでしょうか……)やくたいもない私のつぶやきに耳を傾けるのは私だけしかいなかった。

思うに、愛読した「雪国」の駒子は、私のなかで充分に芽ぶき、あるたしかな姿を作ってしまっていたのだった。その駒子は豊田監督のイメージする駒子とは似ても似つかない別人物だったようなのだ。

初日から十日経っても、私は豊田監督がじゅんじゅんと説きさとしてくれる駒子になじんでゆけず、これが最後の映画というのに、短かった女優歴最大の危機の中で身をすくめていた。

河原のシーンから十日以上経ったある日のロケ・セットで島村のひげをあたっている駒子が、なにかの拍子に笑いころげるシーンがあった。何回やっても監督はプイッと横を向いてしまう。私は泣きたくなった。私の駒子は笑いころげないのである。どんなにはしゃいでも畳に倒れて笑いころげはしないのである。

何回かのNGのあと監督さんはお気に入りの池部良さんと雑談をはじめてしまった。スタッフも気まずそうに横を向いたり、そっとライトを消したりして、私の方を見ないようにしていた。

「じゃあ、みんな昼飯にしよう。このカットは昼飯のあとだ。その間に岸クン、に、ゆっくり考えておいてもらって。サ、お二階さんライト消した」

パチパチと大きな音がして照明が消えてゆく。虚構の世界が一瞬にして白けた現実の世界に戻る暗がりの中で、私は眼を閉じた。奈落に陥《お》ちこむ闇への一瞬である。

突然、胸の中で青いほむらが踊り出した。そのほむらに煽られて私は叫ぶように言った。

「昼飯にしないで下さいッ。お食事の前にもう一度やらせて下さいッ」

スタッフが息を呑んだようだった。

「そうお」と疑わしそうに監督が私を見る。「じゃあ、もう一遍やってみようか」

再びライトがつき、本番前のしじまが流れた。何度目の本番だったろう。私の躰は触れると血しぶきが飛び散るほど緊張していた。そのとき池部さんがふっと私の方に身をかしげて来た。

「恵子ちゃん。すきやき好きかい!」

「えッ」あまりのことに張りつめていた神経ががくっと弛緩《しかん》し、私は眼を瞠《みは》った。

「今夜、高半ですきやきを食べよう」

低いちいさな声で、ふたりだけの内緒ごとのように言うと、すっと元の位置に躰を戻した。

私は、唇が泣きべそ形に歪んでゆくのを、お腹《なか》に力を入れてこらえた。私はすきやきが大嫌いだった。けれど、男のひとがこんなにやさしい眼ざしをするのを生れてはじめて見た気がした。

「用意ッ、スタートッ」

私の躰の中でなにかがはじけた。青いほむらが足音を立てて踊り出した。その時から私の心に鬼火が棲みついたのだった。

悲鳴に近いような笑い声が、私のどこかから湧き起り、堰《せき》を切って流れ出した。私の駒子が豊田監督の駒子にすり変り、生れ変る一瞬だった。

「いいじゃないのお駒さん、とてもいいじゃないの！」豊田監督の声の色が変っていた。

六ヵ月間、湯沢の雪に蹲《うずくま》って、私は「駒子」という小宇宙を作り、その中にだけ生きた。それは、私なりの川端文学の世界なのだった。そしてそれは、輝やかしい時間なのだった。

「雪国」最後の一カットを撮り終えたのは一九五七年四月も末の朝まだき、化粧室の鏡の中に浮んだ私の顔は蒼《あお》ざめていた。

眼だけに異様な力がこもり鬼火が青いほむらをあげて燃え、そして、消えていった。高々と結っていた日本髪の元結《もつとい》が乾いた音を立てて、断ち切られた。その音の中で、私は、とても尊いひとつの夢のおわりを識《し》った。

○

パリ郊外、ヴァルモンドワはうつくしい谷間の村で、その日、村役場の前は、歓迎してくれる総出の村人や報道陣で埋まった。

フランスの映画界、医学界、音楽界の著名な人々が馳《は》せ参じてくれ、花嫁衣裳の私は、今、まさに夫になろうとする人と、保証人《テモアン》（仲人）を買って出て下さった川端康成先生に連れられて揉《も》みくちゃになりながら、村長さんに出迎えられた。

夢のおわりから十日も経ってはいない五月四日のことである。

若い季節には、時間が飛ぶように流れ、湯沢からパリへとさながらメリーゴーランドのように住む場所が動き、「偶然」という天の恵みまでが、むくむくと夏雲のように湧き起る。

「雪国」の前に撮った日・仏合作映画「長崎の台風（忘れえぬ慕情）」が、フランスで空前の大ヒットとなり突然日本ブームの花が咲き、監督であるイヴ・シァンピと主演女優である私との結婚は、フランスあげての文化行事の様相を呈していった。

とは言え、その頃の日本はまだ貧しく、旅行は自由化されていず、結婚式の私側の仲人席は無人であった。

時を同じくして、当時、日本ペンクラブの会長でいらした川端康成先生は、日本で初めての国際ペン大会を開くべく欧州を歴訪していらしたのだった。

パリに着いた翌日、つまり結婚式の二日前、駐仏日本大使に御挨拶に行った私は、大使館のサロンの長椅子《カナッペ》に、正式の会合の帰りなのか正装《タキシード》に身を包み、端然と座っている人物が、驚いて立ち上がるのを見て、こちらはもっと驚き、思わず棒立ちになってしまったのだった。

視界がぼやけ、タキシードを着た川端先生が、和服を着流した島村とダブり、大使館の荘重な家具や調度品が消えて、雪の連山が蜃気楼《しんきろう》のように起《た》ちあがり、勧進帳大薩摩の凜《りん》とした音が響き渡った。

私の心に雪が降りはじめた。白くて丸くてあたたかい、大きな日本のぼたん雪が、さらさらと音もなく咲きひろがり積もってゆく。

「仲人は私がやりますよ」と、先生が言われた。大使館の斜前にあるシァンピ家の食卓をその日囲んだのは、のちに先生が絶賛して下さった当家の主イヴ・シァンピと、先生と私の三人だけだった。

先生は前菜に出たアスパラガスを細い美しい指で摘《つま》んですらりと食べた。フランス流通人の食べ方である。

タキシードを着て、アスパラガスをかくも優雅に、かくも小粋に手づかみで食べ得る日本の男性に、私は、その後一度も出逢ってはいない。

指をフィンガーボールで滌《すす》ぎながら、先生は私の眼の真ん中を見た。

「『福田家』で見せてくれなかった小説を、読ませて下さい」

「えッ。あ、ああ、あれは捨てました」ドギマギと私は言った。

「嘘でしょう」嘘だった。

「今でなくてもいい。いつか必ず読ませてもらいますよ」と先生は笑った。

私を「福田家」へ連れて行った若槻繁氏は、私が結婚のため日本を去るとき、航空便用の薄紙で、私の名前入りの四百字詰原稿用紙を大量に作ってくれた。そのときから四分の一世紀の時を経て、黄色く古び、染さえも出ている、その原稿用紙を使って、私は一九八三年に上梓したはじめてのエッセイ集『巴里の空はあかね雲』を書いた。

川端康成先生が他界されて、十一年もの歳月が流れていた。エッセイ賞をいただいたこの本を喜んで読んでくれた若槻繁氏も今は不帰の客である。

ヴァルモンドワの、村をあげての私達の結婚式は、夜になると、ローソクと松明《たいまつ》と打ち上げ花火で賑々しく、三日三晩にわたって続いた。ヴァルモンドワに館《やかた》をもつ夫の仲人《テモアン》、文豪であり医師でもあるジョージ・デュアメル氏と川端先生はペンクラブで親交があり、デュアメル氏の子息の二人は夫と医科大学時代の親友で、彼らは学生時代のヴァカンスをこの谷間の村の文化的雰囲気の中で過したのだった。私たちの陽気で幻想的だった結婚式は今でも村に語りつがれる昔ばなしであるという――。

一九六八年という年は、世界のあちこちで、学生たちが改革を求めて過激な運動を拡げた年である。パリは「五月革命」、チェコには「プラハの春」という自由化路線が花咲き、それを蹴散らすソ連戦車の流血の介入があり、大勢のチェコ人が国外へ逃れた。夫の意志で、我が家にも夏から晩秋にかけてプラハから、四人のチェコ亡命者が身を寄せ、私は当時をしのんで拙著『30年の物語』の中で、「栗毛色《シャタン》の髪の青年」を書いた。

その最後に残ったシャタンの髪の亡命青年が、我が家から立ち去って間もなく、私は川端康成先生から国際電話をいただいた。

五月革命へのすでなる挫折感。プラハから来た亡命青年が残したなんとなく物憂い虚無感のただよう日常に、突如鮮やかな虹が立った。その年の十二月十日、川端康成先生が日本人ではじめてのノーベル文学賞を受賞される！

その朝のストックホルムは、大気にまで霧氷《むひょう》が張りつめているような、きらめく透明感に充ちていた。バルト海から昇る太陽が、音のない白銀の世界に、鈴が鳴るように澄んだ七色の光をちりばめて拡がっていった。

授賞式の会場は荘厳を極め、正装の川端先生が、国王からノーベル文学賞の賞状を授与されるのを、私は正面の席から息を止めて見つめていた。けれど、式典の詳細はあまりよく憶えていない。

式典のあとの、お身内だけの〝くつろぎ〟の光景が、額縁《フレーム》に嵌《は》め得ない奥行きと、四方にふくれあがりながら描きつづけられる名画のように私の心に残っている。

先生は紺色の渋い和服に着替えられ、スイート・ルームというより、もっと広々としたサロンで、自らとてつもなくおいしい玉露を入れて下さった。

「こんなにおいしいお茶をストックホルムでいただくなんて……」

「国王がお茶好きで、ここは水がとびっきりおいしいそうですよ」先生はとてもリラックスしていらした。

「あ、わたくしね、梅干しを持って来たのよ、おいしいおいしい梅干しなのよ」

まだ正装の秀子《ひでこ》夫人が、奥からタッパーに入った種を抜いてある梅干しを持っていらした。

「種を取っていらしたんですか……」

「食べ易いでしょ？　それに、飛行機って重量が問題でしょ？　少しでも軽い方がいいでしょ」

天真爛漫と言っては失礼なのか……そのおおらかさに私は眼から鱗《うろこ》がおちたような気がした。

なにぶんにも三十年という時を距てて私の記憶は曖昧《あいまい》である。憶えていると錯覚している片言隻句《へんげんせきく》すらも当てにはならない。一つだけ、記憶の底の映像《イメージ》だけが、霧氷を着た白銀のリリーフのように鮮やかに浮かびあがる。

まだ正装を解いていない秀子夫人が、唯一親族ではない私をみてちらりと笑い、もう帯締めをほどきながら「ごめんなさいね、帯がきついの。内々だからここで解かせていただくわね」と言って、すっくりと立った姿はかなり大柄である。帯を巻き解いてゆくのではなく、体をくるくると廻《まわ》して談笑しながら踊るように、見事な帯を絨緞《じゅうたん》の上に落としてゆく。帯はとぐろを巻くように丸くうずたかく重なり、伊達締《だてじめ》姿になった夫人は、少女のようにピョーンとその脱ぎ捨てられた帯の輪を飛んだ。えッ！　私は内心息を呑んだ。先生はにこにことくつろいで、その様子を眺めていらした。

「帯、邪魔だわね、ちょっと失礼」

夫人は、とぐろ姿の帯をたたまず、そのまま、両手で掬《すく》いあげ、次の間にぽーんと投げ入れた。

私は雷にうたれたように、痺《しび》れた神経の中で、ほんの少し解けたような気がした川端文学の謎に感動した。

新感覚派と言われ、抒情文学の至宝とされる「雪国」を書いた作家と、その夫人のあまりにも対照的に思われたたたずまいと、織りなす綾《あや》の不可思議。

帯を解きながら、踊るように体を廻し、抜けるような明るさで、フレームのない画布の真ン中に立つ秀子夫人は、まるでドラクロワの「バリケードを越える女神」のように力強く魅力的だった。

豊田監督は正しかったのだ、と私は突然思った。島村のひげをあたって、何かの拍子に笑いころげた駒子……作家の視線の向う側にのびやかに息づく女人像を、若い私は見極めることが出来なかったのだった。

独自の感性と美学の中で、川端康成先生は背広も和服も、パリも鎌倉もストックホルム

川端康成

も、ノーベル文学賞でさえも、風を着るほどの何気なさで飄《ひょう》と纏《まと》い、その時、ゆったりと、こくのある玉露を飲んでいらした。

窓の外で、バルト海が暮れてゆく。雪なのか星なのか、暮れ方の濃くて碧い空に絵筆が無数の光源を描いてゆく。

「ストックホルムで玉露を飲む」その一コマの映像《イメージ》は、セピア色に変りつつ、今、霧氷のようなフレームを着けて、はるかかなたの高みの果てに、音のないしずかな姿で遠のいてゆく。

井深 大

ソニーを創った少年の心

桜井洋子

さくらい・ようこ　1951年新潟県に生まれる。75年明治大学文学部卒業。同年アナウンサーとしてNHK入局。「スタジオ102」「ニュースワイド」などのニュース番組を7年間、「七時のニュース」「ニュース7」など夜のニュース番組を7年間担当し、その他「NHKスペシャル」「日曜美術館」などさまざまな番組で活躍。現在の担当は首都圏のニュース番組。

井深　大

いぶか・まさる（1908―1997）

実業家。栃木県に生まれる。早稲田大学理工学部卒業後、46年東京通信工業株式会社を創設し、テープレコーダー、トランジスタ製品などを世界に先駆けて開発した。58年ソニー株式会社に社名変更。社長・会長・名誉会長。幼児教育に心血を注いだことでも有名。92年文化勲章を受章し、97年勲一等旭日桐花大綬章を受章。その他多数の受章・受賞がある。

イブカズ・ラック

人との出会いは、人生を豊かにしてくれる。アナウンサーという職業を選んだのも、仕事を通して様々な人に出会うことができるからだ。ソニーの創業者、井深大さんとの出会いは、まさにアナウンサー冥利《みょうり》につきるものとなった。

NHKでは、NHKスペシャル「我が友　本田《ほんだ》宗一郎《そういちろう》～井深大が語る〝技術と格闘した男〟」を平成三年十二月十五日に放送した。この番組には、取材・制作から関わり、個人的に深い思い入れがある。

平成三年八月、本田技研工業の創業者、本田宗一郎さんが亡くなった。同じ年、急速な高度成長を続けてきた日本経済の終焉を告げるかの如く、株や土地のバブルが崩壊していた。日本はどこへ行こうとしているのか。

オートバイを作り続け、世界をめざした本田さん、トランジスタで新しい文化を拓《ひら》いた井深さん、二人の天才的技術者の対話を通して、日本の戦後を築いてきた〝ものづくり〟の精神を問い直す、というのが番組のねらいであった。

日本を代表する世界的企業、ソニーと本田技研工業は、共に小さな町工場から出発し、同

井深　大

時代、同じような成り立ちの会社だったこともあって、二人はお互いを〝兄貴《あにき》〟と呼び合う〝盟友〟だった。豪放磊落《ごうほうらいらく》でざっくばらんな本田さん、シャイで静かな理想に燃える井深さん。二人は全く正反対のように見えるが〝ものづくり〟にかける情熱はどちらも引けをとらない。意気投合し、お互いに頼んだことは決してことわらない、という協定まで結んでいたという。

〝盟友〟の死を見送った時、井深さんは八十三歳。車椅子に乗る不自由な身体をおして、本田さんのためならと、長時間のインタビューを引き受けて下さった。私はそのインタビュアーを務めることになったのである。

場所は軽井沢の井深さんの別荘、九月の下旬に一回目のインタビューが行われた。

〝イブカズ・ラック〟という言葉がある。井深さんにとって特別な日、「いざこの日」という日は、前日どんなに荒天でもスッキリ晴れ上がるという。この日の軽井沢もやわらかな日射しに包まれていた。「この季節にしては、実にもうけものですな」という、井深さんの穏やかな言葉が印象に残っている。二回目は十月の下旬、季節は深まり、別荘にある大きな春《はる》楡《にれ》の木は、葉っぱをすっかり落としていた。

インタビューは、井深さんの体調を考慮し、一時間ごとに休憩をはさんで行う予定だった。しかし、熱が入り、気がつくと一時間を超えていることもあった。話は本田さんのことにとどまらず、ソニー設立の歴史や技術者としての情熱、感性、はたまた教育論まで多岐にわたり、尽きることがない程だった。VTRに収録されたインタビューは八時間余り。ずしりと重い八時間であった。

日本よ、俺のあとをついて来い

アナウンサーは、話すことが仕事だと思われている節があるが、一方で、何をどのように聞くかが重要な仕事だと、常々思っていた。相槌《あいづち》一つで、相手の話をどの程度理解しているかがわかってしまう。極端なことを言えば、インタビュアーの全人生、全人格があらわれてしまうのだ。

——これだけの人物の話を、きちんと受け止めることができるのか。大切なひとことを聞き洩《も》らしてはならない——。

インタビューにのぞんだ私は、井深さんにリラックスして話していただけるよう、つとめて平静を保っていたが、心の中の緊張が緩《ゆる》むことはなかった。

このインタビューの中で、とりわけ強く心を揺さぶられるひとことがあった。

「日本よ、俺のあとをついて来い」という言葉である。

ソニーは終戦の翌年、資本金十九万円、総勢二十数人で出発した。その会社が、今や、中小企業の域を脱して大企業の仲間入りを果たそうとしていた頃、一九五八年のことである。ある週刊誌に、「ソニーはモルモットだ」という記事が掲載された。評論家の大宅《おおや》壮一《そういち》氏が、「ソニーは、結局大企業が量産を始める前のモルモットである」と書いたのである。

忘れられないひとことをきいたのは、この記事に対して「さぞかし悔しい思いをされたのでしょう」と井深さんに水を向けた時のことだった。

「確かに、そうだったんですね。うちがやると、大きなメジャーの会社が一生懸命あとを追いかけてくる。あらゆる製品ですよ。トランジスタラジオだけではなしにやってきましたから。確かにモルモットの役割を果して、甘んじてモルモットの名前を受けましたよ。昭和三十五年藍綬褒章《らんじゅほうしょう》を受章しましたが、翌年お祝いの記念品として社員が皆んなで小さな金のモルモットを贈ってくれました。まァ、我々は開拓すればそれでいいんだからと」

それでも、あとからそう思ったのであって、最初に記事を読んだ時には相当カチンときたんじゃないですか、と重ねて尋ねると、こう答えられた。

「いや、そうじゃなかったですね。日本よ、モルモットのあとを早くついて来いよと。俺はもっと先に次のものを開拓するからという、そういう意欲に燃えていましたね。次から次へ、世界で初めてのものを売り出して行こうじゃないかという、その気持ちは、ソニー全体がそれで燃えていましたから。むしろ励みにこそなって、悔しいとか何とかいう気持ちはなかったですね」

日本よ、モルモットのあとをついて来い、日本よ、俺のあとをついて来い——こう言い切る志の高さ、そしてスケールの大きさ。私は、このひとことですっかり井深さんに魅了されてしまったのである。

今回、「日本のこころ」刊行にあたって、井深さんについて執筆の依頼をいただいた。私のような未熟な者にはとても無理と、いったんは固辞した。しかし、たってと重ねて説得を受け、一方で、少年のような純粋さを持つ井深さんの目の輝きを私なりに伝えたい、そう思ってお引き受けすることにした。

軽井沢でのインタビューで伺った井深さんの言葉をできるだけ忠実に再現すると共に、その後、折りに触れてうかがったお話や周辺のエピソード等を通して、私の中の井深大さん像を浮き彫りにしたいと思っている。（井深さんと、ソニーの歴史的な歩みについては、ソニー広報部の記事等を参考にさせていただいた）

少年のような目の輝き

話をインタビュー時に戻そう。

前述の〝NHKスペシャル〟取材当時、井深さんは八十三歳だったが、その精神の若さを示すようなこんな出来事があった。

番組冒頭の映像は軽井沢の別荘でバルコニーの長イスに座った井深さんを、午後の光の中で高い位置から、クレーンカメラでゆっくりパン（振りおろ）していくカットと決めてあった。十月下旬、高原の空気は冷え冷えとしていた。撮影の始まる前に淑子夫人が、風邪をひかれたら大変と、ひざかけと、井深さんお気に入りの毛糸の帽子、いわゆる〝正ちゃん帽〟を持ってきて下さった。

早く撮影を切り上げたい、という私たちスタッフの思いとは裏腹に、井深さんはクレーンの方をにらんでおられる。カメラを意識している表情では、この映像は番組では使えない。どうやら井深さんは、クレーンからの撮影に関心を持たれたらしい。

NHKきっての名カメラマン河崎政詔によれば、「途中でズームレンズを使うのかね」と聞かれ、〝ドキン〟としたという。長いキャリアの中で、出演者からこんな質問をされた記憶はない。高さ二十二メートルのクレーンで、十三メートル程降りたところから、まさにズームをして井深さんのバストショットにつめるつもりでいた。「これは、やはりただものではない。下手な映像は撮れない」と、あらためて緊張が走ったという。井深さんの興味はレンズにとどまらなかった。「クレーンの上に乗ってみたい」「クレーンはどう動かしているのか」矢継ぎ早の質問に、本田宗一郎という盟友を思い、自らの人生をたどるかのように、遠くを見る井深さんの姿をねらっていた私たちは、何度も「クレーンを見ないで下さい」「カメラを見ないで下さい」と声をかけた。

あの時の、井深さんの目の輝きは今でも心に焼き付いている。少年のような天真爛漫《てんしんらんまん》さが井深さんの好奇心の原点なのだと実感した。

井深さんは、一九〇八年四月十一日、栃木県に生まれた。そして、二歳のときに技術者だった父親を亡くしている。幼い井深さんはことあるごとに母親から、生前の父の姿を聞いて育ち、自分もなんとなく工学や技術の方面に進むことを決めていたという。実際、井深さんは早稲田大学理工学部在学中から発明家として有名だった。中でも、早大在籍中に発明した〝走るネオン〟は、一九三三年、パリで開催された〝万国博覧会〟にも出品され、優秀発明賞を受賞している。

大学卒業後、映画フィルムの現像、録音会社や、映写機等の製造会社を経て、一九四〇年、友人たちと測定器を作る〝日本測定器〟という会社を設立した。この〝日本測定器〟時代に、会社が軍の仕事を請け負っていた関係もあり、〝戦時研究委員会〟に参加していた。ここで盛田《もりた》昭夫《あきお》海軍技術中尉と出会うのである。

一九四六年五月、戦後の荒廃の中で井深さんは、ソニーの前身である東京通信工業株式会社を、盛田さんらと共に創設した。井深さん三十八歳、機械設備さえない、吹きさらしのビルの粗末な一室からのスタートだった。

しかし、自分たちの持っている技術を世の中に役立てていきたいという確たる目的はあった。井深さんは、新会社設立の目的を明らかにした〝設立趣意書〟を書いた。

一、真面目なる技術者の技能を、最高度に発揮せしむべき自由闊達《かったつ》にして愉快なる理想工場の建設

一、日本再建、文化向上に対する、技術面・生産面よりの活発なる活動

一、戦時中、各方面に非常に進歩したる技術の国民生活内への即時応用

一、…………

一、無線通信機類の日常生活への浸透化、並びに家庭電化の促進

一、………

この〝設立趣意書〟が、終戦後わずか一年という混乱の中で書かれた。ここからは将来を見通した先見性と開拓精神、そして高い理想と志をうかがうことができる。

三十八歳の若き井深さんは、どのようにしてこの趣意書を書かれたのだろう。「書く時には相当考えられたのですか」と質問してみた。

「いや、ずっと戦争中から考えていたことを書きましたから、そんなに。本音を言っただけです」

では、どうしてああいう工場を作ろう、会社を作ろうと思ったのだろうか。

「私は働く人が一番大切だと。本当に働くことが好きで好きで、開発することが好きで好きでしょうがない、という人さえ集まってくれれば、あとの問題は解決するだろうと、それは戦争中もそう思っていましたね。それをささやかでもいいから実現していこうと」

働く人が好きだというのは、井深さん自身も働くことが好きだということに違いない。

この〝設立趣意書〟について、共同設立者の盛田さんは当時、こんな小さな会社が何でこんな大きなことをいうのかと思ったという。

しかし、食えるかどうかわからない時に、儲け主義ではなく、技術を使って世の中のためになる、と井深さんが書いたのは、大変な勇気と先見の明だった。やはり大志を立て、それに向かって着々と行こうという井深さんの気概に引っ張られて、ここまで来た――盛田さんは、後年こう語っておられる。

他人《ひと》のやらない新しいことを

それにしても東京通信工業を設立するまでの間、井深さんはどんな思いで、何をしようと考えていたのだろうか。井深さんの大志はどのようにして育っていったのだろうか。

「とにかく一貫して言えることは、他人のやったことじゃない、新しいことを手がけようという、そういう意識が私の頭の中から離れなかったですね」

この〝他人のやったことじゃない、他人の真似をしない〟というのが、一つ非常に大きな志だった。そして、それはソニー・スピリットとして現在も受け継がれている。

「これは大変な技術開発を伴って困難さが伴うんだけど、一つそれを乗り越えちゃうと新しい境地が開かれるわけですからね。これはやめられないですよ」

「技術の考え方というのは、まず何らかの基本的な発明があって、その発明を土台にして、これを少しいろいろ直して、それで技術的に使えるものにしようというのが普通の発想なんですよ。ところが、本田さんも私もまず目的を決めちゃって、その目的をやるためには、目的を達成することだけを目標にする訳なんですよ。これをやるために、こういう技術を使わなければならないから、その技術を完成させましょう、ということなんです」

「だから技術の考え方も、普通の技術は、何かが発明されると、それを技術開発して一生懸命実用化できるようにする訳ですが、全部が全部ではないですが、まず目的を立てる訳です。うまくいかないなら、そこを直していって、そんな技術があろうがなかろうが、かまったことではない、技術をこしらえ出す訳です。ということは、本田さんも私も技術者みたいな顔をしていますけど、あまり技術のすべてを知っている訳ではないから、乱暴なことがやれるわけなんですよ」

井深さんのような卓越した技術者が、すべてのことを知らない。これは意外な気がしてしまう。

「知らないから。難しさを知らないから。もっとも、トランジスタを作る時は誰もそんな経験がないから、どれだけ難しいというのはわかるわけないんですけども」

井深さんは、一九五〇年に日本最初のテープレコーダー「G型」、五五年に日本最初のトランジスタラジオ「TR－55」、六〇年には世界最初のトランジスタテレビ「TV8－301」、六八年には独自の〝トリニトロン〟カラーテレビ等、日本初、世界初の商品を次々に世に送り出した。とりわけ、トランジスタラジオの開発は、真空管をトランジスタに置き換え、それまでごく限られた分野でのみ利用されてきたエレクトロニクスを、一般家庭にまで普及させる端緒となった。（当時の米国には、トランジスタという技術の〝種〟はあったが、民生用としては補聴器ぐらいにしか使えないものだと考えられていた）

「私がトランジスタラジオをこさえようと言った時に、アメリカの人たちも皆んな、そんなのは無茶だからやめておきなさいと言った。と、いうことは、その時、百個トランジスタをこしらえて、使えるのは数個しかとれなかった時なんです。その時に、トランジスタラジオを私はやりましょうと言ったのが、今日の私どもソニーの存在する一番の大きな理由だと思うんです」

「使えるトランジスタの歩留まりが数パーセントのもので、ラジオをこさえましょうという方が無理なんだけど、歩留まりというのは、どこかにやり方が間違っているから悪くなるんだから、それを発見していきさえすれば、がくんと歩留まりはよくなるわけです。そういうことで、無茶苦茶に始まったのがトランジスタラジオなんですよ」

しかし、実際にアメリカからも無謀だ、やめたらどうだと言われたのだ。その時はどういう気持ちだったのだろう。

「無謀だ、などと言われても、そんなことはあまり気にならなかったですね。トランジスタの製造技術などは経験したことがないですから、どれだけ難しいかということはわからないし、またその時は専門家なんて世の中にいないいんですよ。自分で決心してやるよりしようがない」

かえって、わからないから強かった、というわけだ。

「そう。だから素人だったんです、そういう意味での技術に対してはね」

人々の生活を変えた〝タイムシフト〟

井深さんは、新しい商品を世に送り出すことによって、新しいライフスタイルを作り、新しい文化を生み出していったのだと思う。

トランジスタがラジオの概念を変えたように、小型、軽量のトランジスタテレビは、テレビの使われ方を大きく変化させた。さらに後の家庭用VTRの開発によって、印刷媒体と同じように、テレビ番組を好きな時に見るという〝タイムシフト〟が可能になり、テレビの概念を根本から変えることになった。

この〝タイムシフト〟については、前述のインタビューとは別の機会にうかがったことがある。

「昔はラジオは立派な家具のような扱いでちゃんと家の中に、その場所がきちんと決まって、大事に置いてあるようなものだったんですね。一家に一台。それが今はもう、いわゆるパーソナルなものになってきたという、そういうところがすごく違うし、ビデオや映画でも、それに伴っていろいろな番組でも、みんないつでもどこででも見られるようになったんです」

ビデオは、まさにそうだ。一方向の時の流れを一時的にせよ、逆流させた、とも言える。

「人間の〝タイムシフト〟が変わりましたね。今までだったら朝七時のニュースは朝七時じゃなきゃ見られなかった。それが桜井さんに毎日会いたければ、土曜・日曜のニュースをビデオにとっておいて、その気になれば毎日会えるようになったという、そういうことが文化として今までと根本的に違ってきたんですよ」

面白そうな新しい技術の芽を見つけて「もっとやれ」とけしかける井深さん。それを受けて、商品化に結びつけるアイデアを出す盛田さん。創業以来お二人は絶妙な連携プレーでやって来られた。

音楽を楽しむスタイルを大きく変えた〝ウォークマン〟も、井深さんの一言がきっかけとなって生まれた。「再生専用でいいからステレオ回路をつけた小型カセットプレーヤーが欲しい」

時は一九七八年、当時のテープレコーダーはポータブルとはいえ、かなりの重さで携帯用とは呼びがたかったが、井深さんはいつも、海外出張に持って行っては飛行機の中でステレオ音楽を楽しんでいた。

井深さんの要望に応えて、録音機能とスピーカーを除いて、再生機能だけの試作機を作ったが、社内では「録音機能がなければ絶対に売れない」と反対する声があがった。しかし盛田さんが周囲の反対を押し切った。早期に商品化することを指示。かくして、〝いつでもどこでも気軽に音楽を楽しむ〟という新しいスタイルは、またたく間に世界中の若者の心をつかんだのである。

仕事を愛してやろう

東京通信工業設立時、井深さんは、自由闊達で愉快な理想工場を作ろうと、〝設立趣意書〟

に書いた。実際にご自身のものをつくる体制はどういうものだったのか、どういう体制の中で〝ものづくり〟をすすめていたのかをうかがった。

「最初はヒントか、アイデアだけでね。そういうものは、まるっきり素人の人からポカッと出るときもありますし、一生懸命やっていた人から出ることもあるんです。どちらも重要なんですが、それをだんだん、ものになるような方法に持っていかなけりゃならないんですね。プロデューサーがいるんですね。

だから、私は『プロジェクト』という言葉が非常に好きなんです。仕事というのは、プロジェクトでやるのが一番いいんです。プロジェクトというのは、はっきりした題名、目的が与えられていて、その目的達成のためにチームを作ってやるわけです。目的がはっきりしている、はっきりさせるということは、みんなの気持ちをモチベイトさせるのに重要なことなんですよね。

私は組織で物事を進行させるというのは反対なんですよ。組織でやったら、どうしても一生懸命やろうということが欠けてしまって、責任感だけでやらなけりゃならなくなる。だけどプロジェクトチームでやるとなると、『それをやる』ということが最大の目的になってくるわけですよ。ですから、会社でも役所でも、組織というものは、むしろ〝戸籍〟だと考えて、その戸籍の本籍から飛び出して、プロジェクトをやるのに意欲満々たる人だとか、技術の非常に優れた人だとか、あらゆる方面から集めて、プロジェクトチームをつくってやるんです。私の経験から、これは非常にうまくいくケースがあります」

会社のため、というより、自分が好きだから、という方がいいものが生まれる。井深さんの仕事に対する考え方は明快である。

「好きだということも必要だけど、好きになるということも大切ですね。仕事を任せようと考えている人には、その仕事を好きになってもらわなければならない。そのためには相手が素人だと思っても、相当乱暴な意見であっても、尊重してなるべく思うとおりの仕事を、まずさせることです。その上で、目的のために良いとか悪いとかの評価をしていけば、みんなの意気というのは上がってくるんだと思いますね。だから、上に立つ人というのは、やはりプロジェクトのマネージャーになったつもりでね、人を引っ張っていかなけりゃいけないし、やはり〝泥〟は一番トップの人がかぶらなきゃならない。その覚悟はしていかなきゃいけないですよね。だからある場合には、泥をかぶる覚悟で勇敢に突っ込んでいって、だめだったらシャッポを脱いで謝る。

責任、責任というような考えでそれにけじめをつけてしまうことは、私はちょっと誤りだと思います」

目的とそれを実現する技術。この二つをつなぐものは、非常に人間的な感情なのかもしれない。今、ものをつくっている技術者達に伝えたいことをうかがってみた。

「やっぱり、一番アドバイスしたいのは、技術とは限りませんけどね、仕事に対して熱情を持つ、仕事が面白くてしようがないというふうに、自分を変えていく。そうすると、非常に仕事というものの意味が違ってくると思うんですよね。いやいやながらやっていたら、これは、良い仕事なんて絶対できないけど、少し無茶苦茶をしてでも、この仕事を愛してやろう、この仕事をしでかしてやろうという気持ちを一人ひとりに与えるということ、これが非常に大切なんだと、私は思います」

井深さんの喜ぶ顔が見たい！

一九九二年、井深さんは産業人として初めて文化勲章を受章された。その授章理由にこうある。

「その高潔なる人柄と相まって、わが国の科学・技術、産業、教育、社会福祉および国際関係の向上・発展等多方面に貢献し、その功績は極めて顕著である」

人柄に触れた授章理由の文言はきわめて珍らしく、私たち周囲の人間は大喜びをした。創業当時から二人三脚で歩んでこられた盛田さんも、文化勲章受章を祝う会で、満面の笑みを浮かべてこうスピーチされた。

「……私たちはそうした井深さんの人柄ゆえに、そのもとに集まり、その夢を実現しようと力を合わせてきました。この受章を私も大いに誇りに思います。そしてソニーという世界に冠たる会社をつくりあげた井深さんに、心から『ありがとうございました』と申し上げたい気持ちでいっぱいです」

軽井沢でのインタビューをきっかけに、私は井深さんご夫妻と大変親しくさせていただいた。

ある日、アナウンス室に突然、盛田さんから電話が入った。

「今、病院からの帰りなんですよ。実は今、井深さんが東京都済生会中央病院に入院しているんです。病室の前に◯◯◯という名前が出ているけれど、それが井深さん。桜井さん、ぜひお見舞いに行って下さい」

早速病室に伺うと井深さんは勿論のこと、奥様まで「まだ、どなたにもお知らせしていないのに」と大変喜んでくださった。

井深さんの友人は自分にとっても大事な人、と盛田さんは私のこともいつも大切にしてくださった。井深さんの思いを共にしようというあたたかい気持ちがあったのだろうと思う。

盛田さんに限らず、取締役会議長の大賀典雄《おおがのりお》さん、会長の出井伸之《いでいのぶゆき》さんをはじめ多くの方々が、井深さんの喜ぶ顔がみたくて仕事をしているんだ、とおっしゃる。

井深さんは純真そのもので、嘘がつけない。いつも新しいものへと関心が移り、興味のないことにはソッポを向いてしまう。そんなときは話しかけても知らんぷり。人におもねることのない人だ。

だからこそ、井深さんの笑顔は天下一品。一点の曇りもない。私自身も、その天下一品の笑顔が見たいがために、毎年続けていた〝年中行事〟があった。

盛田さんは、愛知県で四百年近く続く造り酒屋の十五代当主だが、お酒はほとんど召し上がらない。これはつとに有名である。

実は、井深さんもお酒は全く召し上がらない。一度、ウォツカを水と間違えてゴクゴクと飲み干してしまい、ひっくり返ったことがあるとうかがった。とにかく大の甘党で、お誕生日のお祝いや、文化勲章の受章パーティーなど、フランス料理のコースの締めくくりにも、〝井深さんのおしるこ〟が振る舞われるのが常であった。

さて、件《くだん》の年中行事とは二月十四日のバレンタインデーのことである。当日は社員や社員の奥様方を始め、たくさんの方々からのチョコレートが井深さんのもとにどっさり届けられる。

私はといえば、いつもとっておきの〝桜餅〟をお持ちすることにしていた。かつて取材で知った、江戸時代から続く東京向島の老舗「長命寺桜もち」の桜餅である。うす桃色のやわらかな桜餅が、塩漬けの大ぶりの葉っぱ三枚にゆったりと包まれている。口に入れると、葉の香りと共に上品な甘さがいっぱいに拡がって幸せな気分になる。〝長命寺〟の名にあやかりたい、という思いもあった。

この〝桜餅〟は向島まで足を運ばなければ手に入らない。朝方まで仕事をしていても、十四日は東京西部の自宅から午前九時の開店に合わせて向島へ駆けつけ、桜餅を購入したその足で三田のお宅までお持ちした。井深さんは私の前で包みを開き、その往復の時間をいつくしむように、目を細めて召し上がって下さった。

それにしても、しっかりとした桜の葉っぱが三枚重ねで贅沢《ぜいたく》に使ってある。

「この葉っぱは三枚とも取るのかな。いや、一枚はこのままにして食べてみようか」などと、あの少年のようなきらきらした目で楽しそうに尋ねられた。

春が近づくと思い出す、井深さんの笑顔である。

井深　大

直感力を磨け、心を育てよう

起業家として、青年期から独自の道を開拓しつづけた井深さんの精神。それは、若いからこそ挑戦できたことなのだろうか。

「年齢に関係ないと思いますね。新しいものとか、経験したことのないものに対して、どれだけ感激性を持てるかということだと思うんです。私も本田さんも、ちょっとしたことを聞くとすごく感激しますよ。その新しいこと、進んだ技術のことをちょっと聞くと、その感激性を持つことができるから、これはひとつ突っ込んでみようとか、自分でやれなければ、それこそ若い人にこれをやってもらおうとか、そういうことで、そういう新鮮ささえ持っていれば年齢には関係ないと思いますね」

「私がやりたくて努めてやってきたということは、新しい技術の開発だけですね。他は会社のスケールを大きくしようとか、資本金を倍にしようとか、そういうことは一つも頭になかった訳ですけれど、この新しい開発をひとつものにして新しい産業を興《おこ》そうというそういう野心は、今でも持っていますよ」

井深さんは、技術を開発するにあたって感性、直感力の重要性を指摘されている。

「その技術の将来性というものがピンと来るかどうか、これは非常に重要なんです。いかなる場合でも、直感力というのは非常に大切なの。これは、右脳と左脳の働きに似ています。左脳は、理論的に細かく分析して、それで納得するんですけど、右脳は直感力で、この物事の進み方は面白いぞ、将来性があるぞ、という解釈をする」

　では、井深さん自身は右脳と左脳、どちらが長《た》けていると自己分析されるだろうか。

「右脳はあまり強くないですね。左脳で考えることの方が多いみたいだけど、でも、直感力というのはありますよ」

　そういう直感力や、技術を生み出す感性を磨くことははたして、できるのだろうか。

「やはり、あまり専門的に突っ込んでいって深くなると、感性はそれに対してしか向かなくなる。感性というのは、とんでもなく飛躍しなければならない。そのためには、自分の視野を少しでも広げるということが大切だと思うんですね。自分の専門だけではなしにいろんな分野のものを、本当に興味を持ってながめるというようなことが必要だと思いますね」

　そもそも私は、技術と感性というのは結びつかないような気がしていたのだ。

「決してそんなことはない。技術を理詰めでやっていったら、これはもうコンピューターで技術革新をやればいい、ということになるけれども、レオナルド・ダ・ビンチのように、芸術家の夢想や幻想といった感性が技術と結びつくと大きな飛躍ができるわけですから。やはり、枠の中からどうやって飛び出すか、というのはポイントだと思いますね」
技術革新は、結局、人間性が重要だということなのだ。
「現代のほとんどすべての人は、科学が万能という錯覚に冒されているけど、科学でとらえられない人間の心というものがあると思うんです。この心を育てることが大切なんだけど、今の日本の教育は、そのことを忘れてしまっているんですよね」

井深さんは一九九七年十二月十九日、冬晴れの朝、亡くなられた。二年半あまりが経つ今、日本はまさに〝IT（Information Technology）革命〟の渦の中にいる。

自由闊達にして愉快なる理想工場の建設
日本よ俺について来い
どれだけ感激性を持てるかだ

井深さんの精神は、世紀を超えてなお、みずみずしく私たちに語りかけてくる。

田中角栄

角さんのDNA

後藤田正晴

ごとうだ・まさはる　1914年徳島県に生まれる。東京帝国大学法学部卒業後、39年内務省入省。以後、自治省官房長、警察庁長官、内閣官房副長官を経て、76年、旧徳島全県区から衆議院議員に当選し、以来当選7回。その間、自治相、内閣官房長官、総務庁長官を歴任し、宮沢内閣で副総理兼法相を務めた。96年引退を表明。著書に『情と理　上・下』がある。

田中角栄

たなか・かくえい（1918—1993）

政治家。新潟に生まれる。72年自民党総裁・首相。日本列島改造論を唱え、高度経済成長路線の継続をはかった。74年金権政治的体質を批判されて首相を辞任。76年ロッキード事件で逮捕。

この人ぐらいDNAを強く残した人はいない

――田中角栄の足跡をどう評価するか。

田中さんが第一線から退いてすでに四半世紀が過ぎた。それでも、政治的な影響力は今も残っている。影響力、一口に言えば、田中角栄のDNA。この人ぐらいDNAを強く残した人はいない。

旧田中派からどれくらい総理大臣が出たか。総理大臣でなくとも、政界の有力者を多数輩出している。直後に出てきたのが竹下登《たけしたのぼる》、金丸信《かねまるしん》。後に総理になった橋本龍太郎《はしもとりゅうたろう》、梶山静六《かじやませいろく》、前総理の小渕恵三《おぶちけいぞう》。野党へいくと羽田孜《はたつとむ》、小沢一郎《おざわいちろう》、細川護熙《ほそかわもりひろ》、鳩山由紀夫《はとやまゆきお》がいる。

とにかく日本の政治を引っ張ってきた。他の人は一代限りというのが普通で、田中さんほど、日本の政治史に影響を及ぼした人は例がない。

――なぜ、それほど影響を残せたか。

それは、統率力である。あの人は政治の第一線にいるとき、「コンピューター付ブルドーザー」といわれた。強力な施策を打ち出して実現していく力があった。当時、内閣の最大の問題は、日本全体が過密と過疎の両極端に分かれていたことである。格差が生じていた。それをどう埋めたらよいのか。それが、田中さんの最大の課題だった。

そこで打ち出されたのが、大都市で必要のないものは全て地方へ分散する、工業の再配置である。東京なら東京の工場を首都圏の外に分散、配置する。同時に、それに応じた拠点都市をつくっていく。拠点都市の人口は二十五万人から三十万人にして、拠点都市を高速道路と鉄道で結ぶ。そのために、新幹線の建設と高速道路を計画したのである。

それが、田中角栄の大計画、「列島改造計画」だった。この計画の主眼は、政治の理想からいえば、日本人である以上日本のどこに住んでも、恩恵を平等に受けることができるような国づくり、ということだ。工業だけでなく、商業施設も教育施設も再配置した。筑波《つくば》にある研究学園都市もそのとき手がけたものである。つまり、「列島改造計画」は、田中さんがやった政治の理想なのである。

——しかし、いいことばかりではなかった。

忘れていた点が一つある。それは、ソフトをどうするかということ。「列島改造計画」は大改革なので、その過程でどうしても「ヒズミ」、つまりは、日の当たる部分と日の当たらない部分が発生する。本当は、全部が日の当たるようにする計画だったが、実際はそう簡単にはゆかなかった。

なるほど国民全体がある程度豊かになったが、その実、金持ちになったのは土地持ちである。すなわち、地価高騰が起こった。土地は需要が増えても増産できないから、土地需要の多い都市は地価がだんだん高くなった。分散すれば安くなるのだが、二十五万都市をどこにつくる、ということになれば、その土地の値段が上がるのは必至だ。地価高騰の地方拡散だ。

そして、それが原因となり、物価が高騰した。そうなると、収入のある人はいいが、そうでない人は辛い立場に立つことになる。「列島改造計画」は、ハードの面ではよかったのだが、実行する過程における、社会的な摩擦、あるいは福祉厚生、そういった面が抜けていた。

田中さんが、ぼくに言ったことがある。

「後藤田君、ぼくが厚生大臣をいっぺん経験しておれば、こういう計画だけではなかったよ」と。

――田中角栄の政治の理想とは何か。

日本のどこに住もうと政治の光が当たるということ、これが田中さんの理想である。

それをハードの面で実現しようとしたのが「列島改造計画」だったが、その実現の過程で発生する社会的な様々な問題に対する手当てが、計画の中に含まれていなかったのだ。それが、あの計画の失敗の原因だった、とぼくは思う。

「こんな不公平な世の中があるかい」

――なぜそういう政治の理想を持っていたのか。

ぼくは田中さんに、どうして政治家になったのかと聞いてみた。すると、「後藤田君、きみは南国徳島《とくしま》の生まれだな」と言う。「ああ、そうですよ」と答えたら、「きみ、雪の被害がわかるか」ときた。「雪の被害って、あなた、十センチも雪が積もることさえ滅多にないんだから、雪の被害なんてわからんですよ」と、ぼくが言うと、田中さんはいった。「だから、きみらの考え方では駄目なんだ。おれは六ヵ月間、雪に閉ざされた新潟で育ったよ」

そして、妙なことを言い出した。「きみは東京に住んでいて、家に風呂《ふろ》があるから銭湯に行くまい」と。「なんですかいな」というと、銭湯で背中を流す人の出身県を聞いてみろ、と言う。東京に来ている女中さんの出身県を調べてみろ、とも言った。「いちばん多いのは新潟県だよ」、と。

それは、雪の被害だ。同じ日本に住んでいて、六ヵ月間、雪に閉ざされているから経済活動ができんのだ。経済活動ができなきゃ、子育てすらできんじゃないか。貧乏で、収入がないんだよ。こんな不公平な世の中があるかい。おれは、それを直すために政治を志したんだ、と言っていた。

そこに、あの人自身の政治を志した理由があった。それだけに、社会的な弱者と呼ばれる人たちに対する思い入れがあった。あの人自身が苦労して育ったからだ。ぼくに言わせれば、素晴しい頭の回転で、記憶力は抜群で、学校へ行くことができたらずっとトップをつづける人だ。それは間違いない。それでいて、若いときに非常に苦労している。地べたから這《は》い上がった。だから、庶民感覚というものが身についている。

――金権政治家というレッテルとはかなり落差がある。

あの人自身が苦労している。だから、日本の改革をやらなきゃならない、世の中の不公平を直すんだと思っていた。そして、本来、備わっていた天稟《てんりん》の鋭い感覚、頭脳の明晰《めいせき》さ、そして性格の強さ、ある意味での天才的な要素というもの、それらが厳しい環境の中で磨かれて成人し、政治の場で発揮された、とぼくは思う。それが、あの決断と実行の政治につながったのだ。

ただ、決断と実行といっても、あの人の場合であれば、政治は数だ、ということ。

これは当たり前のことだ。多数決原理を認めなければ議会政治は成り立たない。今は、数は力なりと言ったらマスコミから攻撃を受けるが、事実は多数決原理を認めなければ民主主義は成り立たない。そうなると、やはり政治は数ということになる。そのためには選挙だ。

選挙には経費がかかる。こういうようなことから、マイナス面が出てきた。

ぼくは、田中さんの仕事と能力と影響力の大きさは大変なものだと思うが、しかし同時に、日本の政治に大きな欠陥を生んだ、ということも否定しない。政治の両面に大きな影響を残したな、という気がする。

——田中角栄との出会いは。

ぼくが警察庁の会計課長になってからだ。警察庁の会計課長は警察の予算全体を長官折衝の前の段階までやる。だから政治家との関係が深くなる。警察庁がつくった原案を、衆参両院の地方行政委員会の委員とか、治安対策特別委員会の自民党委員に説明し、了解してもらうわけだ。その中で、田中さんとの関係が深くなったことは間違いない。

ぼくは田中角栄の子分だという人がたくさんいる。まさにその通りだが、説明して陳情するときに、あの人ぐらい早く中身を飲み込む人はいない。理解が早い、そして即決する。

——どこに陳情に行くか。

あの人が幹事長なら幹事長室、政調会長であれば政調会長室だ。それから夜、自宅に行く。相手が忙しいから時間がない。各省から来ているから、時間がとれない。要するに向こうの時間が空いているときに行く。

——小佐野《おさの》氏と田中氏の関係は。

世間は誤解している。田中さんは小佐野賢治《けんじ》君との仲をいろいろ言われ、小佐野君は政商だと言われていた。その小佐野君と田中さんとぼくを一体にして、ぼくらは攻撃されたことがある。しかし、小佐野君と知り合ったのは、ぼくの方が田中さんより古い。知り合ったのはバラバラである。

ぼくは小佐野君とは昭和二十二年に知り合って、それからのつきあい。彼は優れた男だ。よく働く。小学校しか出ていないけれど素晴しい頭の回転だ。どこの社会にいても旗頭になる能力があったと思う。小佐野君とは、よく料理屋で飲んだ。

だけど、田中さんとはそうしたつきあいは一切なく、公の仕事だった。だから、田中さんと小佐野君との関係がどういう関係だったかは、深くはわからない。わからないが、少なくとも小佐野君との関係で見るならば、ぼくの方が先だったと思う。

田中さんと小佐野君は刎頸《ふんけい》の友だと言われている。私の知る範囲では、田中さんと小佐野君は刎頸の友なんていう関係ではない、と思う。どちらかと言うと、田中さんが利用される方が多かったのではないか。これは、ぼくが脇《わき》から見たところだが。

「とにかく歩け、徹底して歩け」

——田中角栄の金権イメージが選挙に落とした影とは。

昭和四十九年七月の参院選挙では、私と久次米《くじめ》さんの公認争いをめぐって、当時の田中総理と三木《みき》副総理の間が感情的な問題にまで発展した。私はそのとき、選挙費用は潤沢にあった。応援していただくのは、東京は日清紡《にっしんぼう》の桜田武《さくらだたけし》さん、新日鉄《しんにってつ》の永野重雄《ながのしげお》さん、実際の資金集めに動いていただいたのは、日本精工《にっぽんせいこう》の今里広記《いまざとひろき》さん。錚々《そうそう》たる顔ぶれである。

当時、今里さんから、後藤田君、いつ、どの程度いるのか言ってくれ、という話があった。私が判を押した領収書を今里さんにお預けしたわけだ。だから、こちらが必要だというとき、送ってくれる。

資金は、不自由なしに使えたということだけは事実である。それで、私はいわゆる当時の金権候補の筆頭になったわけだ。

——衆院選挙はどうだったか。

これは厳しい戦いになることは当然だった。この選挙では、私の甥《おい》が出ていた。社会党の井上普方《いのうえひろのり》君だ。このとき田中さんから言われて、忘れられないことがある。

「後藤田君、姉さん（井上普方君の母親でぼくの姉）が生きている間は井上君を落してはならんよ」

当時、心配だったのは、私の甥に影響しやしないかということだ。私の親戚の票が割れる。彼はいつもすれすれ当選なのである。

その時の一番の思い出は、田中さんの教えであった。それは、「後藤田君、徹底して歩けよ」というもの。歩けよ、ということは握手をして知ってもらわなきゃいかんよ、ということだ。まさに選挙をやれば、今の日本の選挙では歩かなくては勝てない。

――選挙の最中にロッキード事件が起きた。

アメリカ上院のチャーチ委員会での証言の中から、日本の政界に対してトライスターという民間航空機の購入をめぐって、献金があったというようなことがきっかけになって、出てきた。それがだんだん発展して、田中さんが昭和五十一年七月に逮捕された。選挙の前だ。

そうなってくると、後藤田は田中派だ。したがってロッキードに関係しているということで、ロッキードの汚職事件に関《かか》わりを持っている人間だと宣伝された。

――田中角栄の協力はあったか。

田中さんは、とにかく歩け、と助言してくれた。それ以外は言わないし、直接の手助けはほとんどなかった。ただ、田中派の皆さんが入れ替わり立ち替わり応援に来てくれた。選挙をやるといっても、田中さんから直接の援助を受けたという経験は少ない。田中さんは、たとえば県内の有力者の誰それとか、あるいは大阪の経済界の誰それとかに、後藤田を応援してやってくれよ、と頼んでくれていた。だいたいそういうことだ。派閥の親分というのはそれが多いのではないだろうか。直接援助は少ない。

派閥の親分が直接金を渡すのは、派閥の代議士に正月の餅代《もちだい》ということで、同じような金額を渡すということ。選挙のとき特に一人だけ余計にやるのは、当選か落選かの境目の人を落したらいかんというときに、くれることはある。

一喝《いっかつ》で決める力

田中さんに一番感謝したのは、参議院で落選したときだ。当時は弁護士費用のために、ずいぶん物を売った。二百六十八人も検挙されていたのだから、これは徹底して面倒をみなくてはならない。選挙違反で迷惑をかけた人には本当にあいすまんと思う。このとき、田中さんに後始末のために弁護士の費用をいただいた。それは落選後で、資金がなかったから。

――田中さんは料理屋の下足番《げそくばん》に金を渡した、と聞く。

あの人はチップをやることがあったんだろうが、それが誤解を受けたんだろう。何か迷惑をかけたと思ったら、お返しをするという人だ。

要するに、地べたから這い上がったから、みんなの苦労を知っているわけだ。過大に人が言うだけだと思う。

――田中さんは決断が早いと言われた。

山一證券に対する日銀特融《にちぎんとくゆう》の決断などは、とてもじゃないが普通の人にはできない。当時は、結論の出ない百日論議をやっているわけだ。田中さんのような人でないと、あの当時、日銀特融というのはできない。一株式会社に対して日本銀行が特別融資するというのだから、そう簡単ではない。

今度の公的資金を銀行に融資するというのも、なかなか議論百出で踏切れなかった。しかし、何百何千万という預金者を保護するということで、しようがない、公的資金を出しましょう、となったわけだ。

しかし、田中さんのときには、山一が倒れることによって、どれだけの金融機関や投資者が倒れるかということだ。範囲は狭い。それでも、あれをやらなければ大変な証券不況になるということで、田中さんの一喝で決めた。

ああいうときの即断即決というのは、並みの人にはできない。決断しても実行がともなわない。田中さんは、それがやれる。議会というのは数の政治である、ということだ。あの人自身の政界における数の力は、田中派だけではないから。各派に隠れ田中派がいた。だが、そこに落とし穴があることを絶えず考えておかなければならない。「列島改造計画」でも、しかり。けれども、落とし穴に対する穴塞《ふさ》ぎというのは、なかなかできないものだ。それが田中さんの失敗の一因となった。要するに、地価高騰と物価騰貴である。

——外交では日中国交回復があったが。

これは田中内閣の大きな成果である。日中国交回復というのは、長い間、一生懸命に尽力された人たちがいる。しかし、なかなか実現しなかった。

ところが、田中さんが総理になった頃には、中国も日本との国交回復を欲していたことは間違いない。ソ連との関係が厳しくなっていたから、向こうとしては、アメリカとソ連に挟み撃ちされてはかなわない。だから、日本と国交回復してアメリカとの関係をよくしたい、という考えになっていた。同時に、中国革命をなしとげた第一世代の毛沢東《もうたくとう》と周恩来《しゅうおんらい》が健在だったことも大きい。

こちら側はどうかというと、戦争が終わって平和条約を結んで一応のケリをつけたのだが、内戦の結果、中国全土を支配したのは中華人民共和国になったわけだ。だから、日本もそれだけですんだ、というわけにいかない。

民間では高碕達之助《たかさきたつのすけ》さんや岡崎嘉平太《おかざきかへいた》さん、政治家では松村謙三《まつむらけんぞう》さん、彼らが中心だった。そのほかに藤山愛一郎《ふじやまあいいちろう》さん、三木武夫《たけお》さん、古井喜実《ふるいよしみ》さん、竹入義勝《たけいりよしかつ》さんといった人たちが、国交回復のためにずっと動いていた。

しかし、一方では、台湾との関係を維持すべきだという、北京との国交回復を阻止する勢力も強かった。党内では、この二つの勢力が大変な争いをしていたわけだ。

ところが、田中内閣が誕生して、こちら側にも日中国交回復の布陣が整う。総理が田中角栄さん、外務大臣が大平正芳《おおひらまさよし》さん、官房長官が二階堂進《にかいどうすすむ》さん、ぼくと山下元利《やましたがんり》君が留守居役の官房副長官だった。勿論、私たち二人は留守番で脇役に過ぎなかったが。

この問題は、党の中では決められない。そのとき、決断したのは誰かといえば、田中さんと大平さん。

日中国交回復にとって、何が障害になるかといえば、中国に日米安保条約を認めさせなければいけない、ということであった。同時に、台湾の問題が絡んでいたわけだ。

台湾の問題は、当時の中共政府、今でいう中国政府の主権の問題である。日本が中国と国交回復するということは、中国は一つである、中国を代表する政府は北京にある中華人民共和国政府である、ということを認めることである。その代わり、中国は日米安保条約を認めましょう、と。

問題は台湾だ。中国側は、台湾は中国の一部ですよ、中国は一つですよ、と主張する。その主張を呑《の》んで、台湾を捨てるかどうか。日本は、中国の主張に対して「認めます」とは言わなかった。「理解し、尊重する」と言ったのである。それが今でも続いている。だから、台湾の問題は今でも残っているのだ。

まさに、日中国交回復が実現したのは、時代の状況がよかったのと、人の配置がよかったから。田中さんのいちばん大きな仕事は、やはり日中国交回復である。

「わかった」と言ったことは絶対やってくれる

――田中角栄は理念型の政治家だろうか。

理念型といえば、中曽根《なかそね》さんだ。こちらが、はるかにしたたかだ。田中さんは脆《もろ》い。樫《かし》の木みたいな人で粘りがない。だから、田中さんは、すぐ諦めてしまう。そこへいくと、中曽根康弘《やすひろ》は近来にないしたたかさで、理想みたいなものをもっている。

あの人は国家主義者である。どちらかというと、国家社会主義的な人だ。それに対して、田中さんは現実政治家で、かなり強引な調整型。調整というより、引っ張り型である。

ただ、強烈な理念があって引っ張るのではない。外交などの面でみると、右でも左でもない、真ん中。旧い自由党的な人からみると、左ということになるのではないかと思う。

田中派というのは、そういう派である。自民党でいえば、真ん中だ。三木さんがちょっと左におって、田中さんより右に福田さんがいて、それよりちょっと右に中曽根さんがいる。そういう形である。大平派が少し幅が広くて、田中派の両側にいる。

——田中角栄の理念を強いて言うとすればどうなるか。

あの人は〝追い付こう型〟の考えの人ではないだろうか。豊かにしようと先を見ていた。資源外交がそうだ。資源を確保するために、オーストラリアへ行ったりしてね。油のことで国際メジャーにも狙われたわけだ。あれが失脚の原因にもなった。

どうしてエネルギー資源の確保を考えたかというと、要するに油が足りなくなって、どうにもならない。物価は高騰する。OPECが減産方針を申し合わせて、生産制限をやった。もともと、日本が経済復興を出来たのは、初めは一バーレル一ドル半、原油安ということだ。それが二十ドル、三十ドルに上がると、どうにもならない。エネルギー価格が上がると、日本の電力・ガス料金が上がる。そこに物価騰貴の原因があった。

だから、田中内閣の後半の課題は資源をどうするか、ということだったのだ。田中さんは、経済の現況と先行きを見ていた、ということだ。単に目の前の処理だけをやる人ではないけれど、多くの場合、目の前のことを処理するときは、間、髪入れずにやっていた。現実派と言った方がいいだろう。

だから、田中さんの理念は何かと聞かれても、中曽根さん的な理念はない。ただ、新潟の雪国で育ち、学校も出ていないという関係で、世の中の不公平さを身にしみて知っていた。こんなことでいいのか、みんな豊かになろうという思いがあったということは間違いない、と思う。

ロッキード事件が起きたあとの選挙で、田中さんは、自分に投じられた票は農村一揆《いっき》であると演説したそうだ。確かに、こんな不公平な世の中があるか、という思いは強かったろうが、しかし、それは共産党のような考えや思いである筈はない。努力すれば報われる社会だ。

――田中角栄の強みと弱みは何か。

あの人が他の代議士と違うところは、陳情に来た相手に、「わかった」と言ったことは絶対にやってくれること。「うーん、難しいなあ」と言うのがある。それは大体駄目なのだ。だけど、駄目になってから駄目になったとは言わない。駄目と決まるまでに必ず連絡がある。あれは結局、こうだけど駄目だから勘弁してくれ、と。他の代議士は、「わかりました」とみんな言うけれど、努力も何もしていない。この点が大きな違いである。

それから、お宅の机の上に書類を入れる決裁箱が置いてあった。その中にいっぱい履歴書が入っていた。「これ、何ですか」というと、「履歴書だよ。選挙区の娘や息子の就職を頼まれてるんだよ、きみ」という。こんなに沢山あって出来るのかと聞くと、頼まれているからやるんだ、と言っていた。

それくらい、あの人は若いときから努力してきた。頼まれたことは、真っ正直に対応していた。だから選挙にも強かったし、信用もあったのだ。

ただ、性格が明るくて開けっぴろげだから、物を言いすぎることがある。あの人と話していると、頭の回転が早くて、人の話を三分の一ぐらい聞いて、「わかった、わかった」と言う。

だから、「わかったの角さん」と言ったものだが、本当は、早のみこみのこともある。こちらが充分説明してから最後に言おうと思っているのに、途中から、「わかった、わかった」といって、結論を出すことがある。だから、ぼくは言ったことがある。

「総理、あなたはすぐ『わかった、わかった』とおっしゃるけれど、言ってはいけない人でも、見境なしにおっしゃる。あなたが昇り龍のときはいいですよ。しかし、下り坂にさしかかったときは、今、あなたが話していることに足を引っ張られます。相手があなたの敵にまわったら、あなたが言っていることが逆に利用されますよ」

すると、これまた途中で「わかった、わかった」と言う。わかっていないのに。といって、本当はわかっている。だから、これは性分。ともかく明るい性格である。それが裏目に出ることがあったんだ。

「田中角栄」はもう出ない

——リーダーの条件とは何か。

いろんな人がいろいろに言っているが、まず、先見の明がなければいけない。先を見る目である。そして、それに対する対策の立案能力が必要だ。さらに、対策を果敢に実行していく力。つまりは意志の力がなくてはならない。同時に、国民の多くを引き付けていくだけの吸引力というか、統率力がなければいけない。

田中さんは、そういうものを備えていた。人を引き付ける力は群を抜いていた。今でもDNAを残していることは、その証拠である。ただ、世の中では誤解されているところがある。

あの人の吸引力は、金だけではない。大勢の人間を銭金で引き付けるほど有るわけがない。金銭で百人以上の代議士を抱えられるだろうか。多いときは百三十人位いたのだ。それ以外に隠れ田中派がいる。田中派が出す金は、一人頭にすれば一番少ない。所帯が大きいのだから。小さい派閥ほど一人頭はよけいにある。

だから、あの人の吸引力は、金だけではなくて、持って生まれたものがあった。そうでなければ、人はついていかない。代議士はみんな一国一城の主《あるじ》なのだから。

――意識的に人を育成していたか。

選挙の候補者のときから、選択していた。意識的かどうかわからないが、各議員の当選回数とか選挙区事情はどうかなど、絶えず見ておった。あの人の人材育成は、選挙のときから始まる。田中派七奉行といえば、田中さんが幹事長のときの初当選組だ。要するに国会に出るときから面倒を見て、育成していたわけだ。

これはすごいこと。あんな真似はぼくにはできない。そうやって、DNAを残したということである。

――そのDNAは今後どうなるか。

わからない。今はまだ政局が混沌《こんとん》として、収斂《しゅうれん》の入口だから、あと何回か選挙するたびに、離合集散があるのではないか。選挙直後の議席数によって、合従連衡《がっしょうれんこう》があるだろう。そうした動きの梃子《てこ》になるのが、まず、自分の選挙がどうなるかということ。それから、人間だから、好き嫌いが関係する。同時に、自分なりの人生観というもので、この政党がいいかな、ということになる。

政策の基本的なスタンスという点で、これから先、一つは憲法論が出てくるだろう。もう一つは、大きな政府でいくのか、小さな政府を志向するのか、ということだ。

大きな政府志向は、どちらかというと、格差をできるだけ小さくしなきゃならないということ。弱者の立場に立って政治をやっていこうということ。といって、従来からのイデオロギー的に言われた「大きな政府・小さな政府」ではない。政策の色合いぐらいの話である。

小さな政府というのは、国なり地方団体の役割をもう少し整理しなさいということ。これはこれなりにいい。しかし、うっかりすると強者の論理になる。この二つの方向に収斂していくのではないか。

――「田中角栄」は今後も生まれるだろうか。

なかなか出難いのではないか。今の日本は成熟社会で社会の至るところに「ヒズミ」「ユガミ」が生じている。何とか打ち破って貫いたいという気分は横溢《おういつ》していると思う。ただ、他方で成熟社会というのは、個人の暮らしは豊かになって、困難な仕事でも乗り越えてやっていこうという気魄《きはく》を失って、みんな「ソコソコ」にやっていこう、そして何でも他人のせい、人頼みだ。不満はあるんだが自らがやろうという気概を失っている。今の日本は団塊の世代が支えていて、本来はバイタリティーがある筈だと思うが、残念ながら、建設の論理の乏しい人たちだ。

田中さんのときは、日本が高度成長の上り坂をみんなで駆け上がって、先進国に追い付いて、豊かな社会を建設しようという時代背景があった。その時代のリーダーが田中さんだったわけだ。時代が生んだのである。そして、時代をつくったのだ。いい意味でも悪い意味でも。

今は、そんな時代ではない。田中さんのような人は生まれないだろう。大変革でも起これば、どうかな？

「日本のこころ（天の巻）」人物年表

七〇〇

八〇〇

飛鳥時代

奈良時代

平安時代

聖徳太子（五七四―六二二）

天武天皇（？―六八六）

額田王（生没年未詳）

柿本人麻呂（生没年未詳）

最澄（七六七―八二二）

空海（七七四―八三五）

三七五― ゲルマン民族大移動

六四五 大化の改新

七一〇 平城京遷都

七一六 遣唐使（阿倍仲麻呂）

七九四 平安京遷都

八〇四 遣唐使（最澄、空海等）

九〇〇

平安時代

菅原道真（八四五―九〇三）

平将門（?―九四〇）
清少納言（九六六頃―?）
紫式部（九七三頃―一〇一四頃）

九〇一　菅原道真、太宰府左遷

九三九　平将門の乱
藤原純友の乱

九六二　オットー大帝戴冠、
神聖ローマ帝国成立

一〇〇〇

一一〇〇

西行（一一一八―一一九〇）
平清盛（一一一八―一一八一）
法然（一一三三―一二一二）
源頼朝（一一四七―一一九九）
鴨長明（一一五五?―一二一六）
北条政子（一一五七―一二二五）
源義経（一一五九―一一八九）
藤原定家（一一六二―一二四一）

一〇一六―二七　藤原道長全盛
一〇五四　東西教会完全に分離
一〇九六　第一回十字軍（以後第八回まで）

一二〇〇

一三〇〇

鎌倉時代

親鸞（一一七三―一二六二）

道元（一二〇〇―一二五三）

日蓮（一二二二―一二八二）

一遍（一二三九―一二八九）

吉田兼好（一二八三―一三五二頃）

足利尊氏（一三〇五―一三五八）

楠木正成（?―一三三六）

一一八五　壇ノ浦の合戦

一一九二　鎌倉幕府

一二一九　源氏滅亡

一二二一　承久の乱

一二七四　文永の役

一二八一　弘安の役

一三三六　室町幕府

一四〇〇

室町時代

世阿弥（一三六三?—一四四三?）

一休（一三九四—一四八一）

蓮如（一四一五—一四九九）

毛利元就（一四九七—一五七一）

一三三九—一四五三　英仏・百年戦争

一四、一五世紀　ルネサンス

一五世紀前半　宗教改革

一四六七—七七　応仁の乱

一四七四　加賀の一向一揆

一五〇〇	安土桃山時代	武田信玄（一五二一―一五七三） **千利休（一五二二―一五九一）** 織田信長（一五三四―一五八二） 豊臣秀吉（一五三七―一五九八） 徳川家康（一五四二―一六一六） 高山右近（一五五二―一六一四） 本阿弥光悦（一五五八―一六三七） **宮本武蔵（一五八四―一六四五）** 俵屋宗達（生没年未詳）	**一五四三　種子島・鉄砲伝来** **一五六〇　桶狭間の戦い** **一五八七　キリスト教布教禁止** **一五九〇　秀吉全国統一** **一六〇〇　関ケ原の戦い** **一六〇三　江戸幕府** 一六〇四　仏・東インド会社設立
一六〇〇	江戸時代	井原西鶴（一六四二―一六九三） **松尾芭蕉（一六四四―一六九四）** 近松門左衛門（一六五三―一七二四）	**一六一四　大阪冬の陣** **一六一五　大阪夏の陣** **一六三九　鎖国**

一七〇〇

一八〇〇

新井白石（一六五七―一七二五）
大石内蔵助（一六五九―一七〇三）
石田梅岩（一六八五―一七四四）
与謝蕪村（一七一六―一七八三）
本居宣長（一七三〇―一八〇一）
伊能忠敬（一七四五―一八一八）
海保青陵（一七五五―一八一七）
良寛（一七五八―一八三一）
葛飾北斎（一七六〇―一八四九）
小林一茶（一七六三―一八二七）
東洲斎写楽（生没年未詳）

勝海舟（一八二三―一八九九）
西郷隆盛（一八二七―一八七七）
吉田松陰（一八三〇―一八五九）
大久保利通（一八三〇―一八七八）
岩崎弥太郎（一八三四―一八八五）
坂本龍馬（一八三五―一八六七）

一六八七　生類憐みの令
一七〇二　赤穂浪士討ち入り
一七一六　享保の改革
一八世紀後半、英・産業革命
一七七五―八三　米・独立戦争
一七八九―九九　フランス革命

明治時代

福沢諭吉（一八三四—一九〇一）
徳川慶喜（一八三七—一九一三）
渋沢栄一（一八四〇—一九三一）
伊藤博文（一八四一—一九〇九）
乃木希典（一八四九—一九一二）
明治天皇（一八五二—一九一二）
犬養毅（一八五五—一九三二）
原敬（一八五六—一九二一）
森鷗外（一八六二—一九二二）
岡倉天心（一八六二—一九一三）
津田梅子（一八六四—一九二九）
正岡子規（一八六七—一九〇二）
夏目漱石（一八六七—一九一六）
豊田佐吉（一八六七—一九三〇）
南方熊楠（一八六七—一九四一）
横山大観（一八六八—一九五八）
鈴木大拙（一八七〇—一九六六）
西田幾多郎（一八七〇—一九四五）
小林一三（一八七三—一九五七）

一八四〇—四二　アヘン戦争
一八五一—六四　太平天国の乱
一八五三　ペリー来航
一八五八　安政の大獄
一八六〇　桜田門外の変
一八六七　大政奉還
一八六八　明治維新
一八七一　廃藩置県
一八七七　西南戦争
国会開設建白

一九〇〇

柳田国男（一八七五―一九六二）
松永安左ヱ門（一八七五―一九七一）
野口英世（一八七六―一九二八）
寺田寅彦（一八七八―一九三五）
與謝野晶子（一八七八―一九四二）
志賀直哉（一八八三―一九七一）
石橋湛山（一八八四―一九七三）
北原白秋（一八八五―一九四二）
谷崎潤一郎（一八八六―一九六五）
梅原龍三郎（一八八八―一九八六）
石原莞爾（一八八九―一九四九）
柳宗悦（一八八九―一九六一）
芥川龍之介（一八九二―一九二七）
松下幸之助（一八九四―一九八九）
宮沢賢治（一八九六―一九三三）
川端康成（一八九九―一九七二）
小林秀雄（一九〇二―一九八三）

一八八九　大日本帝国憲法発布
一八九四―九五　日清戦争
一九〇四―〇五　日露戦争
一九一一―一二　辛亥革命

大正時代
昭和時代

本田宗一郎（一九〇六－一九九一）
湯川秀樹（一九〇七－一九八一）
井深大（一九〇八－一九九七）
田中角栄（一九一八－一九九三）
司馬遼太郎（一九二三－一九九六）
手塚治虫（一九二八－一九八九）
美空ひばり（一九三七－一九八九）

一九一四－一八　第一次世界大戦
一九二三　関東大震災
一九四一－四五　太平洋戦争
一九四五　広島・長崎原爆投下
　　　ポツダム宣言受諾
一九四六　日本国憲法公布

※本書では、太字の人物を掲載しています。

娘へ息子へ――「日本のこころ」刊行に添えて

千年紀という思いがけない稀な年に遭遇することとなって、私は何をすべきかと真剣に考えてみた。

折しも我が国は景気の一大低迷期にある。一九九〇年のいわゆるバブル崩壊のあと、遅遅として改革が進まないこの国の経済構造が不況の長期化を食い止める力を失っていたからである。しかし、それは止むを得ないこととしても、すべての日本人がつれて元気と自信までを失ってしまった、そのことのほうが私には由由しい問題に映った。加えて、各界に頻発する不祥事、十七歳の犯罪と称されるほどの青少年の非行の続出である。これを精神の荒廃、精神の喪失の風景と言わなければ何と言うべきかと私は深く肝に銘じたのである。それは同時に、私たち日本の産業に連らなる者への自省を促す風景でもあった。戦後という今世紀後半の、経済復興から始まり経済繁栄優先を貫いた日本の歩みがその風景を作ることと無縁であったとはとても言い切れないからである。日本は、世界史的に見ても目を見張るほどの経済的サクセスストーリーを描いたが、一方で「日本のこころ」を犠牲にしたのである。

私の中に、一人の先人を学ぶことが歴史の始まりである、という思いが止み難く立ち上がったのはむしろ当然のことであった。私たちは、長い日本の歴史の中に、素晴らしい「こころ」を持った魅力的な先人がたくさんいたことを知っている。その先人たちの理想（イデー）

と倫理（モラル）を思い起こし、その先人たちの「美しい生き方」を習わなければいけない。それを「日本のこころ」刊行という出版活動によって、いまこそ次世紀、次世代の人に伝えずばなるまいと心に決めたのである。

幸い、私のこの考えは、長年相共に経済に関わってきた企業人多数の賛同を得るところとなり、「日本のこころ」刊行会結成にまで至った。同時に、この度講談社の賛同を得て、また素晴らしい執筆者の協力を得て本書のような形で刊行の運びとなった。まさに快哉である。願わくば、この本が全国津津浦浦の娘たち息子たちの手に取られ読まれんことを。私たちのミレニアムの思いはそれで達成されるのである。

終りに、本書の着想から今日まで、終始陰のプロデューサーとなって慣れない私を献身的に支えて下さった藤岡和賀夫さんの名をここに記したいと思う。その献身は、ご自身が七〇年代電通に在って作られた「モーレツからビューティフルへ」の名キャッチフレーズそのままであって、私には忘れられないものとなった。また、講談社学芸局の豊田利男さん、浅間雪枝さんのお二人には、この上ない懇切叮嚀な仕事をして頂いた。併せて心からお礼申し上げたい。この上は、このような陰のお力添えにより、「日本のこころ」が巻を重ね、やがて人物古今集ともいうべきものに育っていくことを私は祈念するばかりである。

二〇〇〇年七月

「日本のこころ」刊行会　代表　鈴木治雄（昭和電工名誉会長）

N.D.C.916　381p　20cm

日本《にほん》のこころ〈天《てん》の巻《まき》〉

2000年７月28日　第１刷発行

著者　中西 進　梅原 猛　町田 康　勅使河原 宏　津本 陽　鈴木治雄
木村尚三郎　新井 満　中村雄二郎　辻井 喬　阿川弘之
齋藤愼爾　岸 惠子　桜井洋子　後藤田正晴（掲載順）

企画　「日本のこころ」刊行会

発行者　野間佐和子
発行所　株式会社　講談社
東京都文京区音羽２-12-21　郵便番号112-8001

電話　出版部　03-5395-3516
販売部　03-5395-3622
製作部　03-5395-3615
印刷所　大日本印刷株式会社
製本所　黒柳製本株式会社

ISBN4-06-210201-3（学芸局）